本书获暨南大学“华侨华人研究”优势学科
创新平台、西南科技大学博士基金项目（12SX7108）资助

国家出版基金项目
NATIONAL PUBLICATION FOUNDATION

教育部人文社会科学重点研究基地
Key Research Institute of Humanities and Social Sciences at Universities
暨南大学华侨华人研究院
Academy of Overseas Chinese Studies in Jinan University

·世界华侨华人研究文库·

融入与疏离：华侨华人在古巴

袁艳 著

暨南大學出版社
JINAN UNIVERSITY PRESS
中国·广州

图书在版编目（CIP）数据

融入与疏离：华侨华人在古巴/袁艳著．—广州：暨南大学出版社，2013.10
（世界华侨华人研究文库）
ISBN 978-7-5668-0788-5

Ⅰ．①融…　Ⅱ．①袁…　Ⅲ．①华侨—历史—古巴　Ⅳ．①D634.375.1

中国版本图书馆CIP数据核字（2013）第235590号

出版发行：暨南大学出版社

出 版 人：徐义雄
责任编辑：黄圣英　陈启立
责任校对：何　力

地　址：中国广州暨南大学
电　话：总编室（8620）85221601
营销部（8620）85225284　85228291　85228292（邮购）
传　真：（8620）85221583（办公室）　85223774（营销部）
邮　编：510630
网　址：http：//www.jnupress.com　http：//press.jnu.edu.cn

排　版：广州市天河星辰文化发展部照排中心
印　刷：佛山市浩文彩色印刷有限公司

开　本：787mm×1092mm　1/16
印　张：15.75
字　数：306千
版　次：2013年10月第1版
印　次：2013年10月第1次

定　价：35.00元

总　序

在20世纪，华侨华人问题曾经四次引起学术界关注。第一次是20世纪初关于南非华工的问题；第二次是“一战”后欧洲华工问题；第三次是五六十年代东南亚国家出现的“排华”问题；第四次则是80年代中国经济崛起与海外华侨华人关系的问题。每次华侨华人研究成为研究热点时，都有大量高水平研究著作问世，不胜枚举。

进入21世纪以来，随着全球化进程的加速和中国国际化水平的提升，海外华侨华人与中国的发展日益密切，华侨华人研究掀起了新一轮高潮。华侨华人研究机构由过去只有暨南大学、厦门大学、北京大学、华侨大学等少数几家壮大至目前遍布全国的近百所科研院校，研究领域从往昔以华侨史研究为主，拓展至华人政治、华人经济、华商管理、华文教育、华人文学、华文传媒、华人安全、华人宗教、侨乡研究等涉侨各个方面，研究方法也逐渐呈现出多学科交叉的趋势，融入政治学、历史学、社会学、民族学、教育学、新闻与传播学、经济学、管理学、法学等学科方法与视角。与此同时，政府、社会也愈益关注华侨华人研究。国务院侨办近年来不断加大研究经费投入，并先后在上海、武汉、杭州、广州等地设立侨务理论研究基地，凝聚了一大批海内外专家学者，形成了华侨华人研究与政府决策咨询相结合的科学发展机制。而以社会力量与学者智慧相结合的华商研究机构也先后在复旦大学、清华大学等地成立，闯出了一条理论研究与社会实践相结合的华侨华人研究新路径。

作为一所百年侨校，暨南大学在中国华侨华人研究中具有特殊的地位。暨南大学创立于1906年，是中国第一所华侨高等学府。华侨华人研究是学校重要的学术传统和特色。早在1927年，暨南大学便成立了南洋文化事业部，网罗人才，开展东南亚及华侨华人的研究，出版《南洋研究》等刊物。1981年，经教育部批准，暨南大学在全国率先成立华侨华人研究的专门学术机构——华侨研究所，由著名学者朱杰勤教授担任所长。1984年在国内招收首批华侨史方向博士研究生。1996年后华侨华人研究被纳入国家“211工程”1—3期重点学科建设行列，2000年获批教育部人文社会科学重点研究基地（华侨华人研究）。暨南大学于2006年成立了华侨华人研究院，并聘请全国政协常委、国务院侨务办公室原副主任刘泽彭出任院长和基地主任。2011 年，学校再次整合提升华侨华人研究力量，将华侨华人研究院与国际关系学系（东南亚研究所）合并成立国际关系学院/华侨华人研究院，继续聘请刘泽彭同志出任华侨华人研究院院长和基地主任，由华侨华人与国际问题研究知名专家曹云华教授出任国际关系学院院长兼华侨华人研究院执行院长。同时，学校还加大科研经费投入，努力打造“华侨华人研究优势学科创新平台”。研究院在加强自身科研能力的基础上，采取以研究项目、开放性课题为中心，学者带项目、课题进院的工作体制，致力于多学科和国际视野下的前沿研究，立足于为国家的改革开放和现代化建设服务，为社会服务，为政府决策咨询服务，努力将之建设成为世界一流的学术研究机构和人才培养基地。

值华侨华人研究在中华大地百花齐放、百家争鸣之际，为进一步彰显暨南大学科研特色，整合校内外相关研究力量，发掘华侨华人研究新资源，推动华侨华人研究学科的发展，学校推出“世界华侨华人研究文库”。本套丛书的著作多为本校优势学科的前沿研究成果，作者中既有资深教授、学科带头人，也有学界新秀。他们的研究成果从多学科视野探索了国内外华侨华人研究的一些新问题、新趋势，具有较高的学术价值和现实意义。

本套丛书的出版得到学校领导的大力关心与支持。学校从“211 工程”经费中拨专款予以资助。国际关系学院/华侨华人研究院领导与部分教师也付出了艰辛的劳动，他们在策划、选题、组稿、编辑、校对等环节投入大量精力。同时，暨南大学出版社对丛书出版也给予高度重视，组织了最优秀的编辑团队全程跟进，并推荐丛书申报国家级优秀图书。在此，我们对所有为本丛书出版付出宝贵心血与汗水的同仁致以最衷心的感谢！

最后，我们期盼本丛书的出版能在华侨华人研究领域激起一点小浪花，引来国内外同行更加深入、广泛的研究，为学界贡献更多高水平的成果！

《世界华侨华人研究文库》编委会
2013 年 8 月

目　录

绪　论

第一节　研究对象和意义

本书的研究对象为古巴华侨华人。总体来看，古巴华侨华人主要由历史上的三大群体构成：19 世纪的契约华工、加利福尼亚（华）人以及 20 世纪的自由移民。19 世纪前期，少量为西班牙人担任家仆的“马尼拉华人”曾跟随西班牙人从菲律宾去到古巴。[①] 1847 年后，古巴开始从中国大规模引进契约华工，到 1874 年苦力贸易结束，这 27 年间共有 14 万多契约华工登上开往古巴的苦力船。契约华工主要在古巴的蔗糖种植园工作，还有的修建铁路、作家庭仆役、当烟草工人等。1860 年至 1875 年间，在契约华工进入古巴的同时，由于美国日益排华，数千名加利福尼亚（华）人转移到古巴，主要从事小工商业。加利福尼亚（华）人与获得自由的契约华工一起，推动了早期古巴华侨华人社会的形成。进入 20 世纪，不断有中国自由移民进入古巴，在“一战”前后曾形成一股移民高峰。据估计，1919 年至 1925 年间，约 30 000 名中国移民进入古巴。1949 年前后，掀起了另一股中国人移民古巴的浪潮。1950 年至 1959 年间，约 3 000 名中国人移民古巴。中国自由移民浪潮一直持续到 1959 年古巴革命胜利。此后，进入古巴的中国新移民基本中止。

古巴华侨华人人数一度位居拉丁美洲各国之首。1860 年，古巴有华侨华人 34 834 人，几乎与美国一样多——当时在美国的华人有 34 933 人。[②] 在整个美洲地区，古巴华侨华人的规模和重要性一度仅次于美国。[③] 20 世纪上半期，哈瓦那唐人街盛极一时，其繁华程度仅次于美国圣弗朗西斯科的唐人街，在拉丁美洲地

---

① Kathleen Maria López, *Migrants between empires and nations: The Chinese in Cuba, 1874 – 1959*, PhD. Dissertation, University of Michigan, 2005, p. 29.

② Gregor Benton, *Chinese migrants and internationalism: Forgotten histories, 1917 – 1945*, London and New York: Routledge, 2007, p. 37.

③ Mauro García Triana and Pedro Eng Herrera, edited and translated by Gregor Benton, *The Chinese in Cuba, 1847 – now*, Lanham: Lexington Books, 2009, p. xi.

区首屈一指。1959 年古巴革命后，古巴华侨华人不断外流，一些回到中国，一些再移民到美国、加拿大等地。时过境迁，随着老一代华侨华人逐渐衰老逝世以及新移民流入的中断，古巴华侨华人的人数日益减少，华侨华人社会逐渐衰落。1984 年，出生于中国的古巴华侨华人仅剩 4 000 人，平均年龄为 60 岁，而到 1997 年只剩下 400 人。① 据 1999 年古巴官方统计，当年在古华侨华人不足 1 000 人，混血华裔约 2 万人。② 2002 年在古巴中华总会馆登记的 2 866 名会员中，只有 314 人出生在中国。③

尽管古巴华侨华人人数大幅下降，但他们在古巴的历史与贡献，并未随着华侨华人社会的衰落而完全抹除。今日，它们被镌刻在哈瓦那大街上的旅古华侨协助古巴独立纪功碑上，遗留在哈瓦那唐人街以及分布在古巴各地的华人会馆建筑里……“未被历史记载的有贡献于历史的人”（Contribución a la historia de la gente sin historia），这是古巴学者胡安·佩雷斯·德拉里瓦（Juan Pérez de la Riva）对古巴契约华工的称呼。这个颇为绕口的称呼隐含着两层意思：一方面是契约华工对古巴的贡献巨大，另一方面却透露出他们的贡献被历史所湮没以致无闻的事实。④ 确实，古巴契约华工为 19 世纪古巴蔗糖经济的繁荣付出了血汗乃至生命；在 19 世纪后期，更是积极投入反抗西班牙殖民统治的斗争中，为古巴独立战争浴血奋战，赢得了“没有一个华人是叛徒，没有一个华人是逃兵”的至高赞誉。

“华人是古巴民族独立和国家建构的积极参与者，是古巴除了西裔和非洲裔以外第三个重要的族群”，但同时也是“被权力话语忽视和遮蔽，在古巴民族历史记忆中长期消失的少数族群”⑤。相较于华侨华人对古巴的实际贡献，对古巴华侨华人的研究是那么地不够。在古巴，对华侨华人的研究长期受到压制。1967 年，胡安·佩雷斯·德拉里瓦将自己关于契约华工的研究成果交予出版社，拟于古巴“十年战争”一百周年之际出版。但由于种种原因，该成果直到 2000 年才得以出版问世。在国内华侨华人研究中，古巴华侨华人更是一个长期被忽视的群体。东南亚、北美地区的华侨华人因其经济社会地位受到争先恐后的关注，而濒

---

① José Baltar Rodríguez, *Los chinos de cuba: Apuntes etnograficos*, Ciudad de La Habana: Fundación Fernando Ortiz, 1997, p. 93.

② 周莉：《古巴华社掠影》，《侨务工作研究》2004 年第 5 期。可见于 http://qwgzyj.gqb.gov.cn/hwzh/120/475.shtml。关于古巴混血华裔的人数有不同说法，有的说是 10 万，也有的说是 50 万。

③ Yanet Jiménez Rojas, “Casino Chung Wah”. In Las sociedades Chinas: Pasadoy presente, Cátedra de Estudios sobre la Inmigración China en Cuba, Casa de Altos Estudios Don Fernando Ortiz (CD). 转引自 Kathleen Maria López, The revitalization of Havana's chinatown: Invoking Chinese Cuban history, *Journal of Chinese Overseas*, 2009, No. 5, p. 189.

④ 胡安·佩雷斯·德拉里瓦开创了对契约华工的科学研究，他是少数关注契约华工的古巴学者之一。由于中古关系的恶化，他对契约华工的兴趣还曾被迫转移。

⑤ 程映虹：《古巴革命与华侨的命运》，《炎黄春秋》2010 年第 8 期，第 81、85 页。

临灭绝边缘的古巴华侨华人却极少引人注意。

笔者认为，尽管斯人已去，哈瓦那唐人街也随着华侨华人社会的衰落而繁华不再，但古巴华侨华人在古巴历史上的存在与贡献不容抹杀。系统梳理并分析探讨华侨华人在古巴的历史不仅十分必要，而且具有较高的学术价值。

首先，从当前国内华侨华人研究的现状来说，国内学术界对包括古巴华侨华人在内的拉丁美洲华侨华人历史的研究还十分薄弱，尚处于起步阶段。对古巴华侨华人历史的个案研究，有助于深化对拉丁美洲华侨华人乃至世界华侨华人历史的认识。

其次，华侨华人在古巴的历史悠久，对古巴政治、经济、社会等的贡献也不容忽视。古巴华侨华人在捍卫古巴民族主权，促进当地经济发展，推动中古友好方面扮演了重要角色。这个群体本身是值得关注和进行研究的。

再次，华侨华人在中古关系中有着特殊的作用。古巴华侨华人的历史与中古关系的建立、发展和变化密切相关。考察古巴华侨华人与中古关系的双向联动，既能进一步深化对中古（拉）关系史的认识，也是对华侨华人在中古（拉）关系中的作用进行初步探讨的一种尝试。因此，研究古巴华侨华人对于研究中拉关系，尤其是中古关系具有较强的理论意义。

第二节　国内外研究现状及述评

一、国外学术界对古巴华侨华人的研究

严格说来，古巴学术界对华侨华人的研究始于 1959 年。在此之前，也有一些有关古巴华侨华人的著作，但主要是简单陈述历史事实，对华人在古巴岛上的生活情况作一些概括描述，并未对史料进行分析。① 不过，值得一提的是《古巴华人史略》② 一书。该书作者安东尼·恰法特·拉图尔（Antonio Chuffat Latour）是一位华裔，其父为华人，其母亲为黑人。他本人曾在华侨华人社团里任职。作者对华人祖先的史料、逸闻及传说等作了整理。书中的史料被后来研究古巴华侨华人的学者广泛引用，他本人连同他的著作均成为后来学者的研究对象。

---

① José Baltar Rodríguez 著，李毓中译：《古巴有关华侨的研究现状及书目》，《华侨华人历史研究》1998 年第 2 期。1959 年前古巴出版的有关华侨华人的著作包括：Juan Luis Martín，*De dónde vinieron los chinos a Cuba*，La Habana：Atalaya. S. A.，1939. Guillermo Tejeiro，*Historia ilustrada de la colonia China en Cuba*，La Habana：Cuba，1947.

② Antonio Chuffat Latour，*Apuntes historicos de los chinos en Cuba*，La Havana：Molina y Cia.，1927.

1959 年后，古巴学者开始利用档案资料，科学地研究 19 世纪后半期古巴的华侨华人。其中，契约华工格外受到关注。围绕契约华工的招募、运输，他们在古巴的遭遇、生活、身份的性质及其对古巴独立战争、蔗糖经济发展和文化的影响等等，学者们推出了一系列论著。其中，尤以对契约华工身份的性质以及华工在古巴蔗糖业工业化中的作用的论争最为引人注目。

在古巴，对契约华工进行深入、系统研究的学者首推胡安·佩雷斯·德拉里瓦①。他称契约华工为“未被历史记载的有贡献于历史的人”，对他们十分感兴趣。他利用古巴国家档案馆及何塞·马蒂图书馆内所收藏的资料，对契约华工进行了全方位的、深入细致的探讨，包括古巴契约华工的人数、死亡率、职业分布、地区分布、法律地位等，提供了相当多的数据分析的史料。他认为，苦力制度几乎就是奴隶制度的翻版。他的研究表明，古巴关于契约华工（苦力）的法律是由关于黑人奴隶的法律稍作修改而形成的；运送契约华工的船只就是当年运送黑奴的船只；古巴负责买卖契约华工的人员就是当年贩卖黑奴的人员……种种证据表明契约华工就是“黄色”奴隶。

曼努埃尔·莫雷诺·弗拉赫纳尔斯（Manuel Moreno Fraginals）是古巴著名的蔗糖业研究专家。通过对古巴蔗糖业发展历史的研究，他提出，奴隶制度与蔗糖的现代化机器大生产不相适应，是契约华工解决了古巴蔗糖业工业化启动的劳动力问题。他认为，古巴蔗糖业工业化成功的关键是中国移民。同时他也注意到，古巴甘蔗种植园里的华工的遭遇和黑人并无二致。但他从种植园主的经济理性角度进行分析，认为种植园主无所谓仁慈与邪恶，在他们眼里，凡是在其种植园工作的人都是生产要素。②

胡安·佩雷斯·德拉里瓦关于契约华工近似奴隶的观点，得到胡安·西门内斯·帕斯特拉纳（Juan Jiménez Pastrana）的部分认同。③ 胡安·西门内斯·帕斯特拉纳也认为，古巴种植园主和苦力贸易商将苦力制度变成了一种隐蔽的被粉饰

---

① Pedro Deschamps Chapeaux y Juan Pérez de la Riva, *Contribución a la historia de la gente sin historia*, La Habana: Editorial de Ciencias Sociales, 1974. Juan Pérez de la Riva, *El barracon y otros ensayos*, La Habana: Editorial de Ciencias Sociales; New York: Distribuido por Ediciones Vitral, 1975. Juan Pérez de la Riva, *Los culíes chinos en Cuba, 1847 – 1880: Contribución al estudio de la inmigración contratada en el Caribe*, La Habana: Editorial de Ciencias Sociales, 2000.

② Manuel Moreno Fraginals, *Elingenio, el complejo economico social cubano del azucar*, La Habana: Comision Nacional Cubana de la UNESCO, 1964.

③ Juan Jiménez Pastrana, *Los chinos en las luchas por la liberacon cubana (1847 – 1930)*, La Habana: Instituto de Historia, 1963. Juan Jiménez Pastrana, *Los chinos en la historia de Cuba, 1847 – 1930*, La Havana: Editorial de Ciencias Sociales, 1983. 该书最大的贡献在于记述了华人在 1868—1898 年参与古巴争取独立和自由的斗争的功绩以及在美国占领古巴期间华人参与反对帝国主义斗争的史实。

过的奴隶制。“垦殖者（Colono）”① 是对比奴隶还便宜的劳动力称谓的委婉提法。但他也同意弗拉赫纳尔斯的说法，认为契约华工从理论上说不是奴隶，因为华工领工资。

法国学者丹尼斯·赫利（Denise Helly）对古巴契约华工给予了长期的关注。② 1979 年，她出版了《意识形态与民族特性：澳门华人在古巴，1847—1886》一书，从民族学的角度对 19 世纪的古巴契约华工进行了研究。她还主持再版了清政府 1876 年古巴华工调查报告书的英文版《古巴委员会报告：古巴华人不为人知的一段历史》。该书于 1993 年出版，赫利在前言中对古巴契约华工的历史作了精彩的释读。赫利倾向于支持曼努埃尔·莫雷诺·弗拉赫纳尔斯的观点，认为大量华人被雇佣做更需要技术的工作，因此是华人使得古巴从奴隶社会向资本主义社会的转变成为可能。她也承认种植园主对待华工跟对待奴隶很像。但从他们获得的工资和承担的任务看，她认为契约华工应该被列为自由工人阶级中的最底层。

与曼努埃尔·莫雷诺·弗拉赫纳尔斯的观点截然不同，美国学者瑞贝卡·斯科特（Rebecca J. Scott）在研究古巴逐步废除奴隶制的过程中发现，19 世纪中期之后，古巴的甘蔗种植园使用了奴隶、契约工人与自由劳动力等多种劳动力形式，以及包括黑人、华人、白人、美洲印第安人和混血种人在内的不同族群。她认为，契约华工不但没有摧毁奴隶制，相反中国劳动力在古巴蔗糖工业的生存和发展中有着不可否认的重要性，使得奴隶制能够在后几十年里保存下来。斯科特发现，大部分苦力做着像奴隶一样的不需要技术的农活。在 1860 年代和 1870 年代糖厂大量使用机械的时期，交替使用了奴隶和苦力，技术并没有造成奴隶不受欢迎的情况。如果苦力和奴隶并没有主要的区别，那么人们就不能说苦力对于工业化是必需的。③

《苦力的诉说：古巴的契约华工与非洲奴隶》④ 是近年来关于古巴契约华工的一本力作。作者丽莎·云（Lisa Yun）将 1874 年古巴华工调查报告中华工的呈词视为苦力的诉说。在对华工呈词进行深入、细致的解读和分析后，作者发现，中国苦力名义上为契约劳工，但最终被当作奴隶，甚至连奴隶都不如。契约

① 西班牙及古巴当局对契约华工的称呼。

② Denise Helly, *Idéologie et ethnicité: Les chinois Macao à Cuba: 1847 - 1886*, Montréal: Presses du l'Université de Montréal, 1979. Denise Helly, *The cuba commission report: A hidden history of the Chinese in Cuba*, Baltimore: Johns Hopkins University Press, 1993.

③ Rebecca J. Scott, *Slave emancipation in cuba: The transition to free labor, 1860 - 1899*, Princeton: Princeton University Press, 1985.

④ Lisa Yun, *The coolie speaks: Chinese indentured laborers and African slaves of Cuba*, Philadelphia: Temple University Press, 2008.

的作用只是“制造可流动的奴隶（make mobile slaves）”。她还注意到，处于奴隶制种族等级制背景之下的古巴契约华工具有高度流动性并具有国家所有权的特征。她认为，古巴各相关群体对利益的极致追求，导致华工命运悲惨。

上述几位学者的研究已然形成两种观点：以胡安·佩雷斯·德拉里瓦为代表的一派认为，华工的悲惨遭遇表明，古巴契约华工制度就是奴隶制抑或是一种新型奴隶制；以曼努埃尔·莫雷诺·弗拉赫纳尔斯为代表的另一派则认为，古巴契约华工是奴隶向自由劳动力过渡的一种中间形式的劳动力。美国布朗大学胡其瑜（Evelyn Hu-DeHart）指出，出现契约华工是奴隶还是自由劳动力的分歧表明契约华工的处境模棱两可。她认为，对契约华工的定性还需要进一步研究和分析，但很重要的是需要分清契约华工的实际悲惨遭遇与他们的法律地位。①

美国学者杜冯·克劳夫·科比特（Duvon Clough Corbitt）没有参与到对契约华工身份性质的争论中。他对古巴华人的兴趣来自于在古巴生活时与华人的交往。兴趣促使他翻阅和收集相关档案和资料，并写成了《古巴华人研究，1847—1947》一书。② 这是第一部全面论述古巴华人史的英文专著，阐述了从19世纪中国契约劳工移民古巴一直到“二战”后华人移民的历史，不过其研究重点仍是19世纪契约华工的移民过程和生活情况。

何塞·巴尔塔·罗德里格斯（José Baltar Rodríguez）是古巴著名的民族人类学学者。他从民族人类学的角度对古巴华人社会进行了探讨。在《古巴的华人：民族学记略》一书中，他重点就古巴华人的社会组织、文化生活、社会习俗和宗教信仰等作了论述。③

哈瓦那郊外的雷格拉（Regla）曾是契约华工到古巴后被转卖的集中地，后来古巴中华颐侨院亦选址于此。古巴学者佩德罗·科姆·巴尼奥（Pedro Cosme Baños）对这一地区的华侨华人档案进行了发掘，并对该地区的华侨华人历史作了评述。④

2000年，加拿大约克大学社会人类学系弗兰克·F. 舍雷尔（Frank F. Scherer）完成的硕士学位论文《一种文化的擦除：东方主义与古巴的中国性》，也涉及古巴的华侨华人。作者运用萨义德的东方主义分析范式，对古巴的中国性

① Evelyn Hu-DeHart, Chinese coolie labor in Cuba in The nineteenth century: Free labor or neoslavery? *Slavery and Abolition*. 14, Vol. 1, 1993.

② Duvon Clough Corbitt, *A study of the Chinese in Cuba: 1847 – 1947*, Wilmore: Asbury College, 1971.

③ José Baltar Rodríguez, *Los chinos de Cuba: Apuntes etnograficos*, Ciudad de La Habana: Fundación Fernando Ortiz, 1997.

④ Pedro Cosme Baños, *Los chinos en Regla, 1847 – 1997: Documentos y comentarios*, Santiago de Cuba: Editorial Oriente, 1998.

(Chineseness) 进行了解析，提出了一个极富争议与值得探讨的话题。①

长期以来，古巴首都哈瓦那都是古巴华侨华人的聚集之地。作为古巴华侨华人社会的中心，哈瓦那的华侨华人在古巴有着重要地位。古巴学者米利亚姆·埃雷拉·赫雷斯（Miriam Herrera Jerez）和马里奥·卡斯蒂略·桑塔纳（Mario Castillo Santana）将研究视角对准了他们。在两人合著的《从记忆到公共生活：共和国时期在哈瓦那的中国人的身份、空间与等级（1902—1968)》一书中，作者结合中古两国的时代背景，对20世纪以来生活在哈瓦那的古巴华侨华人的社会演进和变迁进行了概括性的探讨。②

美国学者凯瑟琳·玛利亚·洛佩斯（Kathleen Maria López）于2005年完成的博士学位论文《帝国与国家间的移民：华人在古巴，1874—1959》，主要考察了19世纪晚期古巴华人从契约劳工向自由劳动者的转变过程，以及20世纪初古巴华人跨国社会的形成。19世纪末20世纪初古巴华侨华人从契约劳工向自由劳动者的转变与过渡，长期受到研究者的忽视。作者利用古巴和中国的档案资料，辅之以在古巴的中国移民、在中国的返乡移民及其后代的口述资料，填补了这一重要转折时期古巴华侨华人研究的空白。③

为了历史的公正，恢复华裔在古巴历史叙述和民族构成中应有的地位，④ 古巴华裔吴帝胄（Pedro Eng Herrera）和曾任古巴驻华使节的毛罗·加西亚·特里亚纳（Mauro García Triana）在退休后走到了一起，共同研究古巴华侨华人历史。2009年，两人合著的《古巴华人，1847年至今》一书出版。该书侧重论述了古巴华侨华人为古巴独立战争、古巴经济发展和古巴文化所作出的贡献。⑤

二、国内相关研究成果

与国外研究成果相比，国内学术界对古巴华侨华人的研究更加薄弱，并呈现如下特点。

---

① Frank F. Scherer, *A culture of erasure: Orientalism and Chineseness in Cuba, 1947 - 1997*, Thesis MA, York University, 2000.

② Miriam Herrera Jerez y Mario Castillo Santana, *De la memoria a la vida Pública: Identidades, espacios y jerarquías de los Chinos en la Habana Republicana (1902 - 1968)*, La Habana: Centro de Investigación y Desarrollo de la Cultura Cubana Juan Marinello, 2003.

③ Kathleen Maria López, *Migrants between empires and nations: The Chinese in Cuba, 1874 - 1959*, PhD. Dissertation, University of Michigan, 2005.

④ 程映虹：《古巴革命与华侨的命运》，《炎黄春秋》2010年第8期，第84页。

⑤ Mauro García Triana and Pedro eng Herrera, Edited and translated by Gregor Benton, *The Chinese in Cuba, 1847 - now*, Lanham: Lexington Books, 2009.

国内学者对古巴华侨华人的研究同样主要集中于契约华工，但在研究深度和广度上则无法与国外的相比拟。总体来看，国内学术界对契约华工的研究具有以下显著特征：一是注重史料的搜集整理，缺乏对史料的深度分析。由陈翰笙主编的十辑本《华工出国史料汇编》[①] 中，第一辑《中国官文书选辑》的第二册是关于古巴华工的官方文书资料的汇集，第六辑《拉丁美洲华工》中关于古巴华工的内容亦占重要篇幅，另外几辑也多有提及古巴华工的。尽管这些搜集、整理出来的史料为进一步的研究奠定了良好基础，但对史料进行深度分析的著作却迟迟未诞生。尽管我国著名契约华工研究专家吴凤斌先生在其所著《契约华工史》[②] 一书中，对古巴契约华工予以了特别的关注，但截至目前，中国大陆学术界尚未有研究古巴契约华工的专著问世，仅有少量关于古巴契约华工的学术论文。[③] 二是台湾学者对古巴契约华工的研究更为深入。台湾淡江大学拉丁美洲研究所的熊建成教授对古巴华工颇为关注，出版了关于西班牙对古巴华人移民政策的专著。[④] 他系统参阅了西班牙和古巴有关契约华工的档案资料，对古巴华工的总人数、性别、年龄、婚姻状况、职业分布情况以及华工死亡率和回国人数进行了统计，并就西班牙政府对古巴华人的移民政策演变以及古巴中国领事馆之设立等问题进行了研究。此外，他还撰写了有关古巴华侨华人的论文，如《中国契约劳工与古巴中国总领事馆的设立》以及《跨越三世纪古巴华人之研究》等。[⑤] 吴剑雄也对古巴华工予以了关注，发表了《十九世纪前往古巴的华工（1847—1874）》一文。[⑥]

国内学者对拉丁美洲地区华侨华人的历史关注甚少，在少有的论著中对古巴华侨华人仅有所提及。截至目前，专论拉丁美洲华侨华人的中文著作有《拉丁美

---

① 陈翰笙主编：《华工出国史料汇编》（全十辑），北京：中华书局，1980—1985 年。

② 吴凤斌：《契约华工史》，南昌：江西人民出版社，1988 年。

③ 窦昌荣：《一页华侨的血泪史——读清抄本〈古巴华工呈词节录〉》，《学术月刊》1960 年第 8 期；张铠：《古巴华工与中古建交始末》，《华侨华人历史研究》1988 年第 4 期；韩振华：《19 世纪古巴华侨苦力与反抗殖民主义的斗争》，《南洋问题研究》1999 年第 3 期；陈晓燕、杨艳琼：《古巴华工案与晚清外交近代化》，《浙江社会科学》2005 年第 3 期；王莲英：《张荫桓与古巴华侨子女教育》，《兰台世界》2009 年第 21 期；王珊珊：《论 19 世纪中期拉丁美洲的契约华工——以古巴为例》，《安阳师范学院学报》2006 年第 1 期。

④ 熊建成：《西班牙有关古巴华人移民政策的演变》，台北：新陆书局，1979 年。

⑤ 熊建成：《中国契约劳工与古巴中国总领事馆的设立》，《第四届世界海外华人国际学术研讨会论文集Ⅱ》，台北："中央研究院"，2001 年，第 93 ~ 103 页；熊建成：《跨越三世纪古巴华人之研究》，可见于 http：//www. lib. cuhk. edu. hk/conference/occ/xiong. pdf。

⑥ 吴剑雄：《十九世纪前往古巴的华工（1847—1874）》，张炎宪主编：《中国海洋发展史论文集》（第三辑），台北："中央研究院" 三民主义研究所，1988 年。

洲华侨华人移民史、社团与文化活动远眺》[1]。这部填补国内拉丁美洲华侨华人研究空白的专著，对古巴华侨华人的历史与现状进行了概览。《美洲华侨华人史》[2] 对包括拉丁美洲华侨华人在内的整个美洲地区的华侨华人历史进行了概括介绍。全书共六编，其中第五编专论拉丁美洲的华侨华人，第五编第五章第三节专论古巴华侨，其中对后华工时代的古巴华侨与华人的发展概况作了简要勾勒，对华侨人数变化、古巴法令与形势对华侨的影响、中古关系、华侨经济生活、侨团、侨报、侨校等作了简要介绍。还有一些关于拉丁美洲历史和中拉关系历史的著作也有提及古巴华侨华人。如由李春辉主编的《拉丁美洲史稿》[3]（上册）第十章，在论述"拉丁美洲与中国的历史关系"时，对包括古巴华工在内的拉丁美洲华工作了介绍，提到了古巴华工的悲惨遭遇和清政府与西班牙就古巴华工的交涉。由沙丁、杨典求、焦震衡、孙桂荣合著的《中国和拉丁美洲关系简史》[4]也提到了古巴大批输入华工、清末中国和古巴建交以及其后中古外交关系的发展等内容。作者将古巴华工与华人置于整个中拉关系之中，故而着墨不多，且内容分散在全书各个章节之中。1957 年，台湾出版一本关于古巴华侨的小册子《古巴华侨史话》，对古巴华侨的历史及当时概况作了简要介绍。[5]

目前在中国大陆出版的有关古巴华侨华人的著作非国人撰写，系由前古巴驻华大使夫人著述。前古巴驻华大使夫人梅塞德斯·克雷斯波·比利亚特（Mercedes Crespo Villate）在中国出版了两本有关古巴华侨华人的小册子：《华人在蔗糖之国——古巴》[6] 和《从苦力到主人翁——纪念华人到古巴 150 周年》[7]。两书的内容有很多重合之处。总体来看，作者从华工到达古巴、华工悲惨的命运、针对华人的有关法律、中古两国间的交往、华人与古巴民族在各方面的融合、华人为古巴的独立和建设所作出的贡献等方面，概括介绍了华人在古巴的历史和现状。由于作者仅局限于概要描述，缺乏分析，这两本书算不上专门的、系统的、深入的学术著作。另外，由美国学者玛丽—爱丽丝·沃特斯编著的《我们的历史并未

---

① 高伟浓：《拉丁美洲华侨华人移民史、社团与文化活动远眺》（上、下），广州：暨南大学出版社，2012 年。

② 李春辉、杨生茂主编：《美洲华侨华人史》，北京：东方出版社，1990 年。

③ 李春辉：《拉丁美洲史稿》，北京：商务印书馆，1983 年。该书有一处小错误，第 362 页"继郑藻如后，清政府还继续派了傅云龙、张荫桓、崔国因、杨儒和伍廷芳等为驻秘公使……"。其中，傅云龙没有任过驻秘公使，只是曾游历秘鲁、古巴、巴西等国。

④ 沙丁、杨典求、焦震衡、孙桂荣：《中国和拉丁美洲关系简史》，郑州：河南人民出版社，1986 年。

⑤ 宋锡人：《古巴华侨史话》，台湾：海外文库出版社，1957 年。

⑥ ［古巴］梅塞德斯·克雷斯波·比利亚特著，刘真理译：《华人在蔗糖之国——古巴》，上海：复旦大学出版社，1998 年。

⑦ ［古巴］梅塞德斯·克雷斯波·比利亚特著，刘真理、王树雄译：《从苦力到主人翁——纪念华人到古巴 150 周年》，北京：世界知识出版社，1997 年。

终结：古巴革命中的三位华裔将军》，于2008年翻译出版。[①]

对于古巴华侨华人的历史，民间表现出浓厚的兴趣。2006年，暨南大学出版社出版了黄卓才先生的《古巴华侨家书故事》[②]。该书引起各界的强烈关注，获得高度评价，被赞誉“填补了古巴当代华侨史的空白”。2011年，该书易名为《鸿雁飞越加勒比——古巴华侨家书纪事》再版。[③] 作者黄卓才先生的父亲黄宝世[④]是古巴华侨，曾担任古巴大萨瓜市（Sagua La Grande）中华会馆主席。作者将自己珍藏的1952年至1975年间的40多封书信公之于众，并配上背景知识等，图文并茂地展示了一位古巴华侨与家乡亲人的联系。这些家信的真实性与稀缺性，以及体现出来的时代感，使其具有极高的史料价值。另有一些关于古巴华侨华人的非学术性文章散见于国内各级刊物。[⑤]

三、国内外研究概况总结

古巴学者对华侨华人的研究，随着中古关系的变化而起伏。在20世纪60年代中古关系友好时期，古巴出现了一批关于契约华工的研究成果。这类著作多采用马克思主义的阶级分析视角，对契约华工问题进行解析。胡安·佩雷斯·德拉里瓦、曼努埃尔·莫雷诺·弗拉赫纳尔斯、胡安·西门内斯·帕斯特拉纳关于契约华工的作品都诞生于此一时期。当时，古巴华侨华人也因中古两国的亲密关系而得到特殊的关照。随着中古关系恶化，华侨华人在古巴的地位和生活受到直接影响，古巴对华侨华人的研究也趋于停滞，并受到压制。1959年古巴革命后实行的国有化改革，使华侨华人经济遭受重创，加剧了古巴华侨华人社会的衰落。同时，古巴官方强调族群融合与平等，加之中古关系恶化，使得华侨华人避免在公共场合公开表达族裔特征，古巴华侨华人的族群意识逐渐淡化乃至消亡。[⑥] 20

---

① ［美］玛丽—爱丽丝·沃特斯编著，王路沙译：《我们的历史并未终结：古巴革命中的三位华裔将军》，北京：知识产权出版社，2008年。该书英文名为 *Our history is still being written*: *The stories of three Chinese-Cuban generals in the Cuban revolution*。

② 黄卓才：《古巴华侨家书故事》，广州：暨南大学出版社，2006年。

③ 黄卓才：《鸿雁飞越加勒比——古巴华侨家书纪事》，广州：暨南大学出版社，2011年。

④ 别号黄保世。

⑤ 南非：《古巴华人160年》，《侨园》2008年第3期；马晨：《饱经沧桑的古巴华人》，《海内与海外》2005年第2期；周家高：《古巴华人饱经沧桑》，《华人时刊》2003年第11期；杨子才：《古巴华人将军邵黄》，《环球军事》2001年第5期；陈久长：《邵黄——蜚声古巴的华人将军》，《友声》2000年第3期；何淇：《古巴华人纪念华人抵古150周年》，《中外文化交流》1998年第1期；徐东煜：《旅居古巴华人的酸甜苦辣》，《北京经济了望》1997年第4期；孙光英：《华人在古巴》，《炎黄春秋》2004年第10期；孟伟哉：《华人与古巴》，《海内与海外》1998年第1期。

⑥ 程映虹：《古巴革命与华侨的命运》，《炎黄春秋》2010年第8期，第86页。

世纪90年代，随着中古关系回暖[①]，古巴官方开始允许甚至鼓励华裔历史的叙述和研究。1993年，古巴华裔向中古友好协会发起复兴哈瓦那唐人街的请愿。1995年，哈瓦那华区促进会（El Groupo Promotor del Barrio Chino de la Havana）成立，旨在复兴哈瓦那唐人街的经济和文化。1999年，哈瓦那大学设立古巴中国移民研究机构（Cátedra de Estudios sobre la Inmigración China en Cuba），加强对古巴中国移民的研究。在此之后，古巴学者发表了一系列新的有关古巴华侨华人的作品。从出版时间上看，古巴学者有关20世纪古巴华侨华人的研究成果，基本都是在此之后才出现的。

相比古巴学者，中国学者对古巴华侨华人关注更少。一方面可能是因为研究资料获取的困难，另一方面则可能是由于古巴华侨华人本身人数少，影响也不如东南亚、北美地区的华侨华人那样大。

总体来看，国内外学术界对古巴华侨华人的研究仍然主要集中在契约华工时期。争论的焦点仍是契约华工的身份性质，即到底是奴隶还是奴隶向自由劳动力转化的一种中间形式。由于契约华工本身的复杂性，争论至今仍无定论。尽管近年来出版的不少著作已经涉及20世纪的古巴华侨华人，推进并深化了对古巴华侨华人的研究。但目前相关研究还很薄弱，亟待加强。单就古巴华侨华人的历史事实来说，诸多历史真相与细节不为人知，尚待挖掘。尤其是1959年古巴革命对华侨华人产生了重大影响，但国内外学者对此都无实质性的研究。[②] 因此，20世纪的古巴华侨华人社会尤其是1959年古巴革命对华侨华人的影响，都是值得关注的研究领域。

第三节　论述角度的确定

在阅读前述有关古巴华侨华人的资料和著作的过程中，古巴华侨华人与古巴性（Cubanía，Cubanidad）关系的问题深深地吸引了笔者。在笔者接触到的作品中，最早提出古巴华侨华人与古巴性关系悖论的是弗兰克·F. 舍雷尔。舍雷尔发现：“古巴的文学、诗歌、音乐、绘画以及与古巴人的谈话都清楚地表明，古巴性包括三种成分：西班牙的、非洲的、中国的。但这一看法明显有悖于古巴精英的观点。无论是过去还是现在，古巴的精英都拒绝将中国人的成分纳入古巴性

---

① 1993年，江泽民访问古巴，到访哈瓦那唐人街；1995年，菲德尔·卡斯特罗访问中国。

② Mauro García Triana and Pedro Eng Herrera, edited and translated by Gregor Beton, *The Chinese in Cuba, 1847 - now*, Lanham: Lexington Books, 2009, p. xx.

的范畴之中。"[①] 凯瑟琳·玛利亚·洛佩斯也注意到一对矛盾。她在研究中发现，古巴人既把华人视为古巴国家组成中不可分割的一部分（an essential part of the fabric of the Cuban nation），同时又将华人描述为外国人（alien），甚至更激进点说，对古巴国家是有威胁的（dangerous to the Cuban nation）。[②] 古巴华侨华人与古巴性的问题，同样也引起了世界著名华侨华人研究专家班国瑞（Gregor Benton）的注意。他在为《古巴华人，1847 至今》所作的引言中特别提及，并阐述了自己的观点。[③]

为什么会出现古巴华侨华人与古巴性的悖论？舍雷尔运用萨义德的东方主义分析范式，对古巴的中国性进行了解析。他指出，自何塞·马蒂（José Martí）将古巴社会中的华人成分完全擦除之后，华人和华裔古巴人经历了古巴内外最长时间的沉默。到古巴著名历史和人类学家费尔南多·奥尔蒂斯（Fernando Ortiz）的时候，华人成分被他"科学地擦除"。在奥尔蒂斯的早期著作中，他只提到古巴性的三种成分：印第安的、西班牙的和非洲的，后来扩展到 4 ~ 5 种，加上了大陆欧洲人（Ultrapirineic Europeans）和黄种蒙古人（Yellow Mongoloids）。他虽然将黄种人视为古巴性的人种构成要素的一部分，但将其放在最后的位置并只用了最短的篇幅来表述，这被舍雷尔看作是对中国性的科学擦除（Scientific Erasure）。通俗地说，舍雷尔认为由于古巴精英人物在对古巴性的探讨中将华人的作用边缘化、淡化，这种东方主义的误读最终导致了华人文化在古巴的擦除。

舍雷尔的解释受到了班国瑞的批驳。班国瑞认为，舍雷尔的结论无论对马蒂还是对奥尔蒂斯都是不公平的。[④] 班国瑞从更广的视角，结合古巴华侨华人的历史和特点，中古关系的变化，古巴的社会、经济、政治背景等，分析了古巴华人长时期在研究中受到忽视、近年来重新受到重视的原因。他认为，尽管在独立战争时期，建立"无种族差异的古巴"的思想就扎下根来，但事实上反华的种族主义一直存在。即便华人加入到起义军中，仍然很容易受到攻击，如 1896 年，独立起义者洗劫了在哈瓦那圭内斯（Güines）的华人杂货店。古巴华人受到忽视的另一个重要原因是其人数规模相对较小，而且不断减少。在 1920—1930 年代，古巴媒体开始发起极具攻击性的排外运动，将华人视为非法和危险的外国人。而

① Frank F. Scherer, *A culture of erasure: Orientalism and Chineseness in Cuba, 1947 - 1997*, Thesis MA, York University, 2000, p. 4.

② Kathleen Maria López, *Migrants between Empires and Nations: The Chinese in Cuba, 1874 - 1959*, PhD. Dissertation, University of Michigan, 2005, p. 252.

③ Mauro García Triana and Pedro Eng Herrera, edited and translated by Gregor Benton, *The Chinese in Cuba, 1847 - now*, Lanham: Lexington Books, 2009, pp. xiv - xvi.

④ Mauro García Triana and Pedro Eng Herrera, edited and translated by Gregor Benton, *The Chinese in Cuba, 1847 - now*, Lanham: Lexington Books, 2009, pp. xvii - xix.

华人采取的措施则是强调华人社会的爱国主义精神和凝聚力，共同应对受到排斥的不利境地。古巴革命之后，淡化种族界限，强调种族平等，华人也不再公开强化自己的族裔特征，尤其是随着中古关系的恶化，古巴华人的族裔特点变为一种劣势。而随着中古关系的好转，古巴开始放松对华人问题的控制，并鼓励中国性（Chineseness）的公开表达。

与班国瑞相似，凯瑟琳·玛利亚·洛佩斯也结合古巴华侨华人的历史，对古巴人既把华人视为古巴国家组成中不可分割的一部分、同时又将华人视为外国人的悖论作出了阐释。她认为，由于华人积极参与了古巴独立战争，伴随古巴共和国的诞生，华人成为古巴国家性讲述的组成部分，这为华人融入古巴社会铺平了道路。但随着美军在占领古巴期间将1882年在美国实行的排华法引入古巴，华人在古巴的境遇开始发生变化。同时，由于华商的崛起威胁到西班牙商人的利益，他们在媒体上发表系列反华文章，诋毁中国人的形象。而1926年哈瓦那的国民党与致公堂的争斗导致的枪杀案进一步丑化了华人在古巴的形象。20世纪30年代的经济危机和衰退，使得古巴本土的劳工运动将矛头对准所有外侨，华人亦受到排斥。而为应对古巴的排华，华侨华人采取的策略是加强与祖国的联系，而与祖国家乡联系的紧密，导致古巴人将华人视为外国人。古巴华侨华人积极团结起来支援中国的抗日战争，进一步强化了古巴人视其为外国人的看法。

笔者认为，要深入理解古巴华侨华人与古巴性关系的悖论，必须结合华侨华人在古巴的经历和历史，尤其需要考察华侨华人同古巴当地社会的关系，亦即华侨华人融入古巴的程度。那么，在长达一百多年的移民史上，古巴华侨华人是否已融入古巴社会之中？如果说没有融入，那么古巴华侨华人与侨居地社会是怎样一种关系？如果说融入了，那他们又经历了怎样的融入历程？为此，本书将以华侨华人与古巴社会的关系为主线，对华侨华人在古巴的历史进行梳理和探讨。

第四节　有关问题的说明和概念的界定

一、古巴的行政区划演变

古巴的行政区划历经多次变化。[①] 19世纪之前，古巴分为东部或古巴圣地亚哥（Oriental or Santiago de Cuba）和西部或哈瓦那（Occidental or La Habana）两

① 详见 Alberto Núñez Betancourt, Cuba: its provinces and municipalities over time, http://www.granma.cu/ingles/cuba-i/13enero-Cuba.html。

部分。到1827年，古巴被划分为三部分：东部（Oriental）、西部（Occidental）和中部（Central）。

1878年，省的概念首次在古巴出现。当年古巴被划分为六个省：古巴圣地亚哥省（Santiago de Cuba）、波尔多普林西比省（Puerto Príncipe）、圣克拉拉省（Santa Clara）、马坦萨斯省（Matanzas）、哈瓦那省（La Habana）和比那尔德里奥省（Pinar del Río），各省省会城市名称与省名相同。

1953年，上述六省界限基本保持不变，但圣克拉拉省（Santa Clara）改名为拉斯比亚斯省（Las villas），波尔多普林西比省（Puerto Príncipe）改名为卡马圭省（Camagüey），古巴圣地亚哥省（Santiago de Cuba）改名为奥连特省（Oriente）。1975年以前，古巴在行政区划上一直保持6省，即比那尔德里奥省、哈瓦那省、马坦萨斯省、拉斯比亚斯省、卡马圭省和奥连特省。①

1975年，古巴被重新划分为14个省和1个特区。14个省是：比那尔德里奥省（Pinar del Río）、哈瓦那省（La Habana）、哈瓦那市省（Ciudad de La Habana）、马坦萨斯省（Matanzas）、比亚克拉拉省（Villa Clara）、西恩富戈斯省（Cienfuegos）、圣斯皮里图斯省（Sancti Spíritus）、谢戈德阿维拉省（Ciego de Avila）、卡马圭省（Camagüey）、拉斯图纳斯省（Las Tunas）、奥尔金省（Holguin）、格拉玛省（Granma）、古巴圣地亚哥省（Santiago de Cuba）和关塔那摩省（Guantanamo）；一个特区是青年岛（Isla de la Juventud）。首都哈瓦那市在行政上是一个省级单位。哈瓦那省无省会城市。

2011年，古巴将原哈瓦那省划分为阿尔特米萨省（Artemisa）和马亚贝盖省（Mayabeque）。②

二、相关概念界定

1. 华侨

华侨，指定居在国外的中国公民。所谓定居，是指在外国已经获得该国政府允许的永久定居权，但又未加入居住国国籍；它既包括外国政府批准的合法定居，也包括外国政府认可的事实上的定居，不包括非法居留。本书中的“华侨”一词指代中国在海外定居谋生并保持中国国籍者。

---

① 20世纪的古巴华侨华人称 Pinar del Río 为边拿厘佑省，简称边省；称 Havana 为夏湾拿省，简称湾省；称 Matanzas 为马丹砂省，简称马省；称 Santa Clara 为生打加拉拿省，简称生省，或汕打加拉，简称汕省；称 Puerto Príncipe（后改名为 Camagüey）为甘马隈省，简称甘省；称 Santiago de Cuba（Oriente）为东省或山爹咕古巴。

② http：//cu. mofcom. gov. cn/column/print. shtml? /ddgk/zwdili/201101/20110107358529.

2. 华人

泛指具有中国血统者，今专指加入外国国籍华人的简称。为便于叙述，本书中的“华人”指代具有中国血统者，入籍华人指代加入外国国籍的华人。

3. 华裔

泛指华侨在海外的后裔。华裔因血统纯度与所受教育或文化背景的歧异，而有不同的类型。本书中的“华裔”指代华侨华人在海外的后裔。

第五节 资料说明

“巧妇难为无米之炊。”历史写作尤有赖于史料的搜集。本书的写作得以展开，主要依赖四种资料：一是 20 世纪古巴华侨华人社会发行的华文报纸；二是 20 世纪上半期中国的政府公报以及相关出版物；三是中外学者既有的研究成果；四是 19 世纪和 20 世纪美国出版物对古巴华侨华人的一些零星报道。

古巴华侨华人社会发行的华文报纸是本书最为重要的史料基础。20 世纪古巴的华文报业十分发达。20 世纪上半期，古巴华侨华人社会一度同时拥有三份报纸，即《民声日报》、《开明公报》、《华文商报》。其中，《民声日报》为国民党的机关报，创刊于 1922 年，其前身为 1911 年创刊的《民声》周刊。《开明公报》为致公堂（洪门民治党）的机关报，创刊于 1922 年 5 月 3 日。[①] 《华文商报》号称中立，创刊于 1917 年，其前身为 1902 年在哈瓦那创刊的《华文日报》。20 世纪中期以后，《光华报》[②] 成为古巴华侨华人社会唯一的华文报纸，至今仍在断续出版。上述华文报纸刊载的新闻，记录了当时华侨华人社会发生的以及他们关心的重大事件。昨日的新闻，即是今日的历史。华文报纸留下的有关华侨华人的重要史实与历史细节，使得古巴华侨华人的历史更加鲜活与丰满。同时，古巴华文报纸经常刊登华侨华人的来论、时评类文章，表明个人对事件的看法与观点，反映了华侨华人的思想状况和心态。报纸所登载的广告、告示等，对于了解当时华侨华人的经营活动、侨团活动等极具价值。当然，新闻报道的割裂与断续，与连续的历史截然不同。但通过新闻报道呈现的横切面，循着报道的线索与蛛丝马迹，依然能够还原历史的脉络。另外，报纸涉及报道的立场问题，因此须小心甄别，才能尽量客观地再现历史。总之，古巴华侨华人出版的华文报纸所独

① 另说为 1920 年 2 月 13 日。可见于 http：//news. xinhuanet. com/newmedia/2003 - 09/18/content_1088256_2. htm。

② 其前身为 1927 年创刊的《工农呼声》和《救国周刊》。

具的史料价值毋庸置疑。但颇为遗憾的是，现收藏于中国国家图书馆的古巴华文报纸多有缺失。

民国时期政府公报以及各种出版物等也多少涉及当时的古巴华侨华人。如《南京国民政府外交部公报》刊载有诸多驻古巴公使馆、驻哈瓦那领事馆发回的关于古巴华侨概况的资料汇编，极具史料价值。同时，《华侨先锋》、《海外月刊》等民国时期专门刊载海外华侨华人概况的刊物，也十分关注古巴华侨华人，留下不少重要资料。

国内外学者既有的研究成果，为本书的写作提供了可能的起点。本书有关契约华工章节的写作，主要依赖国内外学者关于契约华工的既有研究成果。同时，很多笔者难以搜罗到的重要档案与资料，只能从既有研究成果中参考与管窥。

无论是19世纪还是20世纪，美国的媒体对古巴华侨华人都予以了关注，如《纽约时报》。这些报道反映了美国人对古巴华侨华人的看法及关注，同时也提供了一些史料。

第六节　基本思路和框架

本书除绪论和余论外，共分四章。

第一章全面概述中国人移民古巴的历史。本章主要结合中国、古巴、美国等国的背景以及古巴关于中国人入境政策的变化，梳理19世纪的契约华工、加利福尼亚（华）人和20世纪自由移民进入古巴的历史。

第二章概述契约华工从进入古巴到逐步融入古巴社会的历史。本章主要从古巴契约华工的职业、地域分布、人数变化、法律地位，契约华工对古巴经济的贡献，契约华工参与古巴独立战争以及契约华工获得自由之后逐渐融入古巴社会等方面，全面考察契约华工在古巴的经历。

第三章通过对20世纪上半期古巴华侨华人社会的考察，分析20世纪新移民与古巴社会之间存在某种疏离的表现与原因。本章从华侨华人经济、侨团组织、社会文化生活、华侨华人与中国的联系、古巴相关政策对华侨华人的影响、华侨华人改善侨居处境的措施以及华侨华人与古巴社会的关系等七个方面进行探讨。

第四章对1959年古巴革命之后华侨华人逐渐被整合进古巴社会的过程进行考察。本章主要从华侨华人对古巴革命和改革的认识与反应、古巴革命和改革对华侨华人的影响、华侨华人在革命后的不同选择以及革命后古巴华侨华人的状况等方面进行论述。

第一章　从契约华工到自由移民：中国人移民古巴的历史

中国人大规模到达古巴始于1847年。在此之前，仅有少量原在菲律宾的“马尼拉华人”跟随西班牙人去到古巴。19世纪中期，随着古巴蔗糖经济的发展，为解决劳动力短缺问题，古巴不远万里来到中国招募契约劳工。在1847—1874年间，至少有14万多契约华工登上开往古巴的苦力船，其中途中死亡1.7万余人，到达古巴的约12万人。此为中国人到古巴的第一波浪潮。在契约华工进入古巴期间，另一批原在美国加利福尼亚的华人因美国日益排华，逐渐从美国转移到古巴。在1860—1875年间，约有5 000名“加利福尼亚（华）人”（Californians）进入古巴。这是第二波到古巴的中国人。进入20世纪，更多中国自由移民进入古巴，尤以1920年代前后为高潮。在1919—1925年间，以“一个带一个”[①]的移民链的方式，约有30 000名中国移民进入古巴。[②]此为中国人移民古巴的第三波浪潮。据杜冯·克劳夫·科比特估计，到第二次世界大战之前，已有将近30万中国人踏上古巴岛。[③]在1949年前后，掀起了中国人移民古巴的第四波浪潮。在1950—1959年间，约有3 000名中国人移民古巴。1959年古巴革命之后，进入古巴的中国新移民基本中止。

第一节　19世纪的契约华工与加利福尼亚（华）人

19世纪到古巴的中国人，主要包括契约华工和加利福尼亚（华）人。从某种程度上说，契约华工进入古巴是一种被动的移民行为，与古巴大力发展奴隶制甘蔗种植园经济密不可分。而加利福尼亚（华）人移民古巴，则可以说是美国

---

① Kathleen Maria López, One brings another: The formation of early-twentieth-century *Chinese migrant Communities in Cuba*, in Andrew R. Wilson ed., *The Chinese in the Caribbean*, Princeton: Markus Wiener Publishers, 2004, pp. 93 - 127.

② Juan Pérez de la Riva, Los culíes chinos en Cuba, *1847 - 1880*: Contribución al estudio de la inmigración contratada en el Caribe, p. 17.

③ Duvon Clough Corbitt, *A study of the Chinese in Cuba*: *1847 - 1947*, Wilmore: Asbury College, 1971, p. i.

排华的产物。

一、古巴蔗糖业的发展与契约华工的引进

（一）古巴蔗糖业的发展及其对劳动力的渴求

古巴位于加勒比海西北部，东与海地相望，南距牙买加140公里，北离美国佛罗里达半岛南端217公里，是加勒比海最大的岛国，国土总面积为110 860平方公里。1492年10月27日，克里斯托弗·哥伦布发现古巴岛。但由于未在岛上发现储量丰富的金银矿藏，殖民者当时并未在古巴久留，而是迅速转移到发现大量金银矿藏的阿兹特克和印加帝国（今墨西哥和秘鲁）。直到1511年，迭戈·贝拉斯克斯（Diego Velázquez）开始在古巴建立殖民定居点，才开启了西班牙对古巴的殖民统治历史。在长达4个世纪的西班牙殖民统治时期，古巴经济先后经历了矿业阶段、畜牧业阶段以及蔗糖和烟草种植业阶段。[①] 其中，由于古巴适宜的气候环境，蔗糖业逐渐发展为古巴最为重要的经济支柱产业，为古巴赢得“蔗糖之国”的美誉。

古巴的蔗糖业起步于16世纪末，1596年在哈瓦那建立了最早的糖厂。随着蔗糖消费者的增多以及糖价的不断上升，加勒比地区的人们很快发现，种植甘蔗的收益较种植其他作物高出许多。1770年前后，加勒比地区甘蔗种植园的产值是非甘蔗种植园的3倍左右。[②] 1774年，古巴进行了第一次人口普查。普查结果显示，当时古巴共有500家糖厂[③]，比10～15年前增加了3倍。古巴种植园主种植甘蔗的积极性高涨，一方面主要源于甘蔗种植的良好效益，另一方面也与古巴蔗糖产业发展的良好外部环境密切相关。18世纪中后期发生的两件大事，为古巴蔗糖业的迅速发展消除了障碍，极大地扩大了古巴蔗糖的市场。第一件大事是英国占领哈瓦那。1762年8月，英国占领哈瓦那。虽然占领仅仅维持了短暂的10个月，但对古巴的影响十分深远。英国打破了西班牙的贸易垄断，结束了西班牙对古巴的贸易限制，确立了自由贸易的原则。虽然1763年西班牙重新获得哈瓦那的控制权，但将英国控制时期确立的自由贸易原则继承了下来。自由贸易使得古巴能够获得来自外部尤其是美国的投资和技术支持，同时打开了英美等国的巨大市场。一夜之间，古巴蔗糖产量剧增。在英国占领之前，古巴蔗糖年平均产量为300吨。1763—1769年间，年平均产量迅速上升到2 000吨。到了1790

---

① 徐世澄编著：《古巴》，北京：社会科学文献出版社，2003年，第38页。

② David Eltis, Free and coerced migrations from the old world to the new, in David Eltis ed., *Coerced and free migration: Global perspectives*, Stanford, Calif.: Stanford University Press, 2002, p. 40.

③ 早期古巴的甘蔗种植园集种糖和制糖于一身，直到19世纪70年代两者才分开。

年，蔗糖产量更是达到 14 000 吨。第二件大事是海地的奴隶起义。海地的起义事件，使得这一原蔗糖生产大国元气大伤，糖产量大大减少，为古巴的蔗糖业发展提供了绝佳的机会。1791 年，海地发生奴隶起义，到 1804 年，革命在杜桑·卢维杜尔的领导之下取得胜利，在此期间，超过 180 个甘蔗种植园、900 个咖啡种植园被毁。海地的蔗糖出口量从 1791 年的 70 000 吨下降至 1825 年的 2 020 吨。海地蔗糖出口量的下降，为古巴蔗糖业的发展提供了巨大的市场空间。与此同时，世界蔗糖供应量的减少，使得蔗糖价格迅速上涨。到 1796 年，蔗糖价格几乎翻番，巨大的利润空间极大地刺激了古巴甘蔗种植园主的热情。此外，一些法国种植园主从海地逃到古巴，将甘蔗种植经验也带到了古巴，这在一定程度上推动了古巴蔗糖业的发展。1800 年，蔗糖取代烟草，成为古巴最主要的出口产品。到 1805 年，古巴糖厂数量较英国占领前翻了一番，蔗糖产量达到 34 000吨。[①]

进入 19 世纪，尤其是 1830 年以后，随着蔗糖业工业化的推进，古巴甘蔗经济发展进入一个新阶段。早在 1818 年，在古巴向世界所有国家开放其港口之时，就有少量的古巴甘蔗种植园主开始在糖厂安装并使用蒸汽机。1797 年，古巴引进了第一台蒸汽机。但在 19 世纪的前 20 年，古巴蔗糖业的发展主要体现在糖厂数量的增加。1827 年，全古巴已有 1 000 家糖厂，较 1774 年增加了一倍。在古巴大力发展蔗糖业的同时，欧洲也抓住糖价上涨的机会积极生产甜菜糖。由于欧洲拥有发达的工业，将大量先进技术和工艺运用于甜菜糖的生产，使得欧洲甜菜糖的竞争力大增。为应对欧洲甜菜糖的竞争，古巴种植园主纷纷向美国寻求糖业发展所需的技术、资金和市场。古巴糖业工业化和机械化的速度随之加快。1827 年，古巴专为出口蔗糖而修建的国内首条铁路——世界上第三条铁路开始运营。到 1830 年代，随着铁路等基础设施建设以及糖业机械化的推进，古巴甘蔗种植园和糖厂的规模也不断扩大。1840 年，古巴蔗糖的出口量增加到 161 248 吨，跃居当时世界第一。古巴社会逐渐从一个“建立在畜牧养殖、烟草种植、小规模蔗糖生产基础之上的相对混合型经济”转变为“建立在大规模的蔗糖和咖啡生产基础上的种植园农业占主导”的社会。[②] 现代大型机械化糖厂极大地提高了糖的产量，从 1840 年起古巴的蔗糖产量稳步增长。与此同时，糖厂的数量也剧增。1860 年，古巴糖厂达到 2 000 家。

---

① Clifford L. Staten, The History of Cuba, Palgrave Macmillan, 2005, p. 19.

② Evelyn Hu-DeHart, Chinese coolie labor in Cuba in the nineteenth century: Free labor or neoslavery? *Slavery and Abolition*, 14, Vol. 1, 1991, p. 39.

表 1－1　古巴蔗糖产量（1840—1882）

年份	产量（吨）	年份	产量（吨）	年份	产量（吨）
1840	161 248	1854	397 713	1869	718 745
1841	169 886	1855	462 968	1870	702 974
1842	192 769	1856	416 141	1871	609 660
1843	182 081	1857	436 030	1872	772 068
1844	208 506	1858	426 274	1873	742 843
1845	98 437	1859	469 263	1874	768 672
1846	205 608	1860	428 769	1875	750 062
1847	267 474	1861	533 800	1876	626 082
1848	260 463	1863	445 693	1877	516 268
1849	239 128	1864	525 372	1878	553 364
1850	294 952	1865	547 364	1879	775 368
1851	365 843	1866	535 641	1880	618 654
1852	329 905	1867	585 814	1881	580 894
1853	391 247	1868	720 250	1882	620 565

（来源：Kathleen Maria López，Migrants between empires and nations：The Chinese in Cuba，1874－1959，p. 74.）

古巴蔗糖业得以迅猛发展，除了外部市场巨大需求的刺激以及甘蔗种植园主扩大生产的积极性外，源源不断的廉价劳动力供给是至为关键的因素。蔗糖业是典型的劳动密集型产业。甘蔗的种植、收割、运输、装卸以及制糖过程中都需要大量的人力，尤其是为确保榨取最大量的糖汁，甘蔗砍下后必须在 24～48 小时内压榨，因此甘蔗种植园主在收获季节需要大量的劳动力。收获季节通常要从 12 月到次年的 5 月或 1 月到 5 月，持续近半年。因此，从冬天到早春是劳动力需求的最高峰。在收获季节，甘蔗种植园里的劳动强度非常大。古巴契约华工呈词对此有集中的反映。虽然契约规定华工每天工作时间不得超过 12 小时，但据陈古等 3 人禀称：糖寮山寮，早以 3 点钟开工，夜以 12 点钟收工。王阿敬等 23 人禀称：工夫实难作，3 点钟起身，做到 12 点钟歇工，1 点钟又开工，做到 7 点钟回屋，食粟米不过半小时，又出去做到 12 点钟收工，3 点钟又打门叫出做工。[①] 可见，工人在收获季节的工作时间长达 20 个小时。在非收获季节（dead sea-

① 陈翰笙主编：《华工出国史料汇编（第一辑：中国官方书选辑）》（第二册），北京：中华书局，1985 年，第 602 页。

son)，工人一般在春夏两季平整土地并种植新甘蔗，同时做些除草、种植时蔬、照料动物等其他工作。因此，蔗糖业的劳动力需求呈现出显著的季节性特点。

虽然从19世纪30年代开始古巴蔗糖业逐渐步入机械化时代，但对劳动力的巨大需求仍然持续存在。为增强古巴蔗糖在世界市场的竞争力，古巴种植园主投入巨资，在制糖厂里安装起昂贵的设备，建起连接蔗田与制糖厂的铁路，切实改进了蔗糖制造工艺以及蔗糖运输的交通条件。这使得这些现代化大型糖厂的生产力大大提高。为充分利用安装的现代化制糖设备的生产能力，种植园主继续扩大甘蔗种植面积，这就需要更多的人手。尽管铁路和火车提高了运输能力，但甘蔗的种植、收割与装卸仍然离不开人工，尤其是在收获季节，加上操作现代化机器的人手，蔗糖业对劳动力的需求不减反增。因此，尽管蔗糖业逐步现代化，机器替代了部分人工操作，但由于蔗糖生产规模的不断扩大，其对劳动力的需求也在继续增加。

长期以来，拉丁美洲各国一直十分青睐和欢迎白人移民，古巴亦是如此。从西班牙人占领古巴之初，白人就被认为是理想的移民。在17、18世纪，加那利群岛人（Canary Islanders）是古巴主要的白人移民。但由于甘蔗种植园的工作环境恶劣，很难吸引到白人自由劳动力。早期从西班牙、葡萄牙来的白人移民都不愿意到甘蔗种植园工作。即便有部分白人自由劳动力在甘蔗种植园里工作，但他们一般从事管理监督或机械操作等。古巴甘蔗种植园经济之所以能够繁荣发展，主要得益于大量非洲黑奴的引进。奴隶劳动力对蔗糖业发展的影响至为关键。法国地理学家马克斯·索尔（Max Sorre）认为："没有黑人劳动力，蔗糖生产是不可想象的……"① 非洲黑奴为古巴蔗糖业发展提供了成本相对较低且供应持续稳定的劳动力。劳动力长时期的低成本维持，使得蔗糖的价格能够为普通消费者接受，蔗糖迅速成为一种大众消费品；而消费人群增多带来的市场扩大反过来又进一步促进了种植园的迅速扩张。因此，甘蔗种植园的发展和扩张有赖于劳动力的稳定供应以及新的劳动力的补充。奴隶制度使得劳动力被强制性地留在种植园部门，奴隶贸易则为甘蔗种植园源源不断地输送奴隶劳动力，从而确保了古巴蔗糖经济的繁荣兴盛。

早在1513年，古巴就引进了第一批非洲奴隶劳动力。事实上，在西班牙殖民者发现古巴岛时，岛上居住着三类不同的印第安人：泰诺人（the Tainos）、西波涅人（the Ciboneys）和瓜那哈塔贝伊人（the Guanajatabeyes），总人数估计在5万~30万之间。但在不到70年的时间里，绝大多数印第安人死于西班牙人的

---

① Pedro Deschamps Chapeaux y Juan Pérez de la Riva, Contribución a la historia de la gente sin historia, p. 121.

残酷杀害和各种疾病。土著居民的灭绝使得古巴潜在的劳动力供应不复存在，只能依靠引进移民劳动力，尤其是非洲奴隶。

16 世纪前半期，古巴引进的奴隶人数并不多。到 1544 年，古巴岛上总人数还不到 7 000 人，其中西班牙人 660 名，奴隶 800 名，其余为土著居民。1791 年前，由于西班牙对古巴引进奴隶的限制，古巴奴隶人数增长有限。在 1713—1739 年间，西班牙授予伦敦南海公司贩卖奴隶到西班牙殖民地的专营权，同时授权一家西班牙公司从南海公司购买奴隶，垄断了将奴隶转售给种植园主的权力。由于奴隶进口受到限制，即便加上走私奴隶，古巴岛上的甘蔗种植园主依然不能获得足够的奴隶，这也限制了古巴蔗糖业的发展。1774 年，古巴岛上人口达到 17 万，奴隶人数约为 4. 4 万。1791 年，西班牙波旁王朝的查理三世同意古巴不受限制地引进奴隶。次年，古巴岛上的奴隶人数就超过 84 000 人。1843 年，古巴奴隶人数达到 436 000 人，构成了岛上人口的一多半，成为古巴劳动力的主力军。

表 1 - 2　古巴引进的奴隶人数（1840—1866）

年份	奴隶人数	年份	奴隶人数
1840	14 470	1854	11 400
1841	9 776	1855	6 408
1842	3 000	1856	7 304
1843	8 000	1857	10 436
1844	10 000	1858	19 992
1845	1 300	1859	30 473
1846	1 500	1860	24 895
1847	1 000	1861	23 964
1848	1 500	1862	11 254
1849	8 700	1863	7 507
1850	3 100	1864	6 807
1851	5 000	1865	145
1852	7 924	1866	1 443
1853	12 500		

（来源：Rebecca J. Scott，Slave emancipation in Cuba：The transition to free labor，1860 - 1899，p. 10.）

作为一种惰性极强的维持性生产，古巴的奴隶制种植园经济或许就将在奴隶贸易的支持下继续发展。但是英国取消奴隶贸易和废除奴隶制的决定，打破了古巴蔗糖业劳动力供应的既有路径。来自英国的压力使得古巴获得源源不断的奴隶劳动力的渠道有随时中断的危险。1807 年，英国在帝国范围内取消奴隶贸易，并于 1834 年废除奴隶制度。此后，英国开始向西班牙施压。1817 年，英国成功与西班牙政府签订结束奴隶贸易的条约。双方议定该条约于 1821 年生效。条约一旦生效，将意味着古巴蔗糖经济赖以持续发展的廉价劳动力来源的中断。这对古巴蔗糖经济发展无疑是重大打击。1816—1820 年间，古巴明显加快引进奴隶的步伐，4 年间共引进 10 多万奴隶，比过去 300 年的总和还多。[①] 1821 年条约生效期到，出于对自身巨大的经济利益的考虑，西班牙并未严格执行条约，而是纵容奴隶走私，继续引进奴隶，但奴隶的价格在1820—1830 年代上涨了 20%。[②] 英国继续向西班牙施压，双方于 1835 年签订第二个条约，旨在确保前一个条约的执行与实施。

尽管后一条约也被规避，但英国加强了海上巡逻，加大了打击奴隶贸易的力度，使得古巴的奴隶进口人数一度下降。奴隶进口人数从 1844 年的 10 000 人，下降至 1845 年的 1 300 人，1847 年更是下降到 1 000 人——几乎是 90% 的下降率。奴隶进口人数的减少，导致奴隶价格飙升。1830 年，一名男性成年奴隶值 300～400 比索，到 1855 年值 1 000 比索以上。奴隶价格的上升，使得古巴种植园主面临生产成本提高的问题。尽管世界蔗糖经济仍然繁荣，但为保持其在世界市场的竞争力，古巴种植园主不得不思考如何降低劳动力成本的问题。因此，劳动力短缺和劳动力成本上升，成为古巴甘蔗种植园主面临的双重难题。

古巴种植园主想尽各种办法，试图解决上述难题。一是鼓励奴隶生育，但难收立竿见影之效，无法立刻解决问题。二是试图招募“契约黑人”。古巴曾向英国提出一项签订契约、雇佣自由非洲人的计划，但遭到英国的拒绝。三是引进墨西哥尤卡坦半岛人。墨西哥曾以 40～160 西班牙比索（换算成古巴比索为 20～80 比索）的价格向古巴出售尤卡坦印第安人。引进尤卡坦印第安人的成本极低，运费及其他开支约 12～15 比索，总成本在 70 比索左右，但运到古巴后可以卖到 300 比索以上。1862 年，古巴人口统计显示，古巴有 786 名尤卡坦印第安人，大部分在哈瓦那省和比那尔德里奥省。据胡安·佩雷斯·德拉里瓦估计，25 年里古巴共引进了 3000～4000 名尤卡坦印第安人。除向墨西哥引进尤卡坦印第安人外，古巴种植园主还试图引进波利尼西亚人（Polynesios）、西贡的越南人（Vietnamitas de Saigón）、新加坡的马来亚人（Malayos de Singapur）和马尼拉的他加禄

---

① Clifford L. Staten, *The History of Cuba*, *Palgrave Macmillan*, 2005, p. 21.

② Juan Pérez de la Riva, Los culíes chinos en Cuba, 1847－1880：Contribución al estudio de la inmigración contratada en el Caribe, p. 21.

人（Tagalos de Manila），[①] 四处寻求潜在的劳动力。但上述途径可以说收效甚微，未能真正缓解古巴甘蔗种植园的劳动力问题。

尽管英国大力施压，打击奴隶贸易，但古巴甘蔗种植园主在考虑寻求奴隶劳动力替代者的同时，继续通过各种途径引进黑奴。在1824—1866年间，英国舰队曾在海上捉住26 026名运往古巴的奴隶。[②] 但从表1－2可以看出，1840年后，古巴奴隶进口的人数仍然不少。1774年，古巴的奴隶人数为38 879人，只占总人口的22.8%；1841年，奴隶总人数达到436 495人，占总人口的43.3%；[③] 据估计，1840年后，古巴通过走私渠道非法运进的奴隶有40多万。

为尽快补充劳动力，古巴种植园主也试图招募自由白人劳工移民。早在1790年，古巴都统路易斯·德拉斯·卡萨斯（Captain General Luís de las Casas）就曾大力推动白人殖民运动。但在他离任后，白人殖民运动随之衰落。1818—1821年间，在阿雷汉德罗·拉米雷兹（Alejandro Ramírez）的领导下，古巴引进白人移民运动再次复兴。阿雷汉德罗·拉米雷兹认为，白人移民对促进古巴经济发展大有裨益，故而对引进白人移民十分积极。他还获得了一批支持者。其支持者认为，白人移民的增多，可以防止奴隶叛乱。海地革命发生后，古巴种植园主一度担心，奴隶的增多会使古巴发生类似于海地的奴隶起义事件。但其对经济利益的追逐盖过了此种担忧。随后，古巴成立了一个专门机构——白人人口委员会（Junta de Poblacíon Blanca），负责具体实施白人殖民活动。委员会向所有引进到古巴的男性奴隶进行征税，每个人头6比索，所征税收用于安置白人移民。委员会从西班牙、法国、加那利群岛和美国吸引到数百户家庭，到古巴的西恩富戈斯、努埃维塔斯（Nuevitas）、圣多明各（Santo Domingo）等城市定居。1821年该项活动停滞，一方面是由于阿雷汉德罗·拉米雷兹的去世，另一方面则是由于奴隶贸易受挫导致资金的匮乏。1843年后，古巴各地陆续发生奴隶密谋活动，越来越多的古巴人支持引进白人移民。1841年古巴人口统计显示，全古巴有白人418 211人，奴隶436 495人，自由有色人种152 838人。当古巴种植园主发现黑人的数量开始超过白人时，他们更加希望引进白人。

1842年，古巴发展委员会（Junta de Fomento）取代白人人口委员会，继续致力于引进白人移民。为吸引西班牙劳动力到古巴，发展委员会同意为每个移民支付32比索的旅费，并提供一个月的饮食和住所以及8比索现金，但要求移民

① Juan Pérez de la Riva, Los culíes chinos en Cuba, 1847－1880: Contribución al estudio de la inmigración contratada en el Caribe, pp. 54－56.

② Denise Helly, The Cuba commission report: A hidden history of the Chinese in Cuba, p. 6.

③ Evelyn Hu-DeHart, Chinese coolie labor in Cuba in the nineteenth century: Free labor or neoslavery? *Slavery and Abolition*, 14, Vol. 1, 1993, p. 39.

必须在古巴居住3年并偿还一半的费用。另一项计划于1844年8月29日提出，前三名最先在其种植园吸引到至少50户白人家庭的种植园主将获得12 000比索的奖励；在有25户定居时就可将一半奖励划归种植园主。另外一笔2万比索的奖励提供给只使用白人劳动力的糖厂和种植园。

但在西班牙招募白人的结果并不乐观，两年时间里，几位与发展委员会签约的个人仅招到约2 000名白人移民。数千欧洲劳动力被从加那利群岛（Canary Islands）、加泰罗尼亚（Catalonia）、加利西亚（Galicia）、爱尔兰（Ireland）带到古巴。但是到达后不久，白人移民就逃离了甘蔗种植园。丹尼斯·赫利认为，种植园主从这些失败的试验中得出两条教训：一是“应该打造契约来将劳动力锁定在其工作上”；二是“使用白人劳动力是不可能的”。① 到1846年初，尽管发展委员会的成员试遍了所有方法，甘蔗种植园所需的非熟练工人仍存在很大的缺口。在各种努力均收效甚微之时，古巴把目光转向了遥远的东方——中国。

（二）苦力贸易与契约华工的引进

古巴将招募劳动力的目光转向中国，并非无缘无故。事实上，在中国沿海地区，中国人出洋谋生早有先例。早在1839年，林则徐就奏称有“夷船惯搭穷民出洋谋生，不要船饭钱文，俟带到各夷埠，有人雇用，则一年雇资俱听该船主取去，满一年后乃按月给予本人工资”②。此系所谓“赊单华工”。1842年，《南京条约》签订，迫使中国开放厦门、福州、上海、广州和宁波五个口岸。五口通商后，苦力贸易剧增，招工所开始出现。1840年代中期，英国人在厦门已经开设有两家招工所——德记洋行和合记洋行，共同垄断厦门及其附近的苦力买卖。德记洋行的老板德滴身兼西班牙、葡萄牙及荷兰驻厦门领事。由于有利可图，苦力贸易很快从厦门扩展至汕头、广州、澳门、香港、上海。如果说第一次鸦片战争之后，苦力贸易还处于半秘密半公开状态，那么第二次鸦片战争则使苦力贸易公开合法化。1860年10月，英、法通过《北京条约》率先获得了在中国招工的权利，使得苦力贸易愈加猖獗。招募华工的形式也由赊单华工发展为契约华工。所谓契约华工，即招工所负责为雇主在中国招募工人，工人在出发前与招工所订立契约，契约写明应募地点、工作性质、年限、工资数额及预付手段等。由于苦力贸易的巨额利润，为了招募更多的苦力，坑蒙拐骗、强迫签订契约的情况层出不穷。

---

① Denise Helly, The cuba commission Report: A hidden history of the Chinese in Cuba, p. 9.

② 《林则徐奏查明外国船只骗带华民出洋情形折》，《华工出国史料汇编（第一辑：中国官方书选辑）》（第一册），北京：中华书局，1985年，第7页。

1844 年，古巴发展委员会就曾派人到中国考察引进华工的可能性。1846 年 3 月，英国苏卢埃塔（Zulueta）公司建议古巴引进中国劳工。1847 年 7 月 3 日，西班牙女王伊莎贝尔二世颁布谕旨，准许古巴输入 600 名中国劳工。而在谕旨颁布之前一个月，即 1847 年 6 月 3 日，第一批共 206 名中国苦力就已经乘坐从厦门开出的西班牙帆船“奥克多号”抵达哈瓦那港。在长达 131 天的航行中，6 名苦力在途中去世，7 名在到达古巴后不久离世，实际存活 193 人。9 天后，另一艘出发时载有 400 名华工的英国船“阿吉尔公爵号”历经 123 天的航行抵达哈瓦那，在途中逝世 35 名，实际到达古巴 365 名。在未得到正式批准之前，古巴就已经着手引进华工，其迫切程度可见一斑。这主要与当时古巴奴隶进口数直线下降密切相关。

1847 年运入首批契约华工之后，古巴暂停了华工的输入。对于暂停的原因，众说纷纭。熊建成认为，基于宗教信仰的理由，西班牙政府下令停止输入中国契约劳工。科比特认为，甘蔗种植园主对契约华工的看法产生分歧，导致古巴暂时中断了华工引进。胡安・佩雷斯・德拉里瓦则提到，古巴暂停输入华工，一是因为遭到贩卖黑奴的人的反对，二是因为在那几年里工人的供应超过了蔗糖工业的需求。[①]

1853 年，古巴重新引进契约华工，一直持续到 1874 年。尤其是在奴隶进口下降的时期，苦力贸易的规模大幅上升。1865 年古巴奴隶进口仅 145 人，1866 年达到 1 443 人。与此相对照的则是苦力进口数的大幅攀升：1866 年苦力进口达到 12 391 人，1867 年高达 14 263 人。在 1865—1874 年间，64 500 名苦力到达古巴，占当时引进人口总数的 50%。

谭乾初抄自英国驻哈瓦那领事馆的数据显示，在 1847—1874 年间，共有 143 040名中国人登上开往古巴的苦力船，途中死亡 17 032 人，实际到达古巴 126 008人。

表 1－3　1847—1874 年前往古巴的船次、输出港口与华工人数

年份	输出港口	船次	华工人数	途中死亡人数
1847	厦门	2	612	41
1853	厦门 澳门	9 5	5 150	843
1854	汕头 澳门	3 1	1 750	39

① Juan Pérez de la Riva, Los culíes chinos en Cuba, 1847－1880: Contribución al estudio de la inmigración contratada en el Caribe, p. 63.

（续上表）

年份	输出港口	船次	华工人数	途中死亡人数
1855	汕头 厦门 澳门	4 1 1	3 130	145
1856	厦门 汕头 澳门 香港	3 4 3 4	6 152 （妇女 7 名）	1 182
1857	汕头 香港 厦门 澳门	9 5 2 12	10 101	1 554
1858	香港 澳门 汕头 厦门	5 15 10 3	16 411 （妇女 45 名）	3 027
1859	黄埔 澳门 厦门	3 12 1	8 539	1 332
1860	厦门 澳门 汕头 小吕宋	1 14 1 1	7 227	1 008
1861	广州 黄埔 澳门	2 2 12	7 263	522
1862	澳门	1	400	56
1863	澳门	3	1 045	94
1864	澳门	7	2 664	532
1865	澳门 广州	19 1	6 810	407

（续上表）

年份	输出港口	船次	华工人数	途中死亡人数
1866	香港 澳门 黄埔 广州 汕头	1 34 6 1 1	14 169	1 126
1867	澳门	42	15 659	1 297
1868	澳门	21	8 400	732
1869	澳门	19	7 340	1 475
1870	澳门	3	1 312	63
1871	澳门	5	1 827	178
1872	澳门 广州	19 1	8 914	766
1873	澳门	9	5 488	427
1874	澳门	3	2 677	186
合计		346	143 040	17 032

（来源：陈翰笙主编：《华工出国史料汇编（第六辑：拉丁美洲华工）》，北京：中华书局，1984 年，第 105～106 页。）

契约华工史研究专家吴凤斌认为，以上数字还不完全，古巴华工人数遗漏了 1 万多名，其总数有近 16 万人。[①] 通过对古巴海关数据的统计整理，古巴学者胡安·佩雷斯·德拉里瓦指出，从哈瓦那港登陆的契约华工总数为 124 813 人，与潭乾初抄自英国驻哈瓦那领事馆的数据略有差异。

表 1－4　在哈瓦那港登陆的契约华工人数统计（1847—1874）

年份	上船人数	途中死亡	登陆人数
1847	612	41	571
1853	5 150	843	4 307
1854	1 750	39	1 711
1855	3 130	145	2 985
1856	6 152	1 084	5 068

① 吴凤斌：《契约华工史》，南昌：江西人民出版社，1988 年，第 245 页。

（续上表）

年份	上船人数	途中死亡	登陆人数
1857	10 116	1 575	8 541
1858	16 414	3 019	13 395
1859	8 549	1 345	7 204
1860	7 204	1 011	6 193
1861	7 252	279	6 973
1862	356	12	344
1863	1 045	93	952
1864	2 664	511	2 153
1865	6 794	394	6 400
1866	13 368	977	12 391
1867	15 616	1 353	14 263
1868	8 100	732	7 368
1869	6 720	1 060	5 660
1870	1 312	85	1 227
1871	1 577	89	1 488
1872	8 915	755	8 160
1873	5 856	763	5 093
1874	2 863	373	2 490
合计	141 515	16 578	124 937

（来源：Juan Pérez de la Riva，*Demografía de los culíes chinos*，1853 – 1874，p. 7.）

与吴凤斌的观点类似，古巴历史学家胡里奥·列·里维朗特（Julio le Riverand）也认为，除了上述华工外，还有部分通过走私进入古巴的华工。他认为，在19世纪进入古巴的华人人数可能达15万人。①

如此大量的华工在短短27年间进入古巴，除了古巴的拉力和中国的推力因素外，主要还在于存在一个巨大的跨国苦力贸易网络。初时，西班牙人通过英国人来招募华工。随后，一个包括轮船公司、代理机构、商行、著名的家族以及管理机构在内的跨国网络迅速形成。苦力经纪人、运输人、购买者及投资者的网络巨大，包括多个殖民帝国：英国、美国、法国、葡萄牙、西班牙。投资这一冒险活动的最原始的资金来自古巴，但后续的补充资金则来自跨国体系，包括纽约、

① Juan Pérez de la Riva，Demografía de los culíes chinos，1853 – 1874，Pablo de la Torriente Editoral，1996，p. 5.

波士顿、伦敦、巴黎、阿姆斯特丹、利物浦的银行和公司。参与的商业利益主体与非洲奴隶贸易相同。①

所有西方列强均参与到古巴的苦力运输之中。与运输非洲奴隶的主力一样，法国、西班牙、英国、美国、葡萄牙、荷兰是运输中国苦力的前六位。其中，由法国和西班牙运送到古巴的苦力最多，其参与的苦力船数目也最多。

表 1－5　各国船只参与运输古巴契约华工的情况（1847—1873）

国别	船只数	吨位	上船人数	登陆人数	死亡人数	死亡率（%）
英国	35	27 815	13 697	11 457	2 240	16.4
美国	34	40 576	18 206	16 419	1 787	9.8
奥地利	3	1 377	936	864	72	7.7
比利时	3	2 482	1 199	1 182	17	1.4
智利	4	1 702	926	743	183	19.8
丹麦	1	1 022	470	291	179	38.1
荷兰	19	14 906	8 113	7 132	981	12.1
法国	104	64 664	38 540	33 795	4 745	12.3
德国	8	4 207	2 176	1 932	244	11.2
意大利	5	5 586	2 832	2 505	327	11.5
挪威	5	2 296	1 366	1 104	262	19.2
秘鲁	6	4 979	2 609	1 999	610	23.4
葡萄牙	21	15 847	8 228	7 266	962	11.7
俄国	12	9 857	5 471	5 093	378	6.9
西班牙	78	47 604	31 356	28 085	3 271	10.4
萨尔瓦多	4	4 145	2 031	1 943	88	4.3
总计	342	249 065	138 156	121 810	16 346	11.8

（来源：英国驻哈瓦那总领事报告，1873 年 12 月 1 日。此表不含 1874 年数据。转引自 Lisa Yun, *The coolie speaks: Chinese indentured laborers and African slaves of Cuba*, Philadelphia: Temple University Press, 2008, p. 20.）

西方列强之所以竞相参与，皆因苦力贸易的巨大利润。美国《纽约先驱报》记者奥凯利（O'Kelly）曾对苦力贸易的利润有所记述。据他估算，900 名华工

① Lisa Yun, *The coolie speaks: Chinese indentured laborers and African slaves of Cuba*, Philadelphia: Temple University Press, 2008, p. 14.

可以卖到450 000美元，但成本不到50 000美元，利润高达400 000美元，即便在奴隶贸易最兴盛的时候也难以达到如此高额的利润。旅行作家亨利·穆雷（Henry Murray）也注意到，一船500名华工平均只需要30 000~50 000比索的投资，但可以获得的平均收益为100 000~120 000比索。除去招募、运输华工的成本和日常开支以及苦力死亡造成的损失，从卖到古巴的苦力身上获得的总利润十分惊人，达到8 000万比索左右。[①]

古巴能够招募到如此多的华工，还与招募过程中的欺骗和劫掠等强制性手段有关。同治年间，总理衙门收到一份有关澳门拐骗华工出洋的报告："吣噜（秘鲁）、古巴等洋人来中国招工，每船额要若干名，必与猪仔头订立合同，限以某日开船，即要如数收足。猪仔头立合同后，即向猪仔跛猪仔索等，又立合同，照西人之合同期收足，倘过期不足，则西人要猪仔头补回船价，米饭及预先取去之银息各费。而总猪仔头亦责令猪仔跛等照数赔偿，逐层逼紧。……故自接合同之后，赶紧四处觅人……或用迷药，或用计拐哄骗，或强行掳捉，务欲足数塞责。"[②] 根据陈兰彬的调查报告，在1 176名古巴华工的证词中，只有96人（8.2%）说他们是自愿出洋的，其余91.8%不是被拐骗就是被绑架到古巴的。

与贩卖苦力的高利润形成鲜明对比的是华工的高死亡率。由于航程长，条件差，古巴华工在航行途中的死亡率惊人。贩运古巴华工的航道有两条：一条是常走的西航线，即从中国，经爪哇、毛里求斯、好望角，横过大西洋到古巴。这条航程比非洲奴隶贩卖只横过大西洋的航程要长得多。在赤道地带，气候又热，即使在露天情况下，人也汗流浃背，而华工却要被关在密不透风的船舱里，积久的污秽和恶毒使人痛苦不堪。另一条是东航线，即横过南太平洋经合恩角绕往古巴，要经过气候寒冷、风浪大的高纬度地区，舱口大部分时间必须紧闭。合恩角风势又变幻不定，航行不便。东西航线航程差不多。一般航程时间在10月至次年3月的季节里需147天，3月至9月的季节里则需165天，甚至有多达226天、230天的。在1847—1874年间前往古巴的华工一共143 040人，在航行途中死亡17 032人，实际到达古巴的为126 008人，在海上的平均死亡率约为12%。开往古巴的苦力船因此被称为"浮动地狱"。根据古巴学者赫希斯·关彻（Jesús Guanche）的研究，中国苦力运输过程中的死亡率高于非洲奴隶运输。

古巴契约华工主要从厦门、汕头、广州、香港、澳门、上海等港口出发。其中，从澳门运到古巴的华工最多。根据英国驻哈瓦那总领事馆的统计，在1847—

① Lisa Yun, *The coolie speaks: Chinese indentured laborers and African slaves of cuba*, Philadelphia: Temple University Press, 2008, pp. 16 - 17.

② 外务部档，载陈翰笙主编：《华工出国史料汇（第一辑：中国官方书选辑）》（第一册），北京：中华书局，1985年，第249页。

1874 年间，登上开往古巴苦力船的 142 422 名华工中，来自厦门、汕头、广州、黄埔和香港等地的共 43 273 人，约占总数的 30%，其余 99 149 人来自澳门，约占全部华工的 70%。①

1874 年，清政府派陈兰彬赴古巴调查华工状况。从此次调查后形成的古巴华工调查报告来看，古巴华工来自广东、福建、湖南、江西、浙江、广西、江苏、安徽、四川、直隶、奉天、山西、陕西等 13 个省份，其中以广东最多，占到 89%。这些华工分属广东全省，包括海南岛文昌等 66 个县，福建漳州、泉州等 17 县，湖南长沙、湘潭等 9 个县，江苏宝山、镇江等 9 个县，江西吉安、会昌等 8 个县，安徽六安、怀宁等 4 个县，浙江临海、会稽等 3 个县，广西桂林、灌阳等 2 个县，四川重庆、成都等 3 个县，直隶天津、顺天等 2 个府县，还有陕西泾阳、山西代州和辽宁奉天府等府县。

古巴契约华工的出身广泛，背景复杂，他们出国前的职业有种田、种菜、长工、短工、木匠、铁匠、瓦匠、鞋匠、石匠、泥水匠、理发匠、裁缝、挑夫、屠夫、小贩、小手艺、店员、小店主、学徒、厨工、职员、差役、小官吏、武官、医生、艺人、学生、士兵、水手、船夫、渔民和失业者等。

二、美国排华与加利福尼亚（华）人到古巴

（一）华侨赴美与美国的排华风潮

1848 年 1 月，在加利福尼亚萨克拉门托的亚美利坚河中首先发现金沙，接着其他地方也相继发现，引起淘金热。1848 年 2 月 2 日，即发现金矿后第八天，首批 3 名华人来到矿区。加利福尼亚发现金矿的消息传回广东后，华侨赴美淘金热潮开始。1849 年和 1850 年，赴美国西海岸的华侨分别为 325 人和 450 人。在 1851 年开始招赊单华工后，人数立刻上升至 2 716 人。到 1860 年，加利福尼亚 8.3 万矿工中华工占 2.4 万。

19 世纪 60 年代美国开始建设中央太平洋铁路，需要大量华工。1854 年，中国人开始大批入美，是年，16 084 名中国人进入美国。以后中国人逐年入美人数在 2 000 ~ 8 000 人之间。

1868 年，中美签订《蒲安臣条约》，规定中国人能够自由移民美国。此后，更多中国人入美。到 1882 年美国通过排华法案时，在美中国人数为 107 488 人，

---

① 吴剑雄：《十九世纪前往古巴的华工（1847—1874）》，张炎宪主编：《中国海洋发展史论文集》（第三辑），台北："中央研究院"三民主义研究所，1988 年，第 437 页。

约占美国总人口 62 947 714 人的 0.2%。①

初时，美国政府对华侨持欢迎态度。但华工进入美国后不久便遭到歧视和迫害，在金矿区不时发生排斥和反华暴行。1850 年加利福尼亚州颁布苛例，规定华人矿工每月应交执照费，以后又逐年加倍征收。1852 年规定，华人不得在法庭作证反对白人。1855 年规定华人要交 50 元人头税。这一年因交不起此税而离开美国者有 5 000 人。1858 年 4 月，美国颁布进一步限制华人的法案。早在 1849 年，北部的托伦内县就发生驱赶 60 名华工的事件。矿区内种族主义分子袭击华工，劫掠他们的钱财，焚毁帐篷，殴打甚至杀害华工。1855 年有 32 名华工遇害。此后，排华情况越来越严重，1862 年加利福尼亚又有 88 名华工被杀害。矿区内对华工进行迫害、劫掠、屠杀的事件时有发生。城镇也发生排华事件。1866 年，圣弗朗西斯科发生白人袭击华工，造成 1 死 15 伤的惨案。同时，加利福尼亚当局颁布和实施了许多排斥华侨的法令，虽然大多数法令未被联邦政府通过，但却表明加利福尼亚存在着浓厚的排华气氛，导致随后的排华运动愈演愈烈。

从 1867 年起，排华运动由于受到煽动，到 70 年代扩展至全加利福尼亚州。1873 年，美国发生严重的经济危机，经济萧条持续 5 年。1878 年，有 1 万多家工商企业倒闭，负债总额超过 2 亿美元，失业者达 300 万人。罢工、示威活动此起彼伏。在这种混乱状况下，孤立无援的华工成为经济危机的替罪羊。资产阶级政客和报刊大造舆论，颠倒是非，把白人劳工工资下降、失业等都归咎于华工。加利福尼亚州还出现许多反华组织。1877 年，丹尼斯·卡尼成立加州工人党，在圣弗朗西斯科各区陆续成立了 35 个俱乐部，大肆举行反华活动。该党成员每个星期天都在沙滩地举行反华集会，攻击华工抢走白人饭碗，公然号召用武力排华。7 月 23 日，圣弗朗西斯科发生大规模反华骚乱，暴动持续 3 天，华侨损失惨重。暴徒追赶和殴打路过的华侨，捣毁并焚烧华侨洗衣店。工人党的反华分子还企图袭击并焚毁圣弗朗西斯科市唐人街。1871 年 10 月，在洛杉矶市，一伙歹徒持枪冲入华侨住所，凶残地杀害了 22 名华侨，掠走价值 3.5 万美元的财产，数以百计的华侨被赶出家门。

在反华情绪高涨的时候，加利福尼亚当局也加强排华行动，通过一系列排华法令：1870 年，禁止华人在该州拥有土地；又实施“肩挑法案”，禁止华人使用扁担；规定登陆加州的中国妇女，须充分证明自己是自愿移民和具良善品质，否则要罚款 1 000 ~ 5 000 美元或监禁 2 ~ 12 个月，此法案 1876 年被宣布违宪；同年 7 月，又通过居住房屋法令，成人房客应有 500 立方英尺的空间，违者监禁或罚款，并当即拘捕几百名华人，因监狱人满为患于 9 月作废。1873 年针对华侨通

① 周南京主编：《华侨华人百科全书》（历史卷），北京：中国华侨出版社，2002 年，第 612 页。

过了“洗衣馆法令”，没有马的华侨洗衣馆每季同样征收15美元；“辫子条例”则规定男性华人囚犯将头发剪至1英寸；又规定在圣弗朗西斯科市区内，限制华侨将遗骨迁回中国安葬；在1873—1875年，禁止华侨燃放鞭炮及在庆典时使用锣鼓；1876年“立方空气法”与1870年法令相同，这年有近千名华侨被监禁；1878年禁止外籍人（主要是华侨）购置产业，不发给商业执照，不许华侨加入美国籍等；1879年加州通过新宪法，针对华侨制定新条款。尽管以上一些法令未获联邦政府通过，但这些排斥性和歧视性法令却给加利福尼亚的华侨带来无穷的灾难。

《蒲安臣条约》曾规定中国人能够自由移民美国。但1880年底，美国派安吉尔到上海，迫使清政府签订限制中国人移民美国的条约。1881年7月中美续修条约正式签订，标志着自由移民的时代已经结束。美国国会也迫不及待地制定排华法案，全面排华时期拉开序幕。1882年5月6日，美国国会通过第一个排华法案，主要内容是10年内暂停熟练和非熟练华工进入美国；非经正当途径入美的中国人，于法令通过日起，将被驱逐出境；在美的中国人不准归化为美国公民等。该排华法案使美国华侨受到沉重打击。赴美华侨人数骤减，有的华侨被迫离开美国。

（二）加利福尼亚（华）人到古巴

美国日益排华导致华侨处境恶化，迫使部分华侨离开。在生命和财产安全时常受到威胁的情况下，一些美国华侨选择返回中国，另一些则再移民到美国周边的国家和地区，比如古巴。从1860年起，陆续有在“淘金热”期间前往加利福尼亚淘金的华人经由墨西哥或新奥尔良来到古巴。尤其以1865—1875年间为高潮。此后亦不断有自由华人移民从中国、墨西哥以及美国其他地区到达古巴。这一波到古巴的移民被统称为加利福尼亚（华）人。据胡安·佩雷斯·德拉里瓦估计，到1875年，共有约5 000名加利福尼亚（华）人进入古巴。①

与先前到来的契约华工不同，加利福尼亚（华）人是携有一定资财的自由移民。他们不用到种植园做工，而是用从美国带来的资本以及跨国联系从事小工商业。他们不是体力劳动者，而是重新定居和投资的商人。加利福尼亚（华）人的到来，使初步形成的哈瓦那唐人街迅速发展并繁荣起来。到1860年代后期，一个华商阶层逐渐在古巴兴起。1870年，来自圣弗朗西斯科的第一批华人银行家和商人出现。随着从美国来的华人逐渐增多，还曾出现来自纽约和来自加利福尼亚（华）人群体之间的竞争，恰法特对此有所记述。古巴人类学家何塞·巴

① Juan Pérez de la Riva, Demografía de los culíes chinos, 1853 - 1874, Pablo de la Torriente Editoral, p. 5.

尔塔·罗德里格斯认为，加利福尼亚（华）人及其后代形成了一个新的阶层，重塑了中国人在古巴的社会地位和影响。

经历了在原侨居地的排华风潮与严酷现实，加利福尼亚（华）人清楚地知道自己潜在的危险。他们到古巴后迅速组织起来，以期运用团结的力量应对潜在的危险。1867 年，加利福尼亚（华）人成立了首个古巴华人社团“结义堂”(Kit Yi Tong)。该社团将契约华工拒之门外。除了资本外，加利福尼亚（华）人还将与美国华侨华人社会的联系带到了古巴。他们建立起进出口公司、商业社团以及戏院之类的文化组织。1873 年，4 个来自圣弗朗西斯科的华人投资建立了古巴第一家中国戏院。两年后，第一批中国演员也从圣弗朗西斯科来到古巴。研究古巴华人的学者普遍认为，加利福尼亚（华）人的到来对早期古巴华侨华人社会的形成产生了重要作用。他们的到来加速了早期古巴华侨华人社会的形成。由于在经济上、组织上、见识上的优势，加利福尼亚（华）人长期掌控着古巴华侨华人社会的领导权。

胡安·佩雷斯·德拉里瓦认为，加利福尼亚（华）人破坏了契约华工形成的传统。① 确实，加利福尼亚（华）人与契约华工之间存在巨大的分野，但两者之间并非是对立的关系。加利福尼亚（华）人的进出口公司、中国戏院等，既雇佣获得自由的契约华工，同时又有赖于华工的消费。

第二节　20 世纪到古巴的中国移民

进入 20 世纪，伴随古巴共和国的成立以及古巴蔗糖经济的发展，更多中国自由移民进入古巴。直到 1959 年古巴革命爆发后，中国自由移民进入古巴的浪潮才基本中止。

一、“一战”前后古巴的经济繁荣与中国人到古巴的第三波浪潮

（一）“一战”前后古巴的经济繁荣

1868 年，古巴独立战争爆发。直到 1898 年，独立战争才在美国的参与下结束。在为独立而战的 30 年中，古巴的经济基础设施遭受巨大破坏，很多大种植园被毁或破产，这为美国的扩张提供了大好机会。

---

① Juan Pérez de la Riva, *Los culíes chinos en Cuba, 1847－1880: Contribución al estudio de la inmigración contratada en el Caribe*, p. 251.

古巴为独立战争付出了惨重的代价。除岛上经济基础设施几乎完全被毁外，1/3 的甘蔗种植园也被烧毁。蔗糖生产的中心马坦萨斯省，1894 年正常运转的糖厂有 400 家，到 1898 年只剩下 62 家。1894 年古巴全岛还有 1 100 家糖厂，但到战争结束只剩 207 家糖厂仍在生产。幸存下来的甘蔗种植园也陷入债务之中。李奥纳多·伍德将军（General Leonard Wood）在其 1900 年报告中列出了古巴在战争中被破坏的糖厂名。在 570 家糖厂中，只有 102 家在生产，205 家在战争中被毁，另外 263 家被列为废弃状态（demolidos）。古巴的糖产量从 1894—1895 年间的1 035 000吨下降到 1896 年的 232 000 吨，再到 1897 年的 218 000 吨。成千上万的小农场、牧场、烟草种植园和咖啡种植园消失。据估计，30 年战争消耗了古巴 2/3 的财富。

美国公司则利用种植园主破产的机会大肆扩张。战争期间，古巴甘蔗种植园不仅受到战争的破坏，还面临世界蔗糖价格动荡的影响。1884 年，由于欧洲甜菜糖的发展，世界糖产量剧增，导致糖价严重下跌，许多古巴甘蔗大种植园主破产。古巴别无选择，只好向美国寻求市场和资金。美国投资者用很低的价格取得了古巴人和西班牙人的产业，包括许多破产的烟草和甘蔗种植园。在 1880 年代，古巴的大部分甘蔗种植园消失。到 1894 年美国在古巴的投资超过 5 000 万美元，购买了古巴出口产品的 87%，并提供了 40% 的古巴进口物资。①

独立战争结束后，古巴进入重建时期。在此期间，美国进一步控制了古巴。在古巴各地道路、桥梁、铁路、港口重新建起的过程中，越来越多的古巴人破产。在 1898—1900 年间，古巴每年几乎都有 4 000 家农场易主。1899 年前，几乎所有的烟草公司都为古巴人和西班牙人所有。但到 1902 年 5 月，美国公司控制了古巴雪茄 90% 多的出口贸易以及 50% 多的古巴雪茄和烟草的制造。美国联合果品公司在古巴建起了第一家大型中央糖厂。1900 年，其投资额就超过了 2 000万美元。到 1902 年，美国在古巴的投资总额已超过 1 亿美元。1903 年美国和古巴签订互惠条约，古巴出口到美国的货物关税减免 20%，进一步刺激了美国资本流入古巴，鼓励了美国人在古巴的投资。同时，古巴土地的价格下降到战前的 1/10 甚至 1/20。奥连特省铁路沿线的土地，每英亩只卖 25 美元，而在加利福尼亚每英亩价格在 750 ~ 1 500 美元之间。成千上万的美国人都想到古巴购买廉价土地来发财。20 世纪初，古巴松树岛（Isla de Pinos）90% 至 99% 的土地归美国垦殖者和土地公司所有。根据一项统计，到 1905 年，已有 13 000 名美国人在古巴购买了土地，价值 5 000 万美元。据 1907 年古巴人口统计显示，有 6 713 名在美国出生的人定居古巴。在 1903—1919 年间，共有 44 054 名美国人从美国移

① Clifford L. Staten, The History of Cuba, 2005, p. 36.

民到古巴。另据一份官方报告估计，1915 年，有 20 000 名美国、英国、德国的移民在古巴。[①] 1919 年人口统计显示，有 13 005 名美国公民居住在古巴。

随着经济基础设施的重建和完善、美国资本的自由进入以及古巴经济与美国经济的日益一体化，古巴糖业发展迅猛。到第一次世界大战前夕，古巴糖产量达到 2 765 000吨。正常运转的糖厂增加至 172 家，每个糖厂的平均产量增加 7 倍，从 1900 年的 2 400 吨增加至 1913 年的 16 000 吨。1913 年，古巴人拥有 67 家糖厂，西班牙人拥有 41 家，美国人拥有 39 家。但美国糖厂生产了 1 033 000 吨，占 37%；古巴糖厂生产了 918 000 吨，占 33%；西班牙糖厂生产了 510 000 吨，占 18%。[②] 在美国占领古巴后不久，美国人在蔗糖业的份额就超过了古巴人和西班牙人。

1914 年第一次世界大战爆发，欧洲甜菜糖的生产陷入停顿，导致甜菜糖的供应急剧下降，从 1914 年的 830 万吨下降至 1918 年的 440 万吨。世界糖价迅速上涨。当年 7 月到 8 月，蔗糖价格几乎翻倍。同年，古巴建立了三家中央糖厂，次年又有 12 家新的糖厂建立，其中 8 家属于美国公司所有。在 1907—1919 年间，总共有 21 家新的糖厂建立，主要采用美国的技术，这使得古巴成为世界上最大的蔗糖出口国。“一战”期间，糖价从 1914 年的每磅 2. 05 分升至 1918 年的 4. 30 分。战后的 1919 年糖价更是升至 9. 2 分，并在此后持续稳步上涨。1920 年糖价更是不可思议地上扬：3 月还是每磅 10 分，到 4 月就变成 18 分，5 月变为 22 分。古巴糖业产值从 1919 年的 4. 55 亿美元升至 1920 年的 10 亿多美元。[③] “一战”造就了古巴历史上最为辉煌的经济繁荣之一。蔗糖业的繁荣给古巴带来巨大的财富，汽车在哈瓦那大街随处可见。这段时期被称为“百万美元舞翩跹”（la danza de los millones）时代。尽管战后欧洲甜菜糖生产恢复，使糖价大跌，古巴也在 1920—1921 年间出现糖业危机，许多糖厂破产，但古巴蔗糖产量仍然大幅度增长。1922 年古巴糖产量达到 400 万吨，1925 年产量达到 500 万吨。

蔗糖经济繁荣，使更多的土地被开垦用于种植甘蔗，古巴对劳动力的需求空前，超过历史上任何时期。1912 年古巴开始招季节工人，并在“一战”期间增加招工人数，一直持续到 20 世纪 20 年代。“1902—1911 年间，古巴共接收移民 322 878 人，其中 77. 26% 是西班牙人。同时，所需砍蔗工的人数从 1900 年的 3 万增至 1925 年的 31. 5 万。新开发的产糖区卡马圭和奥连特对廉价劳动力的需

---

① Carmen Diana Deere, Here Come the Yankees! The Rise and Decline of United States Colonies in Cuba, 1898 – 1930, *The Hispanic American Historical Review*, Vol. 78, No. 4, 1998, p. 743.

② Cesar J. Ayala, Social and economic aspects of sugar production in Cuba, 1880 – 1930, *Latin American Research Review*, Vol. 30, No. 1, 1995, p. 107.

③ Louis A. Pérez, *On becoming Cuban*: *Identity*, *nationality*, *and culture*, Chapel Hill: University of North Carolina Press, 1999, p. 280.

求最后突破了美国占领期间‘只进白人’的移民政策，古巴向来自西印度群岛的移民打开了大门。”[①] 除了主要从海地和牙买加引进季节工移民外，古巴还计划引进中国工人。古巴甘蔗公司（Cuba Cane Corporation）在“一战”期间曾打算引进中国契约工人，计划从香港引进2 000名中国人，签订5年契约。每个工人每周工作7天，每天工作10个小时，每月工资为50美元。古伊·莫里森·沃克尔（Guy Morrison Walker）进口公司把一名中国工人运到哈瓦那港能获得100美元。但是由于美国食品管理局、古巴政府、进口公司、古巴甘蔗公司和中国出口者之间合作的困难而搁置了这一计划。[②]

受惠于蔗糖经济繁荣，蔗糖业工人的工资一度很具吸引力。尽管各地的工资根据地区和糖厂规模大小不同而各异，但日工资基本在1美元左右。1913年，蔗田工人日工资最低的是比那尔德里奥省，为92美分；最高的是卡马圭省，为1.17美元。糖厂工人工资更高，最高的是哈瓦那的糖厂工人，其日工资为1.27美元；最低的为马坦萨斯糖厂工人，为1.15美元。大量海地人、牙买加人被高工资吸引到古巴的蔗糖业。在1917年至1931年间，30万海地人、牙买加人和其他加勒比地区的工人为古巴的甘蔗种植园工作。海地政府曾两次禁止海地人到古巴做工。

（二）古巴关于中国人入境政策的变化：1898—1930[③]

契约华工时代，古巴不远万里到中国招募契约华工。在1874年清政府决定停止向古巴输送契约华工时，西班牙曾多加阻难，试图继续引进华工。1874年，古巴曾提出“中国自由移民方案”，拟在7年内引进7.2万名自由华工。[④] 1898年古巴独立之前，古巴引进华工十分迫切，当然对中国人入境无甚限制。但美国占领古巴之后，情况为之一变。1899年，美国就试图将在美国本土实施的排华法案运用到古巴和波多黎各。[⑤]

1902年5月15日，在美国第一次占领古巴结束前5天，李奥纳多·伍德将军颁布第155号法令，对古巴移民政策作出规定。该法令第七、第八条明确禁止

---

① ［英］莱斯利·贝瑟尔主编，江时学等译：《剑桥拉丁美洲史》（第四卷），北京：社会科学文献出版社，1991年，第218页。

② Cesar J. Ayala, Social and economic aspects of sugar production in Cuba, 1880－1930, *Latin American Research Review*, Vol. 30, No. 1, 1995, p. 116.

③ 本部分的写作主要参考：蒋展民：《从中古邦交史说到古巴华侨问题及今后的对策》，《海外月刊》1934年第24期；凌冰：《中国与古巴外交之关系》，《时事月报》1931年第5卷合订本（第7～12月）。

④ 周南京主编：《华侨华人百科全书》（历史卷），北京：中国华侨出版社，2002年，第621页。

⑤ Chinese rights in Cuba: Protest against the Extension of the Exclusion Act, *New York Times*, May 9, 1899.

除中国外交官、商人、旅游者、1899 年 4 月 14 日前已居留古巴者之外的中国人入境古巴。

其中，第七条规定：

上述各条之规定均不适用于中国人，盖中国移民乃在禁止之列，并在禁例期内，中国工人从别国口岸或地方来至古巴者即为违法。

凡船主用其船有意运载有技能或无技能之华工至古巴登岸，或意图登岸，或准其登岸者，均作为犯法；如定罪后，每运来华工一人，即处罚船主五百元以下之罚款，并可处以一年以下之监禁。

在古巴境内，如查出违法来古之中国人，经古巴法庭判决无权居古者，则其人由何国来古，即将其拨回原国，其费用由古巴政府负担；惟招运或帮同招运此项来古华人之人，凡关于此项事件之调查费，及拨出古境□[1]各种必要之费用，对于古巴政府均有负担支付之责任。至中国人持有合法入古之证明书，惟因上述各款之规定，不准登岸者，古巴政府对于此项中国人之维持费及拨出古境之费用，均担任支给。

第八条规定：

运载中国人入境之禁例，乃适用于全体之中国人民，惟不适用于因公游历之中国政府外交官员，或别国政府之外交官员；此项外交官之任命状即可作为与商人所持之证明书相同。凡商人及因游乐或因商业，来古游历之人，应持有证明书，载明此项事由，并载明其商业之性质，及估计价值，暨此项商人或游历人相貌之表征。至因公务游历之中国政府外交官员，或充任别国政府外交官员之秘书，随从仆役。又华工华商于一八九九年四月十四日已入古镜，继续居留古巴，现在无论其人在古巴境内，抑在国外，如能证明其为本人者，则关于施行于他项中国人之条款，均可免除。[2]

第 155 号法令颁布后，成为古巴管理移民事务的基本法。这项法令将美国当时正在实行的排华法运用到古巴，奠定了古巴在 20 世纪对中国移民入境严加限制的基调。除在对劳动力需求空前的“一战”期间，古巴政府一直未曾放松对中国人入境的限制。美国为何会在结束第一次占领古巴的最后时刻颁布第 155 号法令？“美政府遂于一八八〇年（光绪六年）与清廷订结中美续修条约，完全禁

① 本书史料多来源于报纸，由于印刷年代久远，有的字迹脱落或模糊难以辨认。对于不能确认的文字，本书用□代替。后文亦如此。

② 凌冰：《中国与古巴外交之关系》，《时事月报》1931 年第 5 卷合订本（第 7 ~ 12 月），第 191 页。

止华工，但其后由中国径赴美国之华工虽绝，而自古巴、加拿大、墨西哥等国入美者，仍时有所闻。美政府为杜绝华工来源计，或曾授意于吴德将军，颁布军政府第一五五号命令，亦未可知。”① 在第 155 号法令颁布 20 多年之后，中国驻古巴公使凌冰在回顾中古关系演变时，如此揣测美国的用意。凌冰公使的揣测不无道理。事实上，1882 年美国排华法案颁布之后，中国移民缺乏正常进入美国的路径，便利用古巴和墨西哥来规避美国的排华政策。据美国财政部的报告，古巴哈瓦那是在圣弗朗西斯科组织华人偷渡入美的六大公司②的一个重要节点。据称，六大公司在古巴的代表是 Chin Pinoy，此人担任连接古巴、墨西哥和美国的南太平洋铁路公司、摩根轮船公司和沃德轮船公司的华人代理人。美国财政部官员估计，1890 年代，这三家公司运入的非法进入美国的中国移民占总数的 4/5。③

第 155 号法令颁布之后，中国人入境古巴立刻受到影响。1902 年 6 月 11 日，蒙特利（Monterey）号停靠哈瓦那港，船上的 43 名中国人被禁止登岸。尽管当日中国使馆出面请求，仍未获许，船继续开往墨西哥，18 个月后此事仍未得到解决。为禁绝华工从古巴入美，美国借占领古巴的机会，运用手中的权力制定的第 155 号法令，影响的不仅是那些试图从古巴进入美国的移民，更多的是那些意欲入境古巴而非美国的无辜中国移民。

1904 年 8 月 11 日，古巴首任总统托马斯·埃斯特拉达·帕尔马（Tomás Estrada Palma）颁布第 237 号命令，对中国移民入境古巴作出具体规定。法令共计 13 条。

第一条 凡中国正式商人及中国国籍人民等，不论其前来古巴经商或游历，应在最后居留地政府领取执照，交由驻该地之古巴国领事验明签证后，方得入古。

第二条 凡持上述执照者于入境时，应呈交移民局查验，并由入境者宣誓入境后不为工人。

第三条 中国商人入境应缴保证金一千元，或具一千元之保证券，由保证公司发给。

第四条 如有发觉持有上述执照入口者，有虚伪行为，及不遵誓词者，一经发觉应即遣回中国。

---

① 凌冰：《中国与古巴外交之关系》，《时事月报》1931 年第 5 卷合订本（第 7 ~ 12 月），第 191 页。

② 其英文名为 The Chinese Six Companies，全称为驻美中华总会馆，主要包括冈州、宁阳、三邑、阳和、人和及四邑六大会馆。

③ Robert Chao Romero, *The dragon in Big Lusong: Chinese immigration and settlement in Mexico, 1882 - 1940*, Ph D. Dissertation, University of Carlifornia, Los Angeles, 2003, p. 95.

第五条　上述被遣回国之人，其旅费船费由其保证金内摊出，剩余之款，应归古巴国移民局没收之。

第六条　中国国籍人民入境之执照，应归古巴国移民局保管之。

第七条　中国商民如持有一九〇四年十月一日以前移民局所发给之证明书者，得免缴本律第一条所规定之执照。

第八条　中国已入境之商民，如因事须暂时离去古巴国者，须在古巴移民局请求领取回头照①。

第九条　居留古巴之证明书，应由居留地，地方之市长或法官证明之。

第十条　居留证明书，应交古巴国移民局查验核对之。

第十一条　古巴国移民局查验核对属实者，再发给请求人重返古巴国执照。

第十二条　凡持有上述执照，有权居住古巴国之中国商人，现因旅居外国而欲重返古巴国者，应依照本律第八条规定办理之。

第十三条　中国人民前来古巴国者，一律应以亚湾拿入口为限。②

第 237 号总统令有如下几个特点：一是禁绝华工，要求申请入境者宣誓“进入古巴后不为工人”，但准许华商入境；二是要求入境商人缴纳保证金，若发现入境后未从商将遣返；三是准许入境商人暂时离境时领取返回古巴的护照；四是限制中国人入境口岸为哈瓦那。因此，当时中国人入境古巴经商是被允许的。但相较此前自由出入古巴国境、对职业亦可自由选择而言，第 237 号令让古巴华侨华人感到极为不便，虽多次交涉，但无甚成效。1904 年和 1905 年，古巴政府多次颁布总统令，对第 237 号令略加修改，多次延长第七条中移民局发给证明书的日期，但其拒绝华工、限制中国人入境的基本思想并未改变。

1906 年 8 月，美国开始对古巴的第二次占领，直到 1909 年 1 月占领才结束。在此期间，古巴对中国人入境的限制有所减轻，并给予中华民国驻古巴使馆一定的权力。1907 年 2 月 2 日，美国临时总督查尔斯·马拱（Charles E. Magoon）批准中国驻古代办的请求，通令古巴财政部长，嗣后华人来古是否做工，概依中国公使（代办）证明书为凭，如不能向中国使馆领取证明书，哈瓦那华商亦可担保。这一命令赋予中华民国驻古巴使馆在中国人入境古巴方面一定的权力，同时也便利了中华民国驻古使馆向古巴中华会馆以及华侨华人施加影响。

1912 年，马里奥·梅诺卡尔（Mario G. Menocal）就任古巴总统，对华态度又复一变。1915 年 11 月 11 日，马里奥·梅诺卡尔签署第 1522 号总统令，取消

① 回头照，又称“回头纸”、“回头准照”，亦即再入境许可证。华侨回国之前从侨居国外交部或移民局（厅）领取的允许重新入境的签证。无此证者不许重返侨居国。

② 蒋展民：《从中古邦交史说到古巴华侨问题及今后的对策》，《海外月刊》1934 年第 24 期，第 49 页。

托马斯·埃斯特拉达·帕尔马总统颁布的第237号总统令。第1522号令规定，中国人民不得进入古巴，唯下列中国人民不在此例：（甲）外交官员；（乙）外交官员之仆役；（丙）商人；（丁）为娱乐或商务而游历者；（戊）1899年以前居留古巴之商人或工人；（已）在1899年4月14日与1902年5月15日之间，曾居留古巴而现时不在古巴者。该令要求对中国移民的资格加以查验，对“中国商人”的范围亦加以解释，但不准中国水手登陆。虽然该令仍然禁阻华工，但是明确准许以前居留古巴的商人或工人返回古巴。

1914年，第一次世界大战爆发。欧洲的甜菜糖生产停滞，古巴蔗糖业迅猛发展，对劳动力的需求空前，于是放开对外国移民入境的限制。1917年8月3日，古巴颁布法令，规定停止1902年移民律中第三、第四、第五、第六、第七、第八条的施行，并规定与此律相抵触之法令一律停止。同时，规定此项政策在战争结束两年后可以任意取消。“禁令既解，华侨来古者纷纷不绝于途，据当时中国驻古公使之记载，旅古华侨在此时期，增加不下二万人。”①

1921年12月12日，古巴总统阿尔弗雷多·萨亚斯·阿方索（Alfredo Zayasy Alfonso）颁布第2254号总统令，取消1917年8月3日法令。自此，昔日移民律例发生效力，华工再次被阻入境。

1924年5月8日，古巴以中国移民增加过快为由，颁布第559号总统令，禁止古巴驻外领事签证中国人民入古护照（外交护照例外）；但签证移民局所发给之回头执照，仍可继续进行。该令不仅限制华工，而且禁限华商，即便华人游历者和学者也不能来古。

1925年，古巴外交部训令驻外古巴领事，不得签证古巴移民局所发给之回头执照，进一步限制中国移民入境。至此，除中国外交官外，其他中国移民均不能入古。当时中华民国驻古公使，先后据理抗议，但均未得到圆满答复。

1925年5月20日，赫拉尔多·马查多（Gerardo Machado）就任古巴总统。1926年4月27日，马查多颁布第570号总统令，宣布取消1924年第559号总统令，并规定在古巴外交部内设置华侨证书登记处。第570号令原文共17条，其主要内容包括：载明凡居住外国之中国人民，欲前来古巴者，须先呈递请求书于古巴领事，再由该领事转寄外交部长，外交部长转交移民局审查；请求书须由移民局长详加查验，并认为与本人相符，然后令本人声明在居留古巴时期内，不操作手艺及苦力工作，原证书由移民局保存，另由移民局发给凭照。至于在该令未颁以前正式入境、在古巴根据商律设立商业之中国商人，如因商务离境既不得过18个月，又须请求发给居留证明书。其在1902年5月15日以前来古之华工，如

① 凌冰：《中国与古巴外交之关系》，《时事月报》1931年第5卷合订本（第7～12月），第193页。

欲回国亦可照此办法。唯在前项时期以后来古，且有权居留古巴之华工，一经离古，即无再回古巴之权。所有在轮船做工之华人，无权入古。倘登岸后，被查出有假冒情事，即遣送出境。此命令颁布之后，遭到中华民国驻古使领的据理抗议，古巴华侨团体亦力为外交后援。次年4月，古巴政府颇注意中国之抗议，马查多总统曾两次下令，略事修改第570号令。但中国士农工商来古之机缘，从此沦丧无余。

1926年12月1日，马查多总统又颁布第1843号令，责令移民局长严厉查验入古之华侨，并规定如华侨入古时，若所带之执证或证书与本人不符，将由古巴政府没收，给予收据。此外，又规定发给回头纸之详细办法。嗣后经中华民国驻古公使交涉，马查多总统又于1927年4月2日颁布第502号总统令。该命令对1926年第570号总统令第八条规定的华商注册日期予以修改，规定在1926年4月27日之前注册为商人的中国人，可以享受第570号令第八条的便利，同时规定根据1917年8月3日令入境的农工如工约已满，于1926年第570号令公布之前已在商务注册局注册为商人，并由移民局长证明属实者，可以领取回头纸。另外规定有权回古之华侨，可将其请求书寄交中国公使馆，代送移民局核办，但此系临时措施。

1930年，中华民国驻古巴使馆先后数次就第570号总统令向古巴政府提出抗议，并提出修改案。同时，"积极谋移民额数法之通过，以为解决商约问题，及移民问题之治本办法"①。

20世纪前30年，古巴对中国人入境政策多次变换，颁布不胜其烦的总统令及修正案等，对中国人入境作出规定，其主要思想是以限制为主。从大力欢迎华工到禁止中国人入境，这其中的转变原因何在？笔者认为，这一方面与美国排华密切相关，更重要的是古巴形势的变化。

首先来看古巴禁止中国人入境政策中的美国因素。美国从1882年正式颁布排华法，禁止中国人入境美国。为禁绝中国人从古巴入境美国，美国利用占领古巴之机，丝毫不考虑此政策会伤及无辜的问题，于1902年在古巴颁布禁止中国人入境古巴的第155号法令。美国干涉古巴关于中国人入境政策，不仅体现在第155号法令的颁布上，在1923年将抵达古巴的中国人遣返一事中表现亦十分明显。1923年5月4日《申报》曾刊登一则"古巴拨回华侨"的消息，全文如下：

> 古巴政府近颁新例，从前华人赴古护照，由中国领事发给，以后改由驻粤古巴领事发给，并须先向中国交涉员取得文凭，然后方能转请古巴领事给照，旧侨

① 凌冰：《中国与古巴外交之关系》，《时事月报》1931年第5卷合订本（第7～12月），第195页。

重往古巴，亦须该领事发戳，至领照费未定，五六十元或七八十元不等，乃近竟有古巴移民局拨回新华侨一批之事。兹录古巴中华会馆布告如下：为布告事，照得前有新华侨由港来古，被移民局越例阻难，不准登岸，经刁公使据理力争，未能有效，是以中华会馆集众议决，特聘状师以为后盾，并派蒋君北斗偕状师往见财政部长磋商一番，已有头绪，次日缮禀补呈，讵财政部长不顾前言，诸多执拗，转禀外交部长。乃外交部长又以此权推诸财政部，着向财部直接磋商，彼只可由电话助力等语，迫不得已，又向财政部再呈，讵财政部依然坚执不允，故即于二十六日向高等法庭起诉，二十七日批不得，延至二十九日又向大理院起诉，三十日亦批不得，延至二月初复往中等法庭起诉，亦批不得。至初二上午，状师再往外交部，求示期间（即日上午五点钟），邀请美监督美领古外交部长顾问等在外交部办事厅谈判，将我华侨到湾依法应准登岸等情，一一解释，乃美国领事反对甚力，彼云，此等华人，不但不是商贾，吾闻湾埠有一大力华人公司，专办彼等偷关入美，无论如何，必要拨回等语。状师辩论多次，迄无效果，卒将各新侨前后分三帮拨回，似此多方维持，爱莫能助，殊堪浩尽。本会馆总理等见其往返飘零，囊空如洗，已由会馆公款每人给予途费美币十元，各客行李一一周至妥当矣。特此通告。

中华民国十二年二月初六日①

在这起古巴遣返中国人事件中，依然能看到美国的因素。古巴中华会馆据理力争，事件似乎有所转机，但遭遇美国领事的强烈反对后，这批新侨不得不被遣返回国。鉴于美国在古巴的影响力，古巴对中国人入境的限制，实不能不考虑美国排华的因素。1923 年 6 月 17 日，《纽约时报》登载一则名为“30 000 中国人试图突破排斥”的新闻，称古巴有 3 万中国人等待着进入美国，只要有人能安排他们进入美国，他们愿意每人头支付 100～2 500 美元。② 这则新闻反映出，美国国内存在一种害怕中国人从古巴入境美国的情绪。

进入 20 世纪后，古巴的形势变化亦影响到其对中国移民的政策。首先，古巴独立后，人口增长迅速，古巴所青睐的白人移民大大增加。1899 年古巴人口为 150 万，到 1919 年增加到 280 万，其中外来移民 27.2 万人。1919 年古巴人口统计显示，250 万在古巴出生的居民中，近 60%（约 150 万）在 21 岁以下，这其中有一半在 10 岁至 20 岁之间。这表明在古巴进入就业市场的青壮年将逐渐增多，就业压力大增。同时，古巴的蔗糖经济繁荣，也吸引了大批西班牙白人季节

① 《古巴拨回华侨》，《申报》，1923 年 5 月 4 日。

② 30 000 Chinese seek to beat exclusion, *New York Times*, Jun 17, 1923.

工移民。据古巴政府记载，在1902—1931年间，有80万西班牙人进入古巴，主要是在蔗糖收获季节到岛上工作的季节性工人。其次，古巴蔗糖经济的特点决定了其对劳动力需求的波动。一方面，古巴蔗糖80%用于出口，其价格受世界蔗糖市场影响而波动剧烈。这常常使糖厂突然破产，造成工人失业。在蔗糖经济繁荣期间，1920—1921年古巴就曾因蔗糖价格的下跌而陷入蔗糖危机。另一方面，蔗糖业对劳动力的需求呈现季节性的特点。蔗糖业对劳动力的需求主要集中在蔗糖收获季节。收获季节一过，工人便无事可做。这也是古巴青睐牙买加、海地季节工人的原因。随着大型中央糖厂的建立和蔗糖工艺的现代化，到1920年代，蔗糖收获季节缩短。据联合果品公司的数据，在1920—1924年间，收获季节从249天减至151天，到1928年更是降到125天。[①] 收获季节的缩短，则代表糖业工人失业时间的增加。再者，鉴于就业机会的减少、就业压力的增加，古巴工人要求政府保护本地人的就业。古巴雇主常常利用外国工人来分化工人的反抗，这加剧了古巴工人对外侨的抵触心理。一家糖厂的管理人员解释了这一策略的便利："由于去年离心力量造成的麻烦，我们已经决定将这项工作交给中国人。同时，我们将他们与其他劳动力分开来。中国人应该能够结束这个部门持续三年的罢工。"[②] 但这种策略会加剧从不同地区来的工人之间的敌对。1921年，就有古巴人在罢工时打出"古巴是古巴人的古巴"的口号。古巴工人试图规范外国人受雇的途径，通过政府对劳动力市场的干预来对抗雇主的歧视政策。早在1900年，西恩富戈斯地区的一个劳动力组织就试图通过保护性立法来保护本地人的就业。在美国两次占领结束后，本土古巴人联合会（Asociacion de Cubanos Nativos）要求总统何塞·米盖尔·戈麦斯（José Miguel Gómez）通过一项法令，以保证75%的工作岗位提供给古巴人，同时要求加强对外来移民的限制。这一提议在1914年劳工大会（Labor Congress）上获得批准。1925年，保护古巴本土工人的重要立法颁布。当年，黑人代表阿基利诺·隆巴德（Aquilino Lombard）提出除了农业外，别的行业必须雇佣50%的古巴人的建议。

（三）到古巴的第三波中国移民

除1917年古巴政府全面放松对中国移民入境的限制外，前述古巴关于中国移民入境的政策基本延续美国军政府第155号令的基本思想，即对中国人入境持限制态度。但在政策调整当中，一度赋予中国使馆权力，并准许商人、学生、游

---

① Alejandro de la Fuente, *A nation for all*: *Race*, *inequality*, *and politics in twentieth-century Cuba*, Chapel Hill: University of North Carolina Press, 2001, p. 110.

② Alejandro de la Fuente, *A nation for all*: *Race*, *inequality*, *and politics in twentieth-century Cuba*, Chapel Hill: University of North Carolina Press, 2001, p. 124.

客等入境，为中国人入境古巴提供了少许机会。根据中国驻哈瓦那领事馆的记录，在1903年至1916年间，每年都有数百名中国人入境古巴。

表1－6　中国驻哈瓦那领事馆关于中国移民入境古巴的记录（1903—1916）

年份	人数
1903—1907	1 324
1908—1909	300
1910	504
1911	630
1912	400
1913	620
1914	760
1915	1 000
1916	720
合计	6 258

［来源：Miriam Herrera Jerez y Mario Castillo Santana, *De la memoria a la vida Pública: Identidades, espacios y jerarquías de los Chinos en la Habana Republicana (1902－1968)*, p. 23.］

从表1－6可以看出，1903年至1907年5年间，共1 324名中国人入境古巴；1908、1909两年有300名中国人入境；1910年，504人；1911年，630人；1912年，400人；1913年，620人；1914年，760人；1915年达到1 000人；1916年，720人。从1902年的155号令禁止中国人入境，到1917年完全放宽对移民的限制，其间共有6 258名中国人入境古巴。

1917年，古巴为解决劳动力需求，欢迎任何种族的移民进入古巴。1917年7月，美国《华尔街日报》报道了一则《去古巴的中国劳动力》的新闻，称“根据联邦制糖公司（Federal Sugar Refining Co.）接到的消息，每周约有100名中国人抵达古巴，这种速度已经持续了一段时间。由于本土劳动力的缺乏和昂贵，种植园主很高兴见到继续更大规模的移民”①。从哈瓦那的中国领事馆的记录可以看出，在1917—1924年间共有17 473名中国人入境。

① Chinese labor for Cuba, *Wall Street Journal*, July 18, 1917.

表 1-7 1917—1924 年间到古巴的中国移民人数

年份	财政部数据	人口普查数据	哈瓦那中国领事馆数据
1917	3	0	2 622
1918	237	7	2 483
1919	0	1 100	2 543
1920	9 203	0	1 249
1921	1 858	0	3 873
1922	3	0	1 394
1923	7	0	881
1924	0	0	2 428
合计	11 311	1 107	17 473

［来源：Miriam Herrera Jerez y Mario Castillo Santana, *De la memoria a la vida Pública: Identidades, espacios y jerarquías de los Chinos en la Habana Republicana* (*1902-1968*), p. 28.］

从表 1-6 和表 1-7 来看，在 1903—1924 年间，入境古巴的中国人人数达 23 731 名。这一数据远高于古巴人口普查数据和财政部的统计数据。科比特曾根据《哈瓦那邮报》(*Habana Post*)① 的船只信息来计算入境古巴的中国人人数。《哈瓦那邮报》的数据显示，1923 年 10—12 月，有 653 名中国人入境。② 1924 年 2—6 月，有 2 058 名中国人入境。③ 科比特列出的 1920 年中国人进入古巴的部分船只信息和中国人人数显示，仅 10 天就有 2 984 名中国人入境。④ 根据入港船只的记录来推测中国人入境古巴的人数，可能会与实际到古巴的中国移民人数有偏差。因为当时确有一些中国人通过古巴进入美国。在美国排华期间，中国移民正常进入美国的途径受阻，很多人借道古巴和墨西哥进入美国。其中一种方式是假装借道美国到古巴，到美国后就滞留，派一些能够自由进入美国的华人冒名顶替。顶替者不仅能获得一笔不菲的收入，还能免费到古巴游玩。

1924 年 3 月 8 日，古巴政府命令停止发给中国人签证。1924 年 5 月 10 日，《世界》(*El Mundo*) 发表题为"黄种人入侵"(la invasion amarilla) 的文章，声

① 据科比特记载，《哈瓦那邮报》办公室曾经失火，使得记载 20 世纪中国人入境古巴情况的唯一纸凭销毁。

② Duvon Clough Corbitt, *A study of the Chinese in Cuba*: *1847-1947*, Wilmore: Asbury College, 1971, p. 100.

③ Duvon Clough Corbitt, *A study of the Chinese in Cuba*: *1847-1947*, Wilmore: Asbury College, 1971, p. 101.

④ Duvon Clough Corbitt, *A study of the Chinese in Cuba*: *1847-1947*, Wilmore: Asbury College, 1971, p. 98.

称有 15 万中国人在古巴。1924 年 5 月 14 日，《哈瓦那邮报》引用中华民国驻古巴使馆的数据，认为在古巴有 5 万中国人。科比特估计，到 1930 年，古巴至少有 15 万中国人。[①] 在 20 世纪 30 年代前，到底有多少中国人入境古巴，准确数字无从得知，但 15 万可能有所高估，因为有很多中国人离开了古巴。1928 年，大量中国人离开古巴，经新奥尔良然后回国。根据班国瑞的数据，1903—1916 年有数千人到达古巴，1917—1921 年，另外 2 万人到达。在 1920 年代和 1930 年代，共有 5 000 人到达。1922 年，古巴有 6 万华侨华人。在 1930 年代早期，古巴有 3 万华侨华人。[②]

二、20 世纪 30 年代后到古巴的中国移民

（一）古巴对中国移民入境的限制（1930—1959）

1926 年，马查多总统颁布第 570 号令，重申第 155 号令对中国移民入境的歧视政策。1939 年 1 月 13 日，第 55 号令取代第 570 号令，特别强调："绝对禁止中国人民入境。所有一九二六年第五七零号命令及其他尚行生效之规定，给予中国人民宽容之入境待遇者决予废止。"[③] 该命令还授权财政部和劳工部对中国商人和游客进行界定。第 55 号令实施后，依法享有入境资格的华人只限于：①外交官及领事官；②中国外交官或领事官之秘书及随从仆役；③商人；④为娱乐而游历者；⑤上列数项人士，假道前往别国者；⑥中国艺术家及演说家，在未来古之前，已订有合同者。该命令表明似乎允许中国商人入境，但实际并非如此。"古政府历来以华人刻苦耐劳、竞争力量雄厚，恒表畏惧。故凡遇我国商人请求入境，无论资格是否适合，大半予批驳。即万一邀得财工两部特许，而公函往还，手续繁冗异常，即非有意延宕，往往亦须一年数月之久。故在法律上，商人虽有入境之权，而实际上颇难取得入境之许可证书。"[④] 据古巴移民局统计，1930—1940 年间，中国人入境者不超过 5 人。这表明通过正常途径到古巴的人极为稀少。

古巴华侨华人为争取新移民来古，补充古巴华侨华人社会的新鲜血液，采取了各种办法。

---

① Duvon Clough Corbitt, *A study of the Chinese in Cuba: 1847 - 1947*, Wilmore: Asbury College, 1971, p. 105.

② Gregor Benton, *Chinese migrants and internationalism: Forgotten histories, 1917 - 1945*, Londonand New York: Routledge, 2007, p. 41.

③ 《梅公使催促古政府制定华人出入古巴细则（二）》，《华文商报》，1947 年 10 月 3 日。

④ 陈匡民：《美洲华侨通鉴》，纽约：美洲华侨文化社，1950 年，第 628 页。

一是试图推动中古双方缔结条约，解决对中国移民入境的限制问题。“古巴独立之后，及中国共和政府成立，我侨曾数次请求政府与古巴订立商约。在凌公使驻节古巴时，对于订约工夫，最为劳力。凌使一方致力于政府当局交涉，一方又致力于在野名流结合。斯时古巴格于狭隘之国家主义、排外之思想，凌使虽做了数年之工作，艰苦备尝，卒不能达到目的。迄中国抗战，美日珍珠港事件又发生，古美加入战团，遂与中古成为并肩作战之联军。美国斯时，又因抗战关系，取消对我不平等待遇。斯时驻节古巴者，为李迪俊博士。李公使本其外交之长才，灵敏之手腕，遂乘此机会，于一九四二年与古巴订立中古友好条约。”①

1942 年 11 月 12 日，中古双方签订《中古友好条约》，其中：

第五条　两缔约国人民得在与其他国人民同样条件之下自由出入彼此领土。

第六条　两缔约国人民得于任何国人民享有相同权利之地方，享有游历、居住、做工及经营工商业之权利。但须依照所在国之法律章程。两缔约国人民得依所在国之法律章程，享有设立学校教育其子女之自由，暨集会、结社、出版、祀典、信仰、埋葬及营墓之自由。关于本条，此缔约国之法律章程，不得有歧视彼缔约国人民之规定。

该友好条约“表面上取消一切不平等待遇，登吾人于国际平等地位”。尤其是上述第五、第六条规定，似乎解决了对中国移民入境限制的问题。但在该约签订之日，时任中华民国驻古巴公使与古巴外交部长曾互换照会，对条约作出补充。照会内容有如下两点：

（1）古巴政府将于最短期内制定必要法律实施第五条之规定。在未制定此法律前，关于此事之现行法规，暂时继续有效。但此种法律之规定，如有足以解释为歧视中华民国人民者，对中国人民不得施行。

（2）本照会及贵部长同一意义之覆照，应继续有效。期限为三年。期满前六个月任何一方得通知修改或废止。如届时双方均未作此项通知，本照会及贵部长覆照应继续有效。直至任何一方随时通知废止之六个月后失效。

事实上，古巴政府并未制定法律实施《中古友好条约》第五条的规定。中国驻古巴公使梅景周曾于 1947 年 7 月 15 日正式照会古巴外交部长，催促古巴政府制定华人出入古巴细则，并请求古巴总统发布命令辅行互换照会中之同意，以使《中古友好条约》实际生效。

---

① 《职联会主席李崑玉在公讌我国代表团席上致欢迎词》，《华文商报》，1947 年 12 月 16 日。

但该条约第五条自始至终都未生效，古巴对中国人入境的限制也未曾因该条约的签订而放松。1956 年，古巴第三次全侨代表大会召开之际，台湾驻古巴公使谭葆端对全侨代表中谈到移民问题时，表示："本人接任以来，曾不断为此在本馆同人共同努力之下，不断交涉，前后不下十余次，但诸位大都居留古巴二三十年以上，一定都很明白内情，这里面包括历史的、政治的、经济的种种牵制，情形是很复杂的，交涉到最近，古巴因为我国大陆沦陷，为防止共党来古，暂时颇难进行，我方虽屡以《中古友好条约》第五条为根据，但因该约并无细则，遇到实际问题时，等于具文，而且正如上述，这又是一件片面的要求，诸位晓得，华人不断来古，都无一个古巴人去华，华货不断运销古巴，但也无古巴货运销中国，这问题的困难就在于此。"①

1958 年，台湾驻古巴公使刘驭万在发表新年谈话时提到："我侨对于古巴当局禁止华人入境一事极表关怀，纷纷请求设法与古巴当局交涉此事，使馆曾经多次进行，但因古巴政府此项规定，并非对我华人有所歧视，实是国际环境所使然，虽然《中古友好条约》载有关于两国人民的自由出入条款，但十余年来，实质上并未签押有关该约之实际办法细则，而本馆过去十余年来，对此事亦曾迭次交涉，终因事实关系，至今尚在磋商之中。"②

二是通过人情，获得入境签证。古巴华侨余瑞麟在《开明公报》上发表的《爱人即以爱己》一文中称："近年抵湾新侨，虽未有统计，但为数不少，尚望中华会馆作一有系统的调查……我等新侨抵湾，原因有二，一方面为家长的金钱运动成功，一方面又因居留国的官员贪污成风，不能谓吾人为偷关入境，是经过移民局长签证为合法入境者。"③

1949 年前后，掀起一股中国移民到古巴的新浪潮。当时，华人入境主要靠从古巴移民局高价购买入境证。因古巴总统巴蒂斯塔以防止共产党渗透为由，严厉禁止中国人进入古巴。"新侨由一九五一年来古之护照纸，百分之百系由古巴政府要员发给之人情纸。"④ 1954 年，古巴侨商代表曾为交涉新客来古、外侨登记证年费以及旧客抵古遭到留难等事件，拜见古巴内政部长。当时古巴改组移民局，将移民局划归内政部管辖，在会见内政部长时，侨商代表认为："此次改组移民局人事，强调整顿政风，奔属内政问题，外间人无可非议，惟因此几乎把贿赂政员、非法运动购买入境护照之罪行归咎我侨，殊欠公允，而且此项高价购取入境证，惟多方筹措忍痛付出，但犹幸有一线之路，打发亲眷来古，今因此事爆

① 《谭公使对全侨代表谈话》，《开明公报》，1956 年 4 月 20 日。
② 《刘大使发表新年谈话（一）》，《华文商报》，1958 年 1 月 9 日。
③ 余瑞麟：《爱人即以爱己》，《开明公报》，1955 年 12 月 13 日。
④ 《全侨代表大会中陈常理事长报告原词》，《开明公报》，1956 年 4 月 14 日。

发，使来古之途径闭塞，并影响及于合法返古之旧侨，尤其是有若干人已花费千余元才获得一张入境证，现方拟束状就道者，蒙受损失，现据调查，该项入境证尚有五十余张，至少有五十余位同胞在徘徊观望中，亟待解决。”① 由此可见，由于缺乏正常入境途径，古巴华侨曾高价购买入境许可证。

（二）20 世纪 30 年代后到古巴的中国移民

有关 20 世纪 30 年代后到古巴的中国新移民人数的准确数据很难获得。据古巴历史学家胡里奥·列·里维朗特估计，在 1930—1958 年间，约有 5 000 名中国人移民古巴。

20 世纪 20 年代，古巴华侨华人人数一度达 6 万。在 1929—1933 年世界经济危机爆发后，一些华侨华人回国。但是，很多回到中国的人在获得入境许可后又回到古巴。所以，20 世纪 30 年代后在古巴的华侨华人人数变化不大，非官方的数据是有 3 万华侨在古巴。

1942 年中国领事馆登记的古巴华侨华人有 18 484 人，其中 11 529 人已婚，6 955人未婚。这些人绝大多数来自广东，主要包括四邑地区的台山、新会、开平、恩平以及南海、番禺、顺德、中山等地，其中，来自台山的人数最多，占总人数的 40.77%；只有 43 人来自广东以外的地区。从年龄分布来看，大部分人在 30—60 岁之间，其中 41—50 岁的有 8 618 人。从地区分布来看，绝大多数人居住在哈瓦那省，其次是奥连特省。在这 18 484 人中，有 8 611 名商人、8 246 名工人、1 627名登记为其他职业。1942 年在古巴的中国移民共有 153 个中国姓氏，其中黄姓位列第一，计有 1 706 人；李姓第二，有 1 704 人；陈姓位居第三，有 1 644人。

表 1-8　1942 年在中华民国驻哈瓦那总领事馆登记的华侨华人（按年龄分布）

年龄段	人数	年龄段	人数
10—20 岁	74	51—60 岁	1 983
21—30 岁	553	61—70 岁	487
31—40 岁	6 745	71—80 岁	24
41—50 岁	8 618		

① 《侨商代表会见内长记述》，《华文商报》，1954 年 2 月 15 日。

表 1-9　1942 年在中华民国驻哈瓦那总领事馆登记的华侨华人（按地域分布）

省份	人数
哈瓦那	10 121
奥连特	2 881
卡马圭	2 215
拉斯比亚斯	1 966
马坦萨斯	984
比那尔德里奥	317

表 1-10　1942 年在中华民国驻哈瓦那总领事馆登记的华侨华人（按职业分布）

职业	人数
商人	8 611
工人	8 246
其他	1 627

（表 1-8、1-9、1-10 数据来源：Duvon Clough Corbitt，*A study of the Chinese in Cuba：1847-1947*，Wilmore：Asbury College，1971，pp. 106-107.）

第二次世界大战期间，由于交通的中断，到古巴的中国新移民也几乎中断。但抗日战争胜利后，到古巴的中国新移民人数渐增。1947 年，中国驻哈瓦那总领事馆公布的旅古华侨人数达到 28 829 人，其中男性 28 748 人，女性 81 人。此次还对古巴华侨的婚姻状况作了统计，结果显示：在古巴的华侨华人中，未婚者有 12 253 人，已婚者为 16 400 人，离婚者为 12 人，鳏夫为 164 人。华侨华人在古巴各省的分布仍以哈瓦那省为最多，有 14 296 人。与 1907 年古巴人口统计相比，1947 年时华侨华人在古巴的地理分布出现显著变化：一是人口向哈瓦那省集中，二是向古巴东部省份转移。这与古巴经济发展变化有密切的联系。古巴的投资主要集中在哈瓦那，东部各省成为新兴的蔗糖主产区。

表 1-11　旅古华侨人数统计表（1947）

省份	人数
比那尔德里奥	668
哈瓦那	14 296
马坦萨斯	2 202
圣克拉拉	3 888
卡马圭	3 247
奥连特	4 528
合计	28 829

（来源：《华文商报》，1947 年 12 月 17 日。）

1949 年前后，数千中国新移民进入古巴。据毛罗·加西亚·特里亚纳（Mauro García Triana）估计，在 1950—1959 年间，约有 3 000 名中国人移民古巴，其中包括天主教徒和国民党官员。[①] 由于大量新侨进入古巴，古巴政府曾于 1954 年下令调查新侨入境手续。古巴中华总会馆为此成立护侨委员会，办理新侨登记，并将参加新侨登记的名单登载在《开明公报》上。1955 年 2 月 1 日，《开明公报》刊登《护侨委员会成立以来　新侨登记者极形踊跃》一文，列出了 63 名新侨的名单：

杨年超、黄建章、林仕敖、关燕玲女士、司徒达滋、司徒康维、司徒畅华、关亮盛、廖柏源、萧福澄、刘孔基、苏琼女士、梁海廖、刘殿邦、曹趁金女士、□锐康、沈杰垣、张信、陈湛祥、萧淑娴女士、李景华、谢进爵、张三女、廖子炎、甄松高、陈□文、陈宝、钟荣耀、方瑞欢、高子仪、周英聪、周彩芳、黄□景、陈华焜、李洽公、张华伦、李翼麟、容旅、蔡其高、蔡元庆、吴卓活、蔡锦年、何锦琼、刘瑞理、李耀秋、刘民俊、蔡炳辉、司徒俊怡、张权光、余遂和、雷振铎、刘泽灌、吴文、陈何英好、陈英雪英、李逍恩、李道砚、李锦好、罗万胜、李素天女士、胡惠娴女士、邵锐玲、萧渐宏

此后一年多，《开明公报》又陆续登出多则“新侨登记续讯”，公布新侨姓名。20 世纪中期这一波到古巴的移民中，女性移民显著增加，几乎占到总数的 1/4。1956 年 1 月 13 日的“新侨登记续讯”共公布 41 位新侨姓名，在姓名后缀以“女士”的有 11 人，可见在这 41 位新移民中，至少有 11 位女性移民。仅笔者见到的四则“新侨登记续讯”共有约 200 名新移民，其中女性移民明显增多。

1957 年，古巴中华总会馆曾举行一次全侨总登记。当时，全侨统计人数为 15 500 余人，其中妇女有 250 人，其余皆为男性。全古华侨大小商业组织统计有 3 150余间，其中，哈瓦那省参加登记者 6 000 余人，未登记者 3 300 余人；奥连特省登记者 1870 余人，未登记者 450 余人；卡马圭省登记者 1 160 余人，未登记者 300 人；拉斯比亚斯省登记者 1 170 余人，未登记者 300 人；马坦萨斯省登记者 580 余人，未登记者 80 人；比那尔德里奥省登记者 140 人，未登记者 50 人。[②]

① Kathleen Maria López, The revitalization of havana'ks chinatown: Invoking Chinese Cuban history, *Journal of Chinese Overseas*, Vol. 5, 2009, p. 181.

② 《旅古全侨人数统计》，《华文商报》，1958 年 12 月 31 日。

小　结

1847 年，首批契约华工进入古巴，正式拉开了中国人进入古巴的历史序幕。在此后长达一百多年的移民史上，到古巴的中国人主要包括了三大群体：19 世纪的契约华工、加利福尼亚（华）人以及 20 世纪的自由移民。其中，进入古巴的契约华工人数至少在 12 万以上；到古巴的“加利福尼亚（华）人”约 5 000 人；20 世纪上半期进入古巴的自由移民人数亦有数万人。据科比特估计，到第二次世界大战之前，已有将近 30 万中国人踏上古巴岛。[①] 这一数字的准确性有待商榷。因为 20 世纪的古巴华侨华人社会是一个跨国的社会，亦即华侨华人时常往返于中国与古巴之间。因此，仅从入境登记来判断古巴华侨华人人数不具充分的说服力。根据班国瑞的数据，1922 年古巴有 6 万华侨华人。根据古巴华侨的提法，20 世纪上半期古巴华侨人数一度曾达 8 万。[②] 20 世纪 30—50 年代，古巴华侨常常自称古巴有 3 万华侨。

古巴华侨华人总数长期在几万人之间徘徊，尽管有所起伏，但总体上呈萎缩态势。这一方面固然与契约华工的高死亡率有关，同样也与古巴华侨华人的再移民率、低自我繁衍率等密不可分，后文将详细阐释。

古巴华侨华人人数的变化起伏，与古巴对中国人入境政策密切相关。在契约华工时期，古巴大力引进华工，此时古巴华侨华人的人数较多。即便在 1899 年，古巴华侨华人人数降至 14 863 人时，仍占到古巴 150 万总人口的 1% 左右。古巴华侨华人人数的第二个高峰，与 1917 年古巴放开移民入境限制有关。在 20 世纪 20 年代，华侨华人高达 8 万余人。由于此后古巴经济形势的变化以及继续限制中国人入境，古巴华侨华人人数不断下降。在 20 世纪上半期的很长一段时间内，古巴华侨华人社会都号称古巴有 3 万侨民。

从到古巴的中国移民的构成看，主要包括 19 世纪的契约华工、加利福尼亚（华）人以及 20 世纪的自由移民。这三大群体有共性，更多的则是差异性。其共性主要体现在移民来源地上，即主要来自广东。但三大群体的特征与经历截然不同。最先到古巴的契约华工类似奴隶，地位低下，命运悲惨，即便获得自由之后，也只能依靠出卖劳动力等，胼手胝足打拼，以获得立足之地。在移民时间上

---

① Duvon Clough Corbitt, *A study of the Chinese in Cuba: 1847 – 1947*, Wilmore: Asbury College, 1971, p. i.

② 《职联会主席李崑玉在公讌我国代表团席上致欢迎词》，《华文商报》，1947 年 12 月 16 日。

与契约华工有交叉的加利福尼亚（华）人，在经济条件上高出契约华工许多。他们属于再移民，到古巴时普遍携有一定资财，并且已经建立起与美国华侨华人社会的联系。他们一到古巴就有较高的经济地位，并有资本、社会网络和经商经验等。因此，契约华工和加利福尼亚（华）人之间存在着显著的分化。最初加利福尼亚（华）人成立的华人社团“结义堂”曾拒绝契约华工加入。20 世纪的自由移民主要是来自广东五邑地区的农民，他们往往组建跨国家庭，时常往返于古巴和中国之间。笔者认为，这三大移民群体本身的巨大差异性与进入古巴的渐次性，为古巴华侨华人融入古巴社会过程的曲折与断裂埋下了伏笔。

第二章　从进入到融入：契约华工在古巴

1847 年 6 月 3 日，西班牙快速帆船“奥克多”号载着 206 名中国苦力驶入哈瓦那港，拉开了契约华工进入古巴的序幕。1874 年，古巴的苦力贸易结束。在此 27 年间，至少有 12 万名契约华工登陆古巴岛。对 19 世纪中期的绝大多数中国人来说，古巴位居何方、产出何物尚且不知，契约华工对古巴更是完全陌生。事实上，19 世纪中期的古巴最大的特点是：一为西班牙殖民地，二是飞速发展的奴隶制甘蔗种植园经济。从 16 世纪初西班牙人将非洲黑人奴隶引入古巴开始，奴隶制度就在古巴扎下根来。尤其是在古巴逐步发展为以蔗糖经济为主的过程中，奴隶制度作为一种确保低成本劳动力强制性留在蔗糖经济部门的有力制度，为古巴蔗糖经济的繁荣立下了汗马功劳。尽管早在 1817 年，英国就向西班牙施加压力，欲迫使西班牙及其殖民地取消奴隶贸易。1880 年，西班牙宣布在古巴废止奴隶制，但直到 1886 年，古巴才彻底废除奴隶制度，是拉丁美洲和加勒比地区倒数第二个废除奴隶制度的国家。从中国清朝封建小农社会中来的契约华工到古巴后，被直接抛入到一个以奴隶制种植园经济为主的殖民地社会中。在一个迥异于故居地的社会，古巴契约华工会有怎样的遭遇？

第一节　奴隶抑或自由劳动力：契约华工在古巴

一、契约华工的售卖

历经长达百余天的航行，满载契约华工的苦力船终于抵达哈瓦那。船靠岸后，一名港口医生将上船进行检查，查验船上是否有传染性疾病。如果船上被检查出有可疑病例，整船苦力将被送到位于阿尔门达内斯河（Almendares）河口的柯瑞拉（Chorrera）隔离点，在那里苦力要被观察 40 天。但如果交通很紧张，或每船有 2 000 ~ 3 000 人，就不严格执行上述检疫措施，船将直接开到玛利尔（Mariel）。之后，契约华工就被送到雷格拉的苦力售卖点。[1]

---

① Juan Pérez de la Riva , Los culíes chinos en Cuba, 1847 - 1880：Contribución al estudio de la inmigración contratada en el Caribe, p. 103.

在苦力售卖点，苦力像新到的黑人一样，单个或成批地卖给出价最高的买家。苦力的买家包括种植园主、铁路公司、政府等。据当时的见证者描述："一艘船偷偷地驶进港湾，据说从他们离开中国港口长途跋涉到此地，已有 50 名苦力死亡，船上的幸存者中也有不少患疟疾，或双目失明。""第二天一大早，我就赶到了奴隶拍卖市场，亲眼目睹了人口贩子是如何将其中一部分最壮实、最灵活的苦力拍卖的。拍卖会上铁路公司领走了他们所需的劳工；市政府挑走了一些用来打扫港口的苦力；接着，就是那些公爵和伯爵来买他们所需的农奴。"① 根据古巴华工的呈词：到夏湾拿洗身剪辫，送上卖人行，候客商来挑选议价。发卖时，排列上中下三等，俱要脱去衣服，赤身看验估价。② 一位美国人对苦力出售场面的描述如下："这是一个大家熟知的地方，向所有的来访者开放。楼房的正面很漂亮，在楼房的尽头有一个庭院，劳工（苦力）们排成两行蹲在地上，头发修剪过，头顶留有一绺发丝。他们穿着中国式的黄色、蓝色的宽大衣服。贩卖劳工的商人外表狡猾冷酷，说着一口流利的英语，就像说母语一样。他叫劳工们站成两排。我们一块走过劳工的身边。站在劳工前边的是一位工头，身上佩戴着一个用于买卖的徽章。买卖劳工在当时是合法的事情。那些劳工们看起来很健康，尽管他们的眼睛里流露出些许病态。有些劳工表现出不幸的神情，有一些无动于衷。至少我这样认为。贩卖劳工的商人承认这些劳工有自杀的倾向，如果惩罚他们还有可能出现危险。但是他也申明中国劳工相对于黑人来说更聪明，而且他们的状况比在中国时好。我正和他谈着，一位绅士来了，他浏览了一遍站成两排的劳工。据我看，他很可能是一位买家。于是我停止和贩卖劳工的商人的交谈，让他去做他更感兴趣的事情。"③

通常，一名年轻健康的苦力价格在 340～425 比索之间，生病的和瘦弱的则以 100 比索的价格廉价出售，那些失明的价格更低。根据古巴华工呈词，哈瓦那甚至存在"病房主人"专门以低价收买有病或瘦弱的华工，把他们医好后再高价转卖。④ 同一时期，一名黑人和印第安人的卖价在 500～600 比索之间，有的价格更高。据 1871 年的一份官方文件显示，在 1871 年 10 月之前卖出的 109 092 名

① ［古巴］梅塞德斯·克雷斯波·比利亚特著，刘真理译：《华人在蔗糖之国——古巴》，上海：复旦大学出版社，1998 年，第 8、9 页。

② 陈翰笙主编：《华工出国史料汇编（第一辑：中国官方书选辑）》（第二册），北京：中华书局，1985 年，第 590 页。

③ Juan Pérez de la Riva, Los culíes chinos en Cuba, 1847－1880: Contribución al estudio de la inmigración contratada en el Caribe, p. 104.

④ 陈翰笙主编：《华工出国史料汇编（第一辑：中国官方书选辑）》（第二册），北京：中华书局，1985 年，第 809 页。

苦力的平均价格为340比索。①

表2-1 1847—1875年苦力和奴隶在古巴的平均价格

年份	非洲奴隶价格（比索）	中国苦力价格（比索）
1845—1850	335	125
1851—1855	410	150
1855—1860	580	370
1861—1865	585	310
1866—1870	450	410
1871—1875	715	420

（来源：Lisa Yun，*The coolie speaks：Chinese indentured laborers and African slaves of cuba*，philade lphia：Temple University press，2008，p. 17.）

二、契约华工在古巴的人数变化、职业及地理分布

自1847年契约华工进入古巴后，古巴曾于1861年、1877年和1899年进行过三次全国性的人口普查，普查对象包括在古巴的华人。此外，1872年古巴还进行了一次专门针对华人的局部人口普查。1861年人口普查显示，古巴只有34 828名华人。而根据古巴海关的登记，当时已经有不少于56 844名苦力登陆古巴岛。在1872年专门针对华人的户口登记中，共有58 400名华人登记，而当时海关统计的苦力登岸人数已达117 230人。在1877年古巴人口统计中，有46 835名华人，而海关登记的进入古巴的华工人数为124 873。在1899年古巴人口统计中，有14 863名华人，其中男性14 815人，女性48人。尽管西班牙政府从最初就希望招募一些华人妇女，但到古巴的华工中妇女极少。1861年人口统计显示，有57名华人妇女。1872年户口登记显示，有32名华人妇女。1877年人口普查显示，有81名华人妇女，其中23名为契约工人，18人在马坦萨斯省，5人在比亚克拉拉省。②

为什么登陆人数和人口统计数据反映的人数差距巨大？可能的原因包括：一是统计不完全，二是华工死亡人数巨大。鉴于古巴奴隶制甘蔗种植园的劳动强度

① Juan Pérez de la Riva, Los culíes chinos en Cuba, *1847 - 1880*: Contribución al estudio de la inmigración contratada en el Caribe, p. 94.

② Juan Pérez de la Riva, *Demografía de los culíes chinos*, *1853 - 1874*, Pablo de la Torriente Editoral, 1996, p. 23.

以及对华工的虐待，应该说后者更具说服力。古巴著名的蔗糖业研究专家曼努埃尔·莫雷诺·弗拉赫纳尔斯在对36个古巴种植园进行调查后发现，中国人最主要的死因是痢疾，其次是自杀。超过50%的华工未能完成15年种植园半强迫的劳动就已经死亡。[①] 赫利和胡安·佩雷斯·德拉里瓦甚至认为，超过50%的华工在未完成8年契约之前就死亡。[②] 古巴华工的呈词所反映出的华工高死亡率，同样令人震惊。据广东顺德县梁阿德禀称："我同帮人到此由芒罗笼糖房，共有四十五名，今我同帮人做八年满，不过剩二十六人，或食药死，或吊颈死，或打伤病死，总之十分苦楚，难以尽说。"[③] 由于种植园的非人待遇和获得自由的无望，古巴契约华工的自杀率惊人。据统计，1855年，62名在古巴的华人自杀；1856年上升至101人；1857年，在古巴的华人共16 178人，其中151人自杀；1862年，整个古巴岛登记的自杀案为346例，其中173例为华人。[④] 在1850—1860年间，古巴的自杀率为每百万340人，居世界第一，其中白人为每百万57人，非洲人为每百万350人，华人为每百万5 000人。[⑤]

在1860年谕旨[⑥]颁布之前，根据契约，古巴华工完成8年契约服务就将获得自由，或是可以提前赎买自己的自由。但据1872年专门针对华人的户口登记，当时已经获得自由的有14 064人，占总数的24%；正在履行契约的为34 408人，占总数的59%；7 036人逃跑并不知所踪，占总数的12%；1 344人逃跑后抓捕关押在官工所，约占总数的2%；864人在官工所等待再签约；684人被关在监狱或待审判，总计58 400人。[⑦] 到1877年，仍处于契约之下的华工占到54%，为25 226人；获得自由的华工共21 890人，占46%。

---

① Manuel Moreno Fraginals, Extent and significance of Chinese immigration to Cuba (19th century), in Luz M. Martínez Montiel ed., *Asiatic migration in Latin America*, *El Colegio de México*, 1981, p. 55. 作者调查的36个种植园，共有2 916名契约华工。只有一名女性华工在一个种植园主家里做家仆。所有华工的年龄在18～54岁之间。华工的人数每年减少10%。

② Lisa Yun, *The coolie speaks: Chinese indentured laborers and African slaves of Cuba*, PhD. Dissertation: University of Michigan, 2005, p. 29.

③ 陈翰笙主编：《华工出国史料汇编（第一辑：中国官方书选辑）》（第二册），北京：中华书局，1985年，第671页。

④ Juan Pérez de la Riva, Los culíes chinos en Cuba, 1847－1880: Contribución al estudio de la inmigración contratada en el Caribe, p. 186.

⑤ Juan Pérez de la Riva, Los culíes chinos en Cuba, 1847－1880: Contribución al estudio de la inmigración contratada en el Caribe, p. 187.

⑥ 西班牙政府曾多次颁布关于古巴契约华工管理的谕旨。

⑦ Juan Pérez de la Riva 在 Demografía de los culíes chinos, 1853－1874 中提供的1872年数据，与 Kathleen Maria López 提供的数据略为不同，虽然总数仍为58 400人，但在具体分类人数中有所差异。

表 2－2　1872 年和 1877 年在古巴的中国人的地位

地位	1872 年	1877 年
正履行契约的（Under contract）	34 408（59%）	25 226（54%）
获得自由的（Free）	14 064（24%）	21 890（46%）
逃跑的（Runaways）	7 036（12%）	
逃跑后被抓捕关押在官工所的（Runaways held in Depósitos）	1 344（2%）	
在官工所完成任务等待再签约的（Cumplidos in Depósitos，pending recontracting）	864（1%）	
在监狱或待审判的（In jails or prisons，pending trial）	684（1%）	
合计	58 400	47 116

（来源：Kathleen Maria López，Migrants between empires and nations：The Chinese in Cuba，1874－1959，p. 73.）

古巴引进华工最主要的目的，是为蔗糖经济提供廉价劳动力。因此，古巴的大小甘蔗种植园成为契约华工最主要的接收地。大部分华工从事甘蔗种植或砍蔗工作，一部分被指派在糖厂承担技术类任务。根据种植园规模的不同，种植园中的契约华工人数在 20～200 人不等。一小部分契约华工被卖到烟厂做工，或是充当家仆，或修筑铁路，或打扫港口街道等。约 3/4 的契约华工被送到西部省份的大甘蔗种植园，剩下的一部分被送到中部和东部各省的烟草和畜牧业地区。约 20% 的契约华工被雇佣从事雪茄制作、木工等手艺，5% 在洗衣业和家庭服务业，余下的都在与蔗糖工业相关的领域。①

随着时间的推移，古巴华工也呈现出一定的流动性。1872 年，共 58 400 名华人登记的行业分布如下：包括处于契约之下和获得自由的 48 472 名被雇佣者中，35 595 人在农业领域，占 73%；另外的 12 877 人在家庭服务或工业领域，占 27%，其中，在城市的占 25%，农村的占 75%。仍处于契约之下的 34 408 人中，25 551 人从事农业工作，占 74%；8 857 人在家庭服务或工业领域，占 26%。已经获得自由的 14 064 人，在农业、服务业和工业领域的占比基本相似，其中，4 020 人在家庭服务和工业领域，占 28%；10 044 人在农业领域，占 72%。另据胡安·佩雷斯·德拉里瓦对 1873 年羁押在哈瓦那官工所的契约华工职业的调查，234 名契约华工中，从事田野工作的 87 人、泥瓦匠 19 人、石匠 2

① Denise Helly，The Cuba commission report：A hidden history of the Chinese in Cuba，p. 21.

人、制作雪茄的工人11人、卷烟工人9人、木匠4人、铁匠3人、锅炉工和技工4人、砖瓦厂工人5人、桶匠2人、短工和杂工28人、厨师40人、制作糖果工人3人、面包师4人、仆人4人、园丁1人、粉刷工2人、鞋匠1人、流动商贩2人，另有3人从事其他工作。[①]

契约华工在古巴的地理分布，与古巴蔗糖产业的分布密切相关。19世纪后半期，古巴蔗糖主产区主要在中西部的马坦萨斯省和哈瓦那省，因此契约华工主要分布于上述两省。1862年，在马坦萨斯和哈瓦那两省的华工占古巴契约华工总数的69%，其中，又以马坦萨斯为最多。据统计，1862年仅在马坦萨斯省的契约华工人数已达15 765人，占当时在古巴契约华工总人数的45%，主要分布在马坦萨斯市、卡德纳斯和科隆。1872年，马坦萨斯省的华工更是增加到27 002人，占古巴契约华工总数的46.55%。哈瓦那省的契约华工，从1862年的8 298人增加到1872年的10 395人，但占契约华工总数的比例从1862年的24%下降至1872年的18.3%。拉斯比亚斯省的契约华工在1862年时为7 306人，占总数的21%。10年后，契约华工的人数成倍增长，达到15 878人，占总数的27.24%，超过哈瓦那省，成为契约华工聚集的第二大省。比那尔德里奥省的契约华工从1862年的2 077人增加到1872年的3 396人。位于古巴东部的卡马圭省和奥连特省，在19世纪不是古巴蔗糖主产区，故契约华工人数较少，不到1 000人。

表2-3　1862年和1872年华人在古巴的地理分布对比

地区	1862年	1872年
科隆（Colón）	5 862	9 758
卡德纳斯（Cárdenas）	5 792	8 486
马坦萨斯（Matanzas）	4 111	8 758
马坦萨斯省（Total Matanzas）	15 765（45%）	27 002（46.55%）
哈瓦那（La Habana）	4 007	4 808
圭内斯（Güines）	2 382	1 281
哈鲁科（Jaruco）	493	1 310
圣安东尼奥（San Antonio）	568	946
贝胡卡尔（Bejucal）	284	793
瓜纳瓦科阿（Guanabacoa）	271	1 640

① Juan Pérez de la Riva, Los culíes chinos en Cuba, 1847－1880: Contribución al estudio de la inmigración contratada en el Caribe, pp. 193－194.

（续上表）

地区	1862 年	1872 年
圣地亚哥德拉斯维加斯（Santiago de las Vegas）	254	555
圣玛利亚德罗萨里奥（Sta. María del Rosario）	20	35
松树岛（Isla de Pinos）	19	27
哈瓦那省（Total La Habana）	8 298（24%）	10 395（18.28%）
大萨瓜（Sagua la Grande）	3 432	7 427
雷梅迪奥斯（Remedios）	1 998	3 989
西恩富戈斯（Cienfuegos）	326	340
特立尼达（Trinidad）	219	555
圣斯皮里图斯（Sancti Spíritus）	169	491
拉斯比亚斯省（Total Las Villas）	7 306（21%）	15 878（27.24%）
瓜纳哈伊（Guanajay）	1 072	1 867
比那尔德里奥（Pinar del Río）	744	698
翁达湾（Bahía Honda）	190	593
圣克里斯托瓦尔（San Cristóbal）	20	238
比那尔德里奥省（Total Pinar del Río）	2 077（7%）	3 396（6%）
卡马圭省（Total Camagüey）	340（1%）	215（0.37%）
奥连特省（Total Oriente）	631（2%）	554（1%）
合计	34 429（100%）	58 400

（来源：Juan Pérez de la Riva，Los culíes chinos en Cuba，1847－1880：Contribución al estudio de la inmigración contratada en el Caribe，p. 200.）

三、契约华工在古巴的法律地位与实际遭遇

首先对契约华工法律地位产生影响的是契约。西班牙为古巴招募华工最初所使用的契约，是以英国 1844 年所使用的契约略作修改而成的。较之英国契约 5 年的服务期限，到古巴和秘鲁的华工服务年限延长至 8 年，同时还在多个方面加重了对华工的压榨。1847 年使用的契约一直使用到 1853 年才有所修改，此后又多次对契约作出改动。新契约增加了新的内容，最大的改变是增加了对工资的无

异议说明和契约期满后的安排，如：“今订明：日后虽知或访问亚湾拿工人价比我多，但我将来照合同必受事主利益不少，则工银虽少亦无歧异，今惟依合同所定工银而已。至期满后，事主务必给我六十日在埠安闲，以便自备回国。若我不欲回国，欲将自己本领另寻高着，图得高价如亚湾拿工人无异，悉任我便，毫无阻挡之处。”据丽莎·云的统计，古巴华工的契约先后至少采用过8种不同版本，还不包括各种版本的再签约契约。① 下面是同治年间，广东人吴生与哈瓦那一家公司在澳门的代理人签订的契约。

雇工合同

立合同人　吴生　中国广东省廉州府县人氏　年方二十九岁

今与在亚湾拿埠先翁隆美罗蒙打和公司之在澳代办人翁燕呢登哥亚美罗说合搭其雇定之船前往该埠雇工所有条款开列于左

一言明在亚湾拿雇工听从隆美罗蒙打和先翁们使用如将合同转交别人我亦听从执合同人使令

二雇工期限八年自到埠身上无病即于开工日起计若身有病俟医好八日后起计

三所有城内城外无论何工或田亩或村庄或家中使唤或行内雇工或磨房或园圃指不尽各项工程我悉听从力作

四凡遇礼拜即为停工之日任作工为己之益倘家常事务此处规矩等事不得藉端不作

五每日二十四点钟但作工时候不得过十二点钟之外倘家常事务规矩工夫照常要作

六工期八年之内执合同人所有事务我不得藉端不作亦不得图谋躲避惟照官定夺遵例而行可也

今与代办人翁燕呢登哥亚美罗说合自愿约定各项开列于后

一工期八年按照合同何日起工每月工银四圆按月照给包我满期毫无拖欠

二每日食用发给咸肉八两另杂项食物二磅半均系好肉可养人之物

三凡遇有病不论时日多寡事主务必送入医院令医生看病施药病好为止但其病并非自作孽事主不得扣除工银

四所往亚湾拿一切船脚食用等项均系代办人自出

五每年给我衣裳二套小绒衫一件洋毯一张

六该县翁等翁燕呢登哥亚美罗给我银八圆或给金值银八圆以为预备行李十物

① Lisa Yun, *The coolie speaks: Chinese indentured laborers and African slaves of Cuba*, Philadelphia: Temple University press, 2008, p. 132.

以便行船俟到亚湾拿执合同人可于每月工银内扣银一圆至扣足为止不得藉端将工银混扣

七下船之日给我衣服三套及各项食用十物不在扣工银之内

八我在亚湾拿雇工事主务必按照此地事例照应于我

九满八年工期任我自便经营事主无得阻挡无得藉端指欠用法图谋延日推月强留作工

今相订明按照第六款收上期银八圆俟到亚湾拿必照第六款给回

今订明日后虽知或访问亚湾拿工人价比我多但我将来照合同必受事主利益不少则工银虽少亦无歧异今惟依合同所定工银而已至期满后事主务必给我六十日在埠安闲以便自备回国若我不欲回国欲将自己本领另寻高着图得高价如亚湾拿工人无异悉任我便毫无阻挡之处

除以上各款外现又言明二家于未签名之先业已将合同逐款□明朗诵因此二家于合同内彼此所许者无不了悉一切日后万不能推脱不知另生异论等弊若有不遵者难免置议恐空口无凭立此合同当中签名交执为据

同治五年九月十七日在澳门立合同工人吴生

这则契约（雇工合同）明确规定了雇工和雇主双方的权利和义务。总体来看，古巴华工契约的基本内容包括：华工为雇主做工 8 年，每月工资 4 比索，每天的工作时间不超过 12 小时，新年和星期天休息；雇主每天为华工提供约半斤咸肉、两磅半米以及其他蔬菜；雇主每年向华工提供两套换洗衣服、一条毯子；华工生病应获得妥善的医疗照顾，病假期间工资照付；等等。

胡其瑜注意到，苦力贸易开始时，古巴人并不称中国人为苦力（coolie），甚至也不称为工人（worker），而是称亚洲垦殖者（Colonos asiatics）。购买华工契约的人被称为保护人（patrón 或 patrono）。西班牙文契约的标题（heading）是《到古巴的中国移民》（Emigración China para Cuba），正好解释了古巴人将中国人视为垦殖者。但中文契约的标题（heading）被翻译为“雇工合同”，不提移民性质，而只提工作性质。[①] 这表明，从最初的契约开始，古巴契约华工的身份就已经模棱两可。

华工进入古巴后，诸多有关契约华工的法律条例与规章等相继颁布。据统计，古巴在 1849 年、1852 年、1853 年、1854 年、1860 年、1862 年、1868 年、1871 年、1872 年、1873 年，频繁颁布有关华工的条例与规章，抑或对条例进行

---

① Evelyn Hu-DeHart, Chinese coolie labor in Cuba in the nineteenth century: Free labor or neoslavery? *Slavery and Abolition*, 14, Vol. 1, 1993, p. 42.

修正或变动。仅1872年关于中国人的条例就分别在1月16日、2月5日、3月17日、7月3日、7月18日、9月14日和12月13日被频繁修改，作了多处修改、修正或撤销，甚至重新颁布新的法令。①

1849年4月10日，第一份关于契约华工的法令签署。在这个名为“关于加强控制亚洲人和印第安人的管理条例”中，古巴都统阿尔科伊伯爵陈述了制定管理条例的必要性：除了保护垦殖者的权利外，条例可以确保他们的顺从和纪律，没有这些他们会危及农业利益。由于契约没有提到体罚和其他形式的惩罚，1849年条例明确规定，在不服从和逃跑的情况下可以使用体罚和其他形式的严厉惩罚，包括鞭打（cuerazos）、上脚链或脚镣（grillete）、戴手枷（cepo）等。苦力如违背工头或雇主的命令，或没有完成他的劳役，或敢于对抗当局的，都将受到严厉的惩治。其中，第11条规定：不论在工作方面还是其他方面，凡不服从上司命令的应打12鞭；若有所反抗就增加18鞭；如果还不服从可以给他戴上镣铐，也可让他戴上脚链睡觉；如果经过两个月的惩罚仍不悔改，园主可以上报给地方长官，再由地方长官上报给古巴最高当局。第12条规定：凡超过两人以上共同拒绝干活的，每人打25鞭后，戴上镣铐、夜间戴脚枷两个月。胡安·佩雷斯·德拉里瓦认为，这些是用来规范和惩罚奴隶的。另外，1849年条例也包括两条明确表示中国苦力和奴隶的区别的。其中，第10条规定：当任何一个种植园有10个苦力时，种植园主必须指派一名白人监工（mayoral blanco）去监督和管理他们，并帮助他们工作。第17条规定：只有白人监工才能实施体罚，而且有奴隶在场的情况下不能对苦力进行体罚。

1853年，古巴重启苦力贸易。除了起用新的契约外，1854年3月22日西班牙皇家谕旨核准古巴当局于1853年12月23日草拟的《古巴引进与管理华工条例》。该条例规定：古巴都统是华工的保护人，他的代表是总督或副总督，其负有监督雇主按照契约规定公正地对待华工的责任；地方官在中级法院为华工辩护，检察官在高级法院为华工辩护。② 条例主要分为三部分：第一部分因英国对古巴华工运输过程中的高死亡率的指责，而对华工运输等制定了相应的规章；第二部分对苦力和雇主双方的义务和权利作了规定；第三部分则规定了雇主如何惩治华工。

胡其瑜认为，1854年条例明确了两件事，但实际上这两件事是相互冲突的：一方面，它将苦力的个人法律身份定为自由人；另一方面，在8年服务期内，华

① Lisa Yun, *The coolie speaks: Chinese indentured laborers and African slaves of Cuba*, Philadelphia: Temple University Press, 2008, p. 132.

② Duvon Clough Corbitt, *A study of the Chinese in Cuba: 1847–1947*, Wilmore: Asbury College, 1971, p. 70.

工又清楚地是雇主的财产。[①] 作为自由人，苦力可以结婚、生子，可以获得和保有个人财产，可以与主人对簿公堂，可以诉诸殖民地当局请求裁决；更重要的是，华工被允许年满 25 岁或已经完成 6 年服务后，可以通过补偿主人的方式来购买剩余的服务期限，但在收获季节或是有重要任务时不能赎买。1854 年条例第 28 条中特别对赎买作了具体规定，对华工的行动自由进行限制，规定没有雇主的书面允许，华工不能离开其工作地，否则他会被当作逃跑者受到当局逮捕。华工的许多个人权利，如结婚和财产的取得，都需要取得雇主的同意。但其第 19 条规定，华工与中介者签约时，须放弃与其工作性质相左的基本人权。熊建成认为，这一条表明，1854 年条例使华工沦为奴隶之社会位阶。[②]

1860 年 7 月 6 日，西班牙皇家谕旨再一次颁布《古巴输入华工条例》，宣布废止 1854 年条例。1860 年条例共计 82 款，其大部分规定与 1854 年条例近似。但对华工影响最大的是，1860 年皇家谕旨关闭了他们获得自由的道路。[③]

1868 年，古巴十年战争爆发，开始了反抗西班牙统治、争取独立的斗争。由于越来越多的苦力参与到反抗西班牙殖民统治的斗争中，西班牙政府和古巴殖民当局进一步加重了对契约华工的钳制。1871 年 4 月 27 日，殖民当局颁布一道谕旨，强迫那些契约期满的华工，要么立刻离境，要么必须续约。1871 年 12 月 13 日，古巴成立“移民总局”，专门负责全国的华工登记注册，查验他们的一切证件，并审查当时的有关法律法规。

1872 年 9 月 14 日，古巴当局又颁布一个法令，对 1861 年前和 1861 年后到达古巴的中国苦力制定了不同的规定，凡 1861 年 2 月 15 日以后到达古巴的苦力，契约期满后必须离境，或必须续一个雇工合同。这样，部分华工就被剥夺了成为自由移民的权利。

1873 年 5 月 7 日，皇家谕旨规定，凡在 1861 年 2 月 15 日以后到古巴的华工以及逃走的华工，日后均收入哈瓦那官工所内。古巴华工呈词中所说的作免费官工即是对此项规定的反映。

前文简述了古巴有关契约华工的契约和法令。从契约和相关法令来看，在古巴，契约华工与奴隶是有区别的。“在西班牙殖民制度下，中国人被官方归为‘白人’，法律上的身份是自由人。”[④] 但事实却并非如此。学者们发现，古巴契约华工

---

① Evelyn Hu-DeHart, Chinese coolie labor in Cuba in the nineteenth century: Free labor or neoslavery? *Slavery and Abolition*, 14, Vol. 1, 1993, p. 44.

② 熊建成：《跨越三世纪古巴华人之研究》，《海华与东南亚研究》2004 年第 2 期，第 4 页。

③ Lisa Yun, *The coolie speaks: Chinese indentured laborers and African slaves of Cuba*, Philadelphia: Temple University Press, 2008, p. 123.

④ Kathleen Maria López, The Chinese in Cuban history, in Walton Look Lai ed., *Essays on the Chinese diaspora in the Caribbean*, 2006, p. 110.

的遭遇中存在着诸多理论与实际不相符的悖论，契约华工的实际遭遇更似奴隶。

从法理上说，签订契约的双方应是平等的主体，契约具有法律效力。但实际上，自签约开始契约华工就处于不平等地位，很多华工是被拐卖或被迫签约的。根据古巴华工调查报告："兹查古巴华民，多由略卖，非系自愿承工，无论及岁不及岁，有诱立合同，有逼立合同，有顶名立合同，有馆中派交合同，有船中派交合同，并有竟无合同者。"① 但更意想不到的是，契约华工到古巴后，一些雇主拒不履行契约规定。很多华工逐渐意识到契约就是一纸空言。

从工作时间上看，契约规定，华工每天工作不超过 12 小时，礼拜天休息。但契约华工的实际做工时间远超过 12 小时，多达 15 ~ 20 小时。潘多利等 3 人禀称："一日二十四点钟，做工二十点钟，十九点钟未定。"张开等 7 人供："在糖寮卯初做到子正歇，礼拜照常。"刘阿三供："礼拜歇半天。"② 尽管每个种植园情况不一，但总体来说，肆意延长华工工作时间的情形十分普遍。

契约对华工到古巴后的饮食提供也作了规定，明确雇主向华工提供咸肉及其他杂项食物。但据华工的口供，很多华工每天只吃两顿，多数是生蕉，很多人叫饿。李肇春等 166 人禀称："卖入糖寮者十居八九，寮主向主管要得糖多，总管向管工要得工多，惟利是图，罔惜人命，华工之劳逸不问，饥饱不问，生死亦不问也。一日两餐，发生蕉四条，准作华工一餐者以为能，发三条准作一餐者更以为能矣。"③

按照契约，华工每月工资为 4 比索，不得拖欠。但据汤明奎供："每月工银照给银牌四个，准在寮内买物，别处不能使用，亦不准换银纸。"曾富民供："东家发工钱是给纸一张，在他铺取物，不能取钱，不准往别处买物。"④ 这表明，工资成为种植园主控制华工以及再次牟利的手段。

契约规定，华工生病期间应获得妥善的医疗照顾，病假期间工资照付。但实际情形并非如此。据华工韩锦供："我几次报病，都被锁打，有一次被打得吐血，仍锁脚做七个月工。"陈阿金供："我生病告诉管工，说我假病，叫四人捺着脱去裤子打，肉都烂了，仍带链做工，夜里回来，又拉着我在破处撒盐及橙子水，

---

① 陈翰笙主编：《华工出国史料汇编（第一辑：中国官方书选辑）》（第二册），北京：中华书局，1985 年，第 583 页。

② 陈翰笙主编：《华工出国史料汇编（第一辑：中国官方书选辑）》（第二册），北京：中华书局，1985 年，第 602 页。

③ 陈翰笙主编：《华工出国史料汇编（第一辑：中国官方书选辑）》（第二册），北京：中华书局，1985 年，第 591 页。

④ 陈翰笙主编：《华工出国史料汇编（第一辑：中国官方书选辑）》（第二册），北京：中华书局，1985 年，第 597 页。

我痛得几死。”[①]

另外，合同中曾写明：“期满后事主务必给作工人六十日在埠安闲，以便自备回国。若作工人不欲回国，另寻高着，俾得多钱，如古巴工人无异，任从其便，毫无阻挡之处。”但实际上：“兹查华工期满，若不勉从工主再立合约，登即解送工所，派做无钱官工，断不得六十日在埠安闲筹备回国。即押工所之后，一切皆工所作主出雇，亦不得自行觅工。以上数条，现在古巴所行与伊合同已属大相悬异，有各华工供禀可查。”[②] 黄逢吉等12人禀称：“十分凄楚，捱满八年，窃意合同有准，可出生天，谁料凭据无灵，再遭罗网。”赖质直等4人禀称：“洋人奸猾，合同条款总是空言，八年工期满限，又要八年。”李大财等3人供：“满八年，又做一年送公所。”黄阿木供：“作满八年，又作六年，因无纸地方官捉送工所。”罗阿玉供：“工满又立合同三年，作完送工所作工十年。”[③] 梁阿德禀称：“做足八年之数，我同帮欲出外埠做工，我旧东家将我同帮人捉拿锁打，要我同帮再另做六年。”刘阿寿等5人禀称：“捱满八年，东家又不肯畀满身纸，要再做六年不允，又打又锁。我无钱拜契爷满纸，自欲走出，又怕有洋兵查捆押入工监。”朱其训等11人禀称：“若满身求官给发五年满身纸，一年行街纸者，要用金钱五六十圆之数，更认契爷洗头，然后给发，若无银并契爷不望有发纸之事。”张石达禀称：“到古巴被卖落与菜园做工，八年已满，又要我再做四年，四年又满，仍送我去走路馆修街五年。我年已迈，情愿得纸出去乞食，现下未得乞丐纸，耑此禀叩。”[④]

上述种种表明，在古巴，雇主不遵守契约的情形十分普遍。丽萨·云甚至提出，在古巴契约华工史上，契约的特殊用途是制造可流动的奴隶。契约华工被置于市场之中出售、再售卖、出租、出借，同时被主人、商人和警察命名并再命名。他们在种植园、监狱、仓库、铁路等之间流动，并被同一时间列为死亡、消失或是被雇佣——苦力的生命不仅属于个人，也属于很多人。[⑤] 古巴契约华工被反复买卖的情形十分严重。在1 176份口供中，42.4%的人表明至少为3个不同

---

① 陈翰笙主编：《华工出国史料汇编（第一辑：中国官方书选辑）》（第二册），北京：中华书局，1985年，第631页。

② 陈翰笙主编：《华工出国史料汇编（第一辑：中国官方书选辑）》（第二册），北京：中华书局，1985年，第594页。

③ 陈翰笙主编：《华工出国史料汇编（第一辑：中国官方书选辑）》（第二册），北京：中华书局，1985年，第609页。

④ 陈翰笙主编：《华工出国史料汇编（第一辑：中国官方书选辑）》（第二册），北京：中华书局，1985年，第610页。

⑤ Lisa Yun, *The coolie speaks: Chinese indentured laborers and African slaves of Cuba*, Philadelphia: Temple University Press, 2008, p. xx.

的雇主工作过，24.4% 的人有 4 个及以上雇主，另外 4% 的华工有 7 个甚至更多的雇主。[①] 古巴华工呈词显示，一名华工在两年内被卖了 6 次，另一名华工在 10 年里换了 12 个地方，在哈瓦那、科隆、大萨瓜、瓜那哈伊的种植园、工厂、官工所和山里工作过。

除肆意违背契约之外，雇主及管工还任意体罚华工。1854 年前，体罚华工是法律许可的。1854 年法令禁止管工体罚华工。但 1860 年法令第 74 款又规定，当工人不听从主人及主人所派之总管吩咐，不做工或做工故意粗心错失，将人打伤、逃走、酒醉、有违做工之处章程，都将被惩罚。尽管法令对体罚作了界定，但滥用体罚到了无以复加的地步。据华工张定加等 128 人禀称："糖寮间有监房，极多刑具，锁链重者五十余斤，至少亦二十余斤，随意锁脚做工。" 李阿德供："因作工时吃一口小烟，就拉回用四人捺住打二十四鞭，皮肉都打烂了，这是至轻的。又有锁脚在后用马鞭赶着走，总管如好只锁两个月，不好锁六个月。凡脚镣是连头颈锁的，脚链脚镣共计四十斤重，我锁过三次了，是因对总管说食山薯不能作工就锁。又常年不准洗衣服，歇工时洗衣服，被黑人看见又锁又打。有人在附近糖寮小店买物一次，拉回锁脚八个月。"[②]

虽然法令规定，华工可以向地方官请求裁决。但实际上，官商勾结，华工无处伸冤。林金等 16 人禀称："磨场山园，自尽死亡，种种不一，伤惨难言。如衙门稍有知觉，东家即贿赂洋官，上下互相埋没，奇冤沈覆，难以枚举。"[③] 林阿泰供："东家欠工银一百二十八元，我来夏湾拿告状，官不追欠，反押到工所做官工七年，无工钱。"[④] 陈阿睦供："糖寮待我十分刻毒，去年挨打更重，我到地方官处告状，东家送地方官银，将我带回锁脚几个月，待我比旧时更恶。"[⑤] 罗阿二供："满合同送工所作四个月，东家领回，用铁链锁三个月，照常作工，天天打，昨天还重打一回。现在已满五个月，不给工钱，我因东家不给钱，又锁打我，请伙计代我在地方官处告状，告过三次不准，仍然作工，如要工钱，就要锁

① Lisa Yun, *The coolie speaks: Chinese indentured laborers and African slaves of Cuba*, Philadelphia: Temple University Press, 2008, p. 134.

② 陈翰笙主编:《华工出国史料汇编（第一辑：中国官方书选辑）》（第二册），北京：中华书局，1985 年，第 599 页。

③ 陈翰笙主编:《华工出国史料汇编（第一辑：中国官方书选辑）》（第二册），北京：中华书局，1985 年，第 594 页。

④ 陈翰笙主编:《华工出国史料汇编（第一辑：中国官方书选辑）》（第二册），北京：中华书局，1985 年，第 595 页。

⑤ 陈翰笙主编:《华工出国史料汇编（第一辑：中国官方书选辑）》（第二册），北京：中华书局，1985 年，第 595 页。

脚，我实想寻死了。”[①]

为将华工最大限度地控制在种植园里，雇主及管工采用工资、鸦片等多种手段，并规定华工外出须有主人的书面允许。古巴对华工最有力的控制工具之一是自由纸系统。[②] 华工口供中提到的满身纸、行街纸、开铺纸、行医纸、过埠纸、乞丐纸等，一方面对华工的行动进行全面钳制，另一方面最大限度地榨取华工的劳动所得。根据华工呈词：“幸得生存者，指望八年工满，生还故乡，然非得满身纸，不能请出港纸；非得出港纸，不能下船回华也。早年工满者，求买主画押作凭据，谓之非马，又拜契爷作保，特向地方官请纸，其衙门使费自半个大金至十五个大金不等。至于请出港纸，使费又自半个大金至二三十大金不等。衙门收银后，往往上个礼拜推俟下个礼拜，推到数十个礼拜，衙门换官，银纸两空矣。或有得满身纸之后，暂住古巴者，必须十元上下，领有行街纸，方能行街。此纸一年一换，辄须数元，倘失落过期，另须重罚，若欲暂往别埠，又须求地保给过埠纸。行医者，要请医生纸，乞食者，要请乞丐纸，均需使费。至开小铺者，请开铺纸，需时更久，费益不赀矣。以上该请之纸幸已到手，仍时常有巡兵在路拦验，有地保入室搜查，或被收去，说是假纸；或被撕毁，说是无纸，皆可捉入监房，押在工所，锁颈锁脚，督做无钱官工。”[③] 可见，即便获得自由，古巴华工的行动仍然受到全面的钳制。在钳制古巴华工行动的同时，各种纸质体系成为古巴各级官僚榨取利益的手段。根据华工口供，各种纸质价钱不一，任意裁定。胡如供：“有东家凭据取满身纸须亲手交给地方官大金三圆。价钱不一，有的四个大金、五个大金，有的六个大金。有的花三百余元。”关阿能供：“满身纸费一百银，每年换纸一次，一二圆至五圆十圆不等。”[④] 江阿起供：“满八年，又作三年，送五个大金官仍不给纸。”郭纪秀供：“礼拜日出来未带满身纸，被捉入工所。”李阿鸿供：“用十三个大金请满身纸后，又说假的，官捉到工所。”[⑤] 据吴锦成等124人禀称：“常见有得满身纸，托人换出港纸银已乌有，并满身纸亦不

---

① 陈翰笙主编：《华工出国史料汇编（第一辑：中国官方书选辑）》（第二册），北京：中华书局，1985年，第596页。

② Lisa Yun, *The coolie speaks: Chinese indentured laborers and African slaves of Cuba*, Philadelphia: Temple University Press, 2008, p. 175.

③ 陈翰笙主编：《华工出国史料汇编（第一辑：中国官方书选辑）》（第二册），北京：中华书局，1985年，第685页。

④ 陈翰笙主编：《华工出国史料汇编（第一辑：中国官方书选辑）》（第二册），北京：中华书局，1985年，第612页。

⑤ 陈翰笙主编：《华工出国史料汇编（第一辑：中国官方书选辑）》（第二册），北京：中华书局，1985年，第612页。

得回者，不计其数。”唐建供：“问得出口纸七八十元，一二百元不定。”[①] 李肇春等166人禀称：“出港纸视乎囊橐厚薄，数十元至数百元不定，华工等能有几人敢作回华之想乎？”[②] 纸质系统表明，华工无论在行动上还是在职业选择上，都受到准入纸质的限制，即便是乞讨也需要纸质。

19世纪的古巴，黑人和白人之间的种族阶序十分明确，华人处于何种地位？胡其瑜认为，在古巴的种族层级中，华人处于中间地位，位于黑人和白人之间。[③] 但根据古巴华工的呈词，有时候他们感觉自己跟黑奴一样，有时候感觉比黑奴还不如，属于最底下的等级。[④] 刘阿唐供：“糖寮相待与黑奴一样。”[⑤] 吴锦成等124人禀称：“自被拐来到古巴，未满身的，固受毒虐，就是已满身的，都受凌辱，如火车不得坐头车，店铺不得坐上桌之类，相待均与黑奴一样。”冼佐邦等14人禀称：“各国人到古巴，皆得往来自便，平正交易，不知华人何以独应受虐，竟出黑人之下。”[⑥]

丽莎·云认为，古巴华工的呈词可以看作是对体制的控诉，而不只是求助。[⑦] 确实，来自古巴华工或口述，或书写的呈词，是华工自身遭遇最真切的反映。因其真，阅之让人心酸；因其惨，无不为之动容。古巴华工呈词是华工悲惨遭遇的正面表现，而因其悲惨甚至引至怯懦的清政府出面干预的地步则是其悲惨的侧面体现。世界诸多国家引入过契约华工，但只有古巴出现过华工呈词。

契约华工的境遇因人而异，但普遍来说，在甘蔗种植园的古巴契约华工的遭遇与奴隶并无二致，甚至在某些情形下连奴隶都不如。古巴华工命运为何如此悲惨，甚至连黑奴都不如？古巴学者将原因归结为奴隶制的长期实行。[⑧] 黑奴是主人的财产，而对于华工，他们关心的只是在契约期内最大限度地榨取其劳动力，这是契约华工比黑奴的命运更为悲惨的另外一个原因。陈匡民认为，查最初古巴华侨备受虐待者，原因有三：①因其时古巴为西班牙属土，民情犷悍，地方官专

① 陈翰笙主编：《华工出国史料汇编（第一辑：中国官方书选辑）》（第二册），北京：中华书局，1985年，第613页。

② 陈翰笙主编：《华工出国史料汇编（第一辑：中国官方书选辑》）（第二册），第617页。

③ Evelyn Hu-DeHart, Chinese coolie labor in Cuba in the nineteenth century: Free labor or neoslavery? *Slavery and Abolition*, 14, Vol. 1, 1993, p. 50.

④ Lisa Yun, *The coolie speaks: Chinese indentured laborers and African slaves of Cuba*, Philadelphia: Temple University Press, 2008, p. 159.

⑤ 陈翰笙主编：《华工出国史料汇编（第一辑：中国官方书选辑）》（第二册），北京：中华书局，1985年，第623页。

⑥ 陈翰笙主编：《华工出国史料汇编（第一辑：中国官方书选辑）》（第二册），北京：中华书局，1985年，第625页。

⑦ Lisa Yun, *The coolie speaks: Chinese indentured laborers and African slaves of Cuba*, Philadelphia: Temple University Press, 2008, p. 175.

⑧ Gregor Benton, Chinese migrants and internationalism: Forgotten histories, 1917 – 1945, p. 38.

横无道；②因西国商人向来贩卖黑人为奴，对待华工，亦视如黑奴；③因清廷并无官派驻古巴保护华侨，华侨冤苦无从申诉，西国商人以我可欺，于是凌辱更甚。[①]

上述关于古巴华工悲惨遭遇的分析均十分在理。但笔者认为，古巴契约华工的悲惨命运从招募之时，就埋下了种子。与英属西印度殖民地的契约华工不同，古巴在招募华工过程中，由于国家的缺位、私人资本的无序参与，导致契约华工招募过程中形成了长长的利益链条。而利益链条越长，华工在古巴的命运就越悲惨。因为利益链条上各个环节赚取的利益都将由华工的劳动来偿还。同时，古巴契约华工的悲惨最突出地体现在权力—资本对劳动力的高度钳制上。为什么会出现对劳动力如此高度的钳制？笔者认为，造成古巴华工备受钳制的因素还有：一是由于古巴劳动力的极度缺乏，为将华工留在种植园部门，采取了各种强制性手段。二是为最大限度地榨取华工的劳动力价值。古巴契约华工面临压迫，采取了杀死管工等暴力反抗手段。但暴力抵抗者能够活下来看似不合逻辑，主要是因为苦力的生命代表着获利的可能性。契约华工被反复买卖，也是为了榨取利益。[②]三是古巴独立战争爆发，契约华工逃跑并参加反抗西班牙的战争，导致权力—资本进一步加强对华工的控制。

四、关于契约华工身份性质的讨论

由于19世纪的古巴仍是以种植园奴隶制经济为基础，在劳动力阶序中隐含着种族身份的高低，即白人主要是自由劳动力，黑人主要是奴隶。故当第三种主要的劳动力形式兼种族成分——契约华工突然投放到原有的社会中时，他们是自由劳动力，还是奴隶？从实际遭遇看，他们更接近于奴隶；但从书面契约和法律身份看，他们又绝非奴隶。这种似是而非的模糊，引起了学界持久但难有定论的论争。前文绪言已作概述。胡安·佩雷斯·德拉里瓦注意了有关华工法律与奴隶法令的相似之处，得出结论：契约华工就是奴隶。胡其瑜等学者则强调有关华工法律与奴隶法令的不同之处，认为应该将其实际遭遇与法律地位区分。

赫利认为，在整个苦力贸易期间，古巴社会从未真正确定如何对待华人这个种族——是该认定为白人和自由人，还是认定为有色人和非自由人。曼努埃尔·莫雷诺·弗拉赫纳尔斯也认为，古巴种植园主对让华人成为永久性定居者并不感

---

① 陈翰笙主编：《华工出国史料汇编（第六辑：拉丁美洲华工）》，北京：中华书局，1984年，第97页。

② Lisa Yun, *The coolie speaks: Chinese indentured laborers and African slaves of Cuba*, Philadelphia: Temple University Press, 2008, p. 179.

兴趣，相反，他们只需要处于生产年龄的华工。[①] 在种植园主眼里，到其种植园做工的人都是生产要素。“考虑到种植园主的经济理性，其第一反应是将在奴隶身上已经生效的相同的工作和生活制度运用于中国移民身上。”[②] 笔者赞同赫利和弗拉赫纳尔斯的上述观点，认为古巴对待契约华工完全是出于实用主义的原则。他们引进契约华工，唯一看中的是华工的劳动力价值，只是着眼于短期的经济利益，应急性地补充糖业发展所急需的劳动力。因此，在引进华工时，古巴并未长远考虑华工的将来。

五、契约华工对古巴经济的贡献

契约华工的身份究竟是奴隶抑或自由劳动力，至今仍无定论，但契约华工对古巴经济发展所作出的不容忽视的贡献则毋庸置疑。

契约华工为古巴蔗糖业补充了其发展急需的廉价劳动力。19 世纪中期以后古巴蔗糖产量的增加、在世界市场份额的提升以及竞争力的确立，凝结着契约华工的汗水与血泪。1853 年，古巴蔗糖业劳动力缺口高达 1 万人，到 1863 年再增加 50%。因此，契约华工的引进，在 1853—1863 年间为古巴蔗糖业提供了一半的劳动力，此后华工占比一度高达 75%。胡安·佩雷斯·德拉里瓦认为，1865 年左右，契约华工占到古巴全岛劳动力的 15%，这一比例一直保持到 1870 年代后期。[③] 1877 年，古巴甘蔗种植园的劳动力构成如下：奴隶占 72%，中国人（契约华工以及获得自由的华工）占 11%，受雇者和自由劳动力占 16%。[④] 因此，契约华工是 19 世纪后期古巴蔗糖业发展的重要劳动力大军。

同时，契约华工是一种低成本劳动力。据胡安·佩雷斯·德拉里瓦计算，一名健康苦力的成本为 340～425 比索，而黑奴的成本为 500～600 比索。另据英国驻哈瓦那领事克劳福德（Crawford）先生估计，每年苦力劳动的花费是 257 比索，但种植园主可以榨取这些可怜的人每年 400 比索。据他计算，苦力每月花种植园主 21.46 比索，自由短工在同一年将花 30 比索或以上。[⑤] 反过来说，如果无利可图的话，古巴也就不会不远万里、千方百计地从中国引进劳动力。即便是 1874

① Manuel Moreno Fraginals, Extent and significance of Chinese immigration to Cuba (19th century), p. 56.

② Manuel Moreno Fraginals, Extent and significance of Chinese immigration to Cuba (19th century), p. 55.

③ Juan Pérez de la Riva, Los culíes chinos en Cuba, 1847 – 1880: Contribución al estudio de la Inmigración contratada en el Caribe, p. 191.

④ Kathleen Maria López, *Migrants between empires and nations: The Chinese in Cuba*, 1874 – 1959, PhD. Dissrtation: University of Michigan, 2005, p. 77.

⑤ Juan Pérez de la Riva, Los culíes chinos en Cuba, 1847 – 1880: Contribución al estudio de la inmigración contratada en el Caribe, p. 101.

年中国禁止向古巴输送契约华工，古巴仍试图继续从中国引进劳动力。

劳动力的补充以及低成本优势，加之技术的运用和提高，使古巴蔗糖产量大幅上升。在古巴引进契约华工的年代，古巴蔗糖产量增加迅猛。1840 年，古巴蔗糖产量为 161 000 吨，到 1870 年飙升至 703 000 吨，30 年间增长 4 倍还多。胡其瑜认为："苦力成为劳动力的补充来源，推迟了由于奴隶贸易结束可能带来的危机，使得种植园经济能够继续繁荣。值得注意的是，在 1875 年后，在奴隶和苦力贸易都结束后，糖产量表现出总体下降的形势，很大一部分原因是合适劳动力的短缺造成的危机。"① 随着契约华工的输入，古巴糖产量剧增，其占世界市场的份额也大增。1840 年代，古巴糖产量占世界市场的 21%。到 1870 年，古巴糖产量已经占到世界总产量的 41%。②

表 2－4　古巴蔗糖产量变化　　　　单位：吨

年份	产量
1830	105 000
1840	161 000
1850	295 000
1860	429 000
1870	703 000

（来源：Lisa Yun, *The coolie speaks*: *Chinese indentured laborers and African slaves of Cuba*, Philadelphia: Temple University press, 2008, p. 13.）

除了为蔗糖种植及加工部门作出不容忽视的贡献外，契约华工也是 19 世纪古巴铁路建设的重要力量。古巴历史学家奥斯卡·萨内蒂（Oscar Zanetti）和亚历杭德罗·加西亚（Alejandro García）认为，没有中国人，古巴 1853—1858 年间的铁路发展不可能发生。1856 年，哈瓦那铁路公司（Caminos de Hierro de la Habana）雇佣了 98 名中国工人，1861 年 10 月雇佣了 322 人。其他铁路公司也总共雇请了上百名中国工人，包括西恩富戈斯铁路公司（Ferrocarril de Cienfuegos）、哈瓦那巴伊亚铁路公司（Ferrocarril de la Bahía）、马坦萨斯科利塞奥铁路公司（Ferrocarril de Coliseo）、大萨瓜铁路公司（Ferrocarril de Sagua la Grande）、西部铁路公司（Ferrocarril de Oeste），它们在 1859 年雇佣了 751 名中国工人。铁路公

① Evelyn Hu-DeHart, Chinese coolie labor in Cuba in the nineteenth century: Free labor or neoslavery? *Slavery and Abolition*, 14, Vol. 1, 1993, p. 42.

② Lisa Yun, *The coolie speaks*: *Chinese indentured laborers and African slaves of Cuba*, Philadelphia: Temple University Press, 2008, pp. 12－13.

司从华工身上获利丰厚。马坦萨斯科利塞奥铁路公司估计，中国劳动力的成本比起其他种类工人的成本要少70%。这一数字也得到了西部铁路公司的确认。

中国工人也在其他行业工作，包括农业和家政服务。美国作家塞缪尔·哈若德（Samuel Hazard）在其所著的《钢笔和铅笔》（*A pluma y lápiz*）中写道，建在哈瓦那的翁拉德斯（La Honradez）烟厂工艺先进，该厂共雇佣了150名工人，其中包括85名中国人。他还描述道，位于哈瓦那的古巴唯一一家铁钉厂，几乎全部雇佣中国人，在一名英国人的监督下工作。他还造访了古巴圣地亚哥的铜矿，他写道，中国工人光着身子在井下工作。

同时，古巴从苦力贸易中获取的利润为古巴工业化积累了资金。苦力贸易获得的利润和资金积累，也是帮助古巴经济工业化的一个因素。[①] 胡安·佩雷斯·德拉里瓦认为，运送近15万苦力到古巴所获利润在2 500万~3 000万比索之间，这一巨款成为古巴资本主义建设资金的一部分，有一部分进入了西班牙商人的腰包。这些资本有助于古巴糖厂的现代化，同时减少了古巴资产阶级废除奴隶制的困难。[②]

第二节　契约华工与古巴独立战争

1868年，古巴奥连特省的庄园主卡洛斯·曼努埃尔·德塞斯佩德斯（Carlos Manuel de Céspedes）在德马瓜哈糖厂（Demagagua）发表“独立宣言”，并解放自己的奴隶，组织他们举起了反抗西班牙殖民统治的大旗，揭开了古巴独立战争的序幕。在此后30年里，古巴人为争取古巴的独立进行了3场战争，即十年战争（1868—1878）、小战争（1879—1880）和1895年战争（1895—1898）。

古巴华人参加了这3场战争，其中，参加十年战争的华人人数最多。古巴华人参加十年战争的经过可以分为3个阶段。

1868年至1870年是古巴华人参加十年战争的第一阶段，许多华人加入奥连特省、卡马圭省和拉斯比亚斯省的起义队伍中。他们对地主和殖民者的剥削和虐待的反抗，使得他们同情古巴独立战争并加入起义者队伍中。[③] 最先加入的是在曼萨尼约（Manzanillo）地区的华工，在拉斯图纳斯（Las Tunas）、奥尔金（Hol-

---

① Lisa Yun, *The coolie speaks: Chinese indentured laborers and African slaves of Cuba*, Philadelphia: Temple University Press, 2008, p. 17.

② Juan Pérez de la Riva, Los culíes chinos en Cuba, 1847 - 1880: Contribución al estudio de la inmigración contratada en el Caribe, p. 94.

③ Mauro García Triana and Pedro Eng Herrera, The Chinese in Cuba, 1847 - now, p. 1.

guin）、古巴圣地亚哥（Santiago de Cuba）以及奥连特省其他市镇的华工也陆续加入。据克萨达（Quesada）记载，奥连特省的华人很少，但几乎所有人都加入起义者行列。据胡安·路易斯·马丁（Juan Luis Martin）记载，在曼萨尼约、拉斯图纳斯和奥尔金有 150 名中国人，所有人都拿起了武器。1869 年 5 月，在托马斯·乔丹将军（General Thomas Jordan）的部队里有 400 名华工。1870 年 4 月，《马利那日报》（Diario de la Marina）承认："在某些地区，加入到起义者队伍的中国人数量增加已经引起关注。" 1870 年 5 月 9 日，在纽约出版的《古巴之星》（*Estrella de Cuba*）提到，所有来自古巴的消息都提到中国人在战争中的出色表现。

第二阶段为 1871 年至 1873 年。1872 年，古巴殖民当局估计有 7 036 名华工逃跑，许多人跑到卡马圭省和奥连特省参加起义者队伍，一些人被捉住并移交给殖民委员会（Commission of Colonization）。1873 年，殖民当局要求种植园主合作修建军事设施，切断古巴东部和中西部的联系，以确保中部和西部地区经济的安全，在修建中使用了 3 000 多名华工，这为一些人逃走提供了机会。他们逃走后加入到起义者队伍中。由于参战的中国人增多，马德里曾一度呼吁结束引进契约华工，因为华工帮助在古巴西部的反抗西班牙统治的活动。1871 年 4 月 27 日，皇家谕旨停止华工输入古巴岛。但鉴于劳工严重短缺，以及遭到岛上庄园主和人口贩卖商的反对，该谕旨被迫延缓三年执行。最后，西班牙共和国政府于 1873 年 5 月 26 日下令废止 1871 年 4 月 27 日禁止华工输入的古巴谕旨。

第三阶段是 1874 年至 1878 年，这时有更多的华人战斗者参战，因为战争扩大到拉斯比亚斯省，该省的华人以及与马坦萨斯交界地区的华人都加入了战斗中。在拉斯比亚斯战斗的古巴华人大部分是福建人。

多少古巴华人参加了十年战争？恰法特认为，参加十年战争的华人在 2 000 ~ 4 000 人之间。[①] 胡安·佩雷斯·德拉里瓦估计，包括白人、黑人和华人在内的所有起义者人数在 7 000 ~ 30 000 人之间，不同阶段参战人数不同。在所有起义者中，不同时期华人占到总人数的 1/6 ~ 1/4。他认为，直接参战的华人人数在 2 000 ~ 5 000 人之间，还有人数与此相当的华人在后方。[②]

十年战争中涌现出许多著名华人战士。在奥连特省，有两位十分有名的华人战斗者，一位是中医王森（Liborio Wong，中文名 Wong Seng），他是莫德斯托·迪亚斯（Modesto Díaz）的副官，曾被古巴共和国前总统何塞·米盖尔·戈麦斯（General José Miguel Gómez）称赞为"爱国和忠诚的中国人楷模"；另一位是赖华（Captain José Tolón）。此外，还有邓克多（Captain Tancredo）、胡德（José Bu

① Mauro García Triana and Pedro Eng Herrera, The Chinese in Cuba, 1847 – now, p. 10.
② Mauro García Triana and Pedro Eng Herrera, The Chinese in Cuba, 1847 – now, p. 9.

Tack）等。邓克多10岁时来到古巴，后定居在拉斯比亚斯的省会比亚克拉拉（Villa Clara）。他在十年战争中受伤牺牲。胡德是古巴独立战争主要领导人马克西莫·戈麦斯（Máximo Gómez）的朋友和心腹。

由于黑人和华人的积极参战，起义领袖、战时共和国总统卡洛斯·曼努埃尔·德塞斯佩德斯十分关注黑人和华工的自由问题。1869年12月18日，他向众议院提交一份有关华人法律地位的提案。1870年2月24日，该份提案变成法律，规定："确保中国人移民到古巴岛的契约，不仅臭名昭著地违背公约的基本原则，而且违背人性和正义的原则，对这些定居者而言，这是奴役的一种伪装形式。议院宣布它们无效。"① 1878年，《桑洪条约》（*Pact of Zanjón*）签订，标志着十年战争结束。条约特别给予参加十年战争的奴隶和契约华工法律上的自由，其第三条规定，在起义者行列中的奴隶和亚洲人应当获得自由。

1879年，由卡里克斯托·加西亚将军（General Calixto García）领导的另一场争取独立的战争爆发。由于持续时间很短，因此被称为"小战争"（La Guerra Chiquita）。参加小战争的中国人人数比十年战争少，可能只有数百人。在1879—1880年的小战争中，在奥连特省和拉斯比亚斯省之间的地区有约200名华人战士。赖华继续在奥连特省战斗。在1879—1880年间，华人战士继续在圣斯皮里图斯地区战斗，尽可能地打击被派来追捕他们的西班牙军队，然后躲入该地区的群山中。② 在弗朗西斯科·卡里略将军（General Francisco Carrillo）麾下有80名中国人。③ 西班牙殖民当局试图以500比索为赏金，利诱华人和黑人交出卡里略将军，但无一华人为之所动。

1895年2月24日，古巴最后一场争取独立的战争爆发。到1895年，大部分古巴华人住在城市地区，远离战区，但仍有不少华人参加了1895年独立战争。根据西门内斯·帕斯特拉纳记载，许多参加过前两次战斗的华人老兵参加了此次战争，包括赖华、胡德。根据古巴1901年宪法，为独立战争战斗10年的人有权参与总统选举，获得总统候选人的资格。赖华和胡德就是为数极少的有此资格的外国人。1895年5月13日，在荷维多（Jobito）的战斗中，赖华以及其他华人战士在赫苏斯·拉比（Brigadier Jesus Rabí）领导下，重创了一支400余人的西班牙军队。在佩利格多·佩雷斯将军（General Periquito Pérez）的部队中有20名华人。

参加1895—1898年战争的中国人较少，可能不超过350人，大部分在拉斯

① Mauro García Triana and Pedro Eng Herrera, The Chinese in Cuba, 1847 - now, p. 12.

② Juan Jimenez Pastrana, *Los chinos en las luchas por la liberacon cubana* (1847 - 1930), La Habana: Instituto de Historia, 1963, p. 87.

③ Juan Jimenez Pastrana, *Los chinos en las luchas por la liberacon cubana* (1847 - 1930), La Habana: Instifuto de Historia, 1963, p. 86.

比亚斯省，包括由华人上尉林添（Alfred Lime）领导的100人。据一项估计，近80名中国人在雷梅迪奥斯（Remedios）地区战斗。

除了直接参战，中国人还提供粮食、医药、衣物以及鞋等后勤保障物资，并为起义者提供庇护。一名在比亚克拉拉（Villa Clara）的名叫吴潘（Pan Wu）的中国商人，是爱国者玛尔塔·阿布雷乌（Marta Abreu）以及其他该地区起义者领导的朋友，据说吴潘将自己几乎所有的财产捐献出来，支持独立战争。在被战争摧毁后重建的城镇，中国商人成立了各种人道组织，帮助减轻饥饿和疾病。卡洛斯·卡塔亚·张（Carlos Cartaya Chung）是拉斯比亚斯下辖的雷梅迪奥斯地区的一位著名慈善家，也是当地中华会馆的主席。他每天早上和晚上发放800碗中国粥。根据恰法特的记载，卡洛斯·卡塔亚·张是一位客家人。

1902年，古巴规定，为独立战争而战的老兵可以申请欠薪（back pay）和津贴（pension）。申请者中的外国人包括：1 316名西班牙人、139名非洲人、67名波多黎各人、39名美国人、37名多米尼加人、36名中国人。在36名中国申请人中，其中30人获得补偿（awarded compensation），包括6人的遗属获得补偿。在这些登记申请补偿的华人老兵中，19人于1895年参战，15人于1896年参战，2人于1897年参战，绝大多数坚持到1898年8月24日战争结束。[①] 洛佩斯认为，华人老兵申请人数目的稀少，低估了华人在1895年战争中的真正参与程度。[②] 因为像胡德一样著名的独立战争参战者，并没有出现在官方登记者中。小战争结束之后，胡德就在大萨瓜定居下来经商，后来到了西恩富戈斯，并娶了一个古巴女子为妻。

独立战争结束后，曾有“名录”（Index）记录独立战争参战者的名字，很多华人参战者的名字遗漏了，但仍记录了两名华人战士：阿陈·何塞（Achín José）和阿钟·卡洛斯（Achón Carlos）。两人都在战斗中牺牲了。

表2-5　古巴独立战争中的著名中国战士（1868—1898）

省份	姓名	军衔
Pinar del Río	Luis Achón	中士（Sargento）
La Havana	José Achón	上尉（Capitán）
	Victor Arocha	
	Genaro Arocha	

① Kathleen Maria López, *Migrants between empires and nations: The Chinese in Cuba*, 1874 - 1959, PhD. Dissertation: University of Michigan, 2005, p. 175.

② Kathleen Maria López, *Migrants between empires and nations: The Chinese in Cuba*, 1874 - 1959, PhD. Dissertation: University of Michigan, 2005, p. 175.

（续上表）

省份	姓名	军衔
	Francisco Arocha	
Matanzas	José	中士（Sargento）
Las Villas	Antonio Moreno	指挥官（Comandante）
	Sebastián Siam	指挥官（Comandante）
	Pablo Jiménez	上尉（Capitán）
	José Tolón（Lai Wa）	上尉（Capitán）
	José Cuang（Kau Kon Cuang）	上尉（Capitán）
	Juan Díaz	上尉（Capitán）
	Andrés Lima	上尉（Capitán）
	Liborio Wong（Wong Sen）	上尉（Capitán）
	Facundo	上尉（Capitán）
	Manuel Pau	少尉（Teniente）
	Pío Cabrera	少尉（Teniente）
	Achón	少尉（Teniente）
	Tancredo	少尉（Teniente）
	José	中士（Sargento）
	Crispín Rico	中士（Sargento）
	Juan Cuan	下士（Cabo）
	Pedro Lau	
	Juan Anclay（el loco）	
Camagüey	Juan Sánchez（Lam Fu Kim）	上尉（Capitán）
	Bartolo Fernández	上尉（Capitán）
	José Bu	上尉（Capitán）
	José Pedroso	少尉（Teniente）
	Pío Cabrera	少尉（Teniente）
	Andrés（Cao Lion Kao）	中士（Sargento）
	José Fong	中士（Sargento）
Oriente	Liborio Wong（Wong Ceng）	上尉（Capitán）

［来源：Fundación Fernando Ortiz y Grupo Promotor del Barrio Chino del Havana：Presencia China en Cuba（Mapa plegable），Ediciones GEO，1999.］

在讨论契约华工与古巴独立战争时，学者们注意到陈兰彬的古巴华工报告对华工参加古巴独立战争一事的回避。在古巴华工报告中，其第三十四条特别提出“叛乱人民内是否有华工随逆，如有，系从何时，在于何地，其诸逆情形如何”的问题。但回答列举了华工不肯从逆之大概情形，并特别说到，“至现在尚有无随其工主助逆之人，及何时何地，情形如何，实难于身到贼营探问”，予以回避。陈兰彬报告为何对华人参与古巴独立战争进行否定？这是因为调查报告旨在调查在古巴的中国臣民的遭遇，以便与西班牙达成协议，最终能够保护在古巴的华人。各国政府几乎一直建议海外移民尊重居住国的法律，并且在谈判将达成协议之际，官方报告不可能强调对西班牙的敌视态度。①

古巴华工为何积极参加独立战争？一位英国领事认为，殖民政府的一项强迫契约华工再续约的政策促使他们加入起义军。② 瑞贝卡认为这种说法过于简单化，导致华人参战的因素众多。笔者认为，契约华工参战与他们受到的压迫和钳制密切相关。华工曾以各种方式来反抗严酷的压制，如自杀、逃跑等。他们也试图诉诸地方官员裁决，但后来逐渐意识到古巴司法系统与殖民地的经济利益勾结在一起，③ 地方官员是偏袒种植园主的。在前述几种反抗无效之后，参加推翻西班牙统治的起义军成为可以达致自由的一种选择。因此，对古巴华人而言，为古巴解放而战就是为把自己从奴隶制下解放出来而战。④

契约华工为争取自己的自由和权利，积极参加古巴独立战争，但参加独立战争的后果之一，却是进一步加剧了自己的悲惨命运。1872 年，古巴进行了专门针对华工的户口登记，以调查古巴华工的具体情况；同时，加大了追捕逃跑华工的力度，设立官工所。西班牙军队曾试图雇请当地自由居民，追捕参加独立战争的黑人和华人起义者。⑤ 另外，修改华工条例，要求获得自由的契约华工要么再签约，要么离开古巴。在起义军首领德塞斯佩德斯签署《桑洪条约》，宣布参加起义的华人和黑人获得自由之后，西班牙加强了对华工的控制。

与此同时，契约华工参加古巴独立战争，也为他们整合进古巴社会奠定了基础。胡安·佩雷斯·德拉里瓦认为，十年战争为古巴人民的联合打下了基础。在战斗中，1868 年前还朦胧不清的古巴民族性形成了。华人与白人、黑人并肩作

---

① Mauro García Triana and Pedro Eng Herrera, The Chinese in Cuba, 1847 – now, *p*. 25.

② Rebecca J. Scott, Slave emancipation in Cuba: The transition to free labor, 1860 – 1899, *p*. 57.

③ Lisa Yun, *The coolie speaks*: *Chinese indentured laborers and African slaves of Cuba*, Philadelphia: Temple University Press, 2008, p. 76.

④ Lisa Yun, *The coolie speaks*: *Chinese indentured laborers and African slaves of Cuba*, Philadelphia: Temple University Press, 2008, p. 33.

⑤ Rebecca Scott, *Degrees of freedom*: *Louisiana and Cuba after slavery*, Cambridge, Mass.: Belknap Press of Harvard University Press, 2005, p. 106.

战，取得了古巴独立，也为他们赢得了尊重和公民权利。早在 1870 年 2 月 24 日，在瓜伊马罗（Guáimaro），中国战士就被赋予与其他古巴公民一样的权利和义务。1901 年古巴宪法规定，所有为古巴独立战斗 10 年以上的外国人有资格被选为总统，两位华人获得候选资格。这些权利的获得是中国人为独立而战的结果。尽管战争结束后，许多参战华人回到先前从事的职业，但他们是带着战争老兵的荣誉和公民的意识，并获得了新的社会地位而回的。洛佩斯认为，中国人参加独立战争是他们整合进古巴社会的关键一步。①

“没有一个华人是叛徒，没有一个华人是逃兵。”1892 年，古巴开国元勋之一的贡萨洛·德克萨达（Gonzalo de Quesada），写下长文赞扬参加古巴独立战争的华人，并留下了这两句最为经典的概括华侨华人对独立战争贡献的话语。如今，矗立在哈瓦那城里的旅古华侨协助古巴独立纪功碑，亦是华人与古巴人民为争取古巴独立和自由而并肩作战的见证。同时，华人在 19 世纪古巴独立战争中的作用远比一般所认为的重要。很多古巴人对此知之甚少或根本不知道，即便很多人对华人参加古巴独立战争作了探研，但仍不够。胡安·佩雷斯·德拉里瓦认为，华人参加独立战争被忽视的原因包括：独立战争成员名单名字的西班牙化，贬低华人和黑人参与反对西班牙的战斗的政治原因。②

第三节 契约华工陆续获得自由并融入古巴社会

一、1874 年前获得自由的契约华工

总体上说，古巴华工获取自由十分困难，尤其是在古巴下令强迫华工再签约之后。从 1872 年的统计看，当时在古巴共有华工 58 400 人，只有 14 064 人获得了自由，仅占总数的 24%。尽管如此，仍有少数幸运的契约华工很早就获得了自由。

在古巴流传最广的最早获得自由的华工，可能是一位名叫桑西（Saanci）的中医，他是第一批到古巴的 571 名华工中的一位。在为雇主工作几周后，他可能买得了自由或是谈妥条件获得自由，开始行医。根据报纸的信息，到 1847 年 12 月 13 日，他已经在古巴生活了 6 个月，所以他可能是 6 月 3 日乘坐西班牙船

① Kathleen Maria López, *Migrants between empires and nations: The Chinese in Cuba, 1874 - 1959*, PhD. Dissertation: University of Michigan, 2005, p. 181.

② Juan Pérez de la Riva, Los culíes chinos en Cuba, 1847 - 1880: Contribución al estudio de la inmigración contratada en el Caribe, pp. 270 - 271.

“奥克多”号到的古巴，那次共有206名契约华工。桑西通过行医很快挣到钱后，就离开了古巴。杜冯·科比特也提到，1847年，一位在哈瓦那的有学识的华人写了一本64页的中药药方书，并在《马利那日报》上发表。该书的广告出现在1874年10月所有的哈瓦那报纸上，价格是2比塞塔。在10月24—28日，作者敬告读者，“自己将离开”，剩下的将以1比塞塔的价格处理。[①] 这位卖中药药方的医生可能就是桑西。

古巴在1854年关于华工的条例曾规定，华工可以赎买剩余的服务期限。在此之前，就有华工试图通过赎买的方式获取自由。据胡安·佩雷斯·德拉里瓦的研究，1852年，在马坦萨斯一个种植园已经完成5年契约的华工保罗（Pablo），想用70比索赎回自己的契约。最初，地方官倾向于给他自由，但种植园主联合一大批有权势的人加以阻拦，使保罗未获成功。为此，他曾用玻璃瓶敲自己的头企图自杀。[②] 1853年6月27日，第一批契约华工最终获得自由。4名华工马修（Matieu）、胡安（Juan）、萨诺（Sano）、布阿（Bua）支付了赎身的钱，获得自由。马修代表胡安、萨诺、布阿向总督提交了书面请求，陈述了他们自1847年就在鞋帽店和修理铺工作，最终他们的雇主接受了赎金，4人共支付了238比索。[③] 此外，从古巴华工的呈词看，也表明有赎身成功的案例。“据江西庐陵县王均盛禀称：咸丰八年来至广东省城，二日之久，被人骗卖过番，于十一月间开身，至九年三月到夏湾，卖入马丹社凉水店做工，有六年半，下欠一年半，赎身银二百零四元，多承契爷打纸出身，自做生意。”[④] 从有限的几个案例看，似乎在小工商业领域做工的华工较种植园的华工赎身更易成功，当然这更大程度上取决于雇主的态度。

为了赚钱赎身，契约华工想方设法攒钱。一些人通过在休息日和节假日劳动，能够挣得几比索。一些人制作并出售小装饰品。一些人被主人允许在假日时去火车站捡拾垃圾换得几个硬币。大部分苦力会赌博，一些人赢得足够多的钱，还有人买彩票中奖。1860年，一名叫阿聂（Ah Nie）的华工中了彩票，获得12 500比索的大奖。他将自己的名字改为西班牙式的带有尊称的安东尼奥·何塞·马里亚·吉尔（Don Antonio José María Gil），并花了357比索赎回自己的契

---

① Duvon Clough Corbitt, A study of the Chinese in Cuba: 1847－1947, Wilmore: Asbury College, 1971, p. 87.

② Juan Pérez de la Riva, Los culíes chinos en Cuba, 1847－1880: Contribución al estudio de la inmigración contratada en el Caribe, pp. 215－216.

③ Juan Pérez de la Riva, Los culíes chinos en Cuba, 1847－1880: Contribución al estudio de la inmigración contratada en el Caribe, p. 218.

④ 陈翰笙主编：《华工出国史料汇编（第一辑：中国官方书选辑）》（第二册），北京：中华书局，1985年，第669页。

约，同时获得了居住许可。他在哈瓦那租了一间房子，开始独自生活。[①]

1855 年后，第一批到古巴的契约华工 8 年契约到期，按理应该获得自由。逐渐地获得自由的中国人增多，大部分获得自由的华工继续在古巴寻找生计，一些人则立刻回家。1860 年代，招揽中国乘客的邮船广告出现。1865 年 3 月，到香港的船票要 6 盎司黄金。1868 年，另两艘船也在《马利那日报》刊登广告招揽中国乘客，其中，"美国号"到澳门，另一艘俄国船"阿凡号"到澳门、汕头、宁波、上海。在 1869 年美国中央太平洋铁路修通后，古巴华人回国还有其他的方式。

有证据表明，一些获得自由的古巴华工再移民到加勒比和美洲的其他地区。19 世纪，他们通过港口城市和跨国线路到路易斯安那的种植园、纽约的烟草工厂、巴拿马的铁路和运河以及墨西哥。[②] 沃尔顿·卢克·赖（Walton Look Lai）提到一名华工于 1866 年从古巴的卡德纳斯跑到特立尼达。该名华工从 1862 年就同另一名同伴打算逃跑。1871 年后，出现更多专门针对华人的邮船广告。据中央殖民委员会统计，共 835 名华人离开古巴，一小部分去了美国。在 1873—1874 年间，共 265 人离开古巴，其中 251 人回中国，6 人到美国，其他的到欧洲和南美。[③] 在 1865—1874 年，只有 2 000 名华人从古巴回到中国。[④]

留在古巴的自由华工则自谋生路。很多完成契约的华工继续在种植园寻找工作，但不再签订契约，而是充当日工，帮助清理甘蔗地，在收获季节帮忙等。根据恰法特的记载，领取工资的工人帮伙出现于 1870 年 11 月。在他所在的西恩富戈斯，他的富有的亲戚奥古斯丁·恰法特及其伙伴组成了一个帮伙，形成了第一个华工帮伙（Cuadrillas）。1870 年在马坦萨斯一家报纸的分类广告里刊登了华工寻找工作的广告："一帮华工寻求在农村的工作，可以按月或按任务工作；能够提供所需的工人人数。"由于担心这种劳工帮伙成为逃跑华工的庇护所，帮伙很快于 1871 年被叫停，直到 1878 年才解除禁令。此外，还有很多华工在铁路、码头等处找活干，或充当泥瓦工，或从事家庭服务，总之继续靠出卖体力维持生存。

另有一些获得自由的华工开始在城市郊区租地种植蔬菜。很多华工在人口聚

---

① Evelyn Hu-DeHart, Chinese coolie labor in Cuba in the nineteenth century: Free labor or neoslavery? *Slavery and Abolation*, 14, Vol. 1, 1993, p. 52.

② Kathleen Maria López, *Migrants between empires and nations*: *The Chinese in Cuba*, *1874 – 1959*, PhD. Dissertation: University of Michigan, 2005, p. 11.

③ Juan Pérez de la Riva, Los culíes chinos en Cuba, 1847 – 1880: Contribución al estudio de la inmigración contratada en el Caribe, p. 295.

④ Kathleen Maria López, *Migrants between empires and nations*: *The Chinese in Cuba*, *1874 – 1959*, PhD. Dissertation: University of Michigan, 2005, p. 62.

集的城市边上安顿下来，租地开办小菜（果）园，种植蔬菜水果等。通常来自同一地区的两三人一起种植。同时，由于华工大多数来自广东或福建沿海，有的靠捕鱼和贩鱼为生。

很多华工向城市转移，除了做工外，有的开始经商，成为沿街叫卖的流动小贩，卖蔬菜、水果、肉类、干货、瓷器等。1858 年，哈瓦那唐人街雏形初现。3 名前契约华工成为首批尝试工商业活动而非沿街叫卖的人。其中，一人开了一家小吃摊，另一人开了一个水果摊，第三个人开了一家杂货店。从华工的呈词看，当时已有华工开设糖果铺、小酒米铺等。[①] 不只哈瓦那有唐人街，在华工众多的卡德纳斯和马坦萨斯也形成了唐人街。大萨瓜是华人聚集之地，那里也有中国戏院和中餐馆等。

1854 年华工条例准许华工在获得主人同意和接受天主教洗礼的前提下可以结婚。但由于华人女性的缺乏以及华工的悲惨处境，结婚者不多。1868 年的一项统计列出了 30 591 名苦力男性和 16 名苦力女性，只有 237 人结婚，另外 30 人列为鳏寡，未提及性别。[②] 古巴华工呈词特别提到，张长贵娶白洋女，佣工尚足糊口；又有何锡、庄文明、伍阿灵、陈秀、何丹桂等数人，娶黑洋女及半黑白女人，均属华工中所仅见者。[③] 撰写《古巴华人史略》的华裔恰法特出生于 1860 年，表明在此之前他的华人父亲与黑人母亲已经在一起。余思诒在《古巴节略》中记载："今华人与洋女结婚，咸愿至武圣前设誓成礼，不愿至教堂云。"[④]

洛佩斯在其博士学位论文中提及一个苦力与白人古巴妇女结婚的案例。1861 年 6 月 29 日，33 岁的契约华工朱利安·古伊生（Julián Güisen）与当地一名牧师罗德里格·阿隆索（Don Rodrigo Alonso）签约，在此之前他一直在贝胡卡尔（Bejucal）的工所工作。罗德里格·阿隆索为他洗礼，担任他的教父，并在 4 月 20 日为他改名为朱利安。11 月 23 日，罗德里格·阿隆索将朱利安的契约转让给克里斯辛西娅·佩雷斯（Doña Crescencia Pérez）。朱利安为克里斯辛西娅·佩雷斯做家仆，一周之后与她结婚。相比华工与白人结婚的情况，更常见的是中国人与黑人或穆拉托妇女结婚。

---

① 陈翰笙主编：《华工出国史料汇编（第一辑：中国官方书选辑）》（第二册），北京：中华书局，1985 年，第 642 页。

② Joseph C. Dorsey, Identity, Rebellion, and Social Justice among Chinese Contract Workers in Nineteenth – Century Cuba, *Latin American Perspectives*, Vol. 31, No. 3, 2004, p. 21.

③ 陈翰笙主编：《华工出国史料汇编（第一辑：中国官方书选辑）》（第二册），北京：中华书局，1985 年，第 645 页。

④ 余思诒：《古巴节略》，载《晚清海外笔记选》，北京：海洋出版社，1983 年，第 258 页。

二、陈兰彬调查古巴华工与中国停止向古巴输送苦力

古巴华工的苦况，经由英国、美国领事等以及报章的介绍，逐渐引起清政府的注意。1872 年，清政府拒绝西班牙人在条约口岸招募华工。清政府的拒绝引起西班牙驻华公使提出索赔 30 万银元的要求，以补偿一名西班牙商人在广州的招募计划落空。双方在虐待华工的指控上产生争执，西班牙公使否认古巴虐待华工的指控，而清政府坚信指控属实。最终经俄国、美国、英国、法国、德国公使调停，双方决定派遣一个调查团前往古巴。调查团由陈兰彬、马福臣和吴秉文组成。其中，陈兰彬是刑部主事选带学生出洋委员；马福臣是英国人，时任江汉海关税务司；吴秉文是法国人，时任天津海关税务司。

清政府在古巴华工问题上态度逐渐强硬，与国际社会对古巴虐待华工日益关注密切相关。古巴当局于 1872 年 2 月 5 日禁止岛上华工自由行动，引起了英国、美国等国对古巴华工问题的严重关注。英国领事曾会同法国、意大利、荷兰、比利时及丹麦等国领事，对古巴当局严重违反人权提出抗议。在美国和英国向葡萄牙政府的施压下，1872 年 3 月 28 日，葡属澳门颁布《中国移民条例》，以确保华工出洋权利。1873 年 12 月 27 日，澳门总督颁布“第 89 号法令”，严禁华工经由澳门出洋前往古巴，并于次年 1 月 28 日颁布《亚洲旅客过境澳门条例》，以加强“第 89 号法令”之执行。1873 年 12 月 27 日，澳门总督宣布废止澳门的苦力贸易，自布告日起 3 个月后生效。香港政府也于 1873 年 4 月 24 日颁布“第 8 号法令”（即《搭载移居海外华工之条例》），以便更有效地执行检查、管理、核准搭载华工之船舶。同年 5 月 6 日颁布“第 9 号法令”（即《搭载华工船舶条例》），进一步杜绝一切对华工之拐骗、迫害。1873 年 8 月，英国政府批准了香港政府驱逐苦力船只的措施。按照新的法规，香港严禁被用作停靠苦力船只的港口。在澳门、香港两大输出苦力的重要口岸实施禁止苦力贸易的同时，时任两广总督瑞麟把镇压苦力掮客和切断澳门苦力供应结合起来，也取得了重要成效。

1874 年 3 月 17 日，陈兰彬调查团及其助手抵达哈瓦那。他们拜会了古巴将军和地方官绅，又对英、法、德、俄、美、瑞、丹、澳、比、意等国驻古巴领事进行了礼节性拜访。调查自 3 月 26 日起，调查团先后视察了哈瓦那与古巴各省的甘蔗种植园和制糖厂以及囚禁华工的“官工所”。在古巴调查期间，共录得口供 1 176 份，又收得 1 165 名华工单生或联名禀帖 85 张。陈兰彬等在他们致总理衙门的申呈内，以深沉的笔触概述了古巴华工被打死、伤死、缢死、刎死、服毒死、投水死、投糖锅死等各种悲惨遭遇。陈兰彬的调查报告是西班牙在古巴虐待华工的血的控诉书。

1874 年底，陈兰彬的调查报告呈送朝廷。此报告所述古巴华工苦难的内容，使清廷大为震惊。总理衙门将陈兰彬的报告分送各国驻京使馆。

清政府决定停止向古巴输送新的华工。在欧美列强驻华使节的调解下，1877 年 11 月 17 日，西班牙与清政府签订古巴华工条款 16 款。其主要内容包括：①从此以后，西班牙不再使用诱拐掳掠方法获取华工。华工出国，必须出于情甘自愿。②中国派领事官前往古巴驻扎，保护华工。③古巴华工之中有部分原为在中国读书做官之人，西班牙答应负责尽速遣送回国。④西班牙负责川资，送回自愿离开古巴之中国孤寡妇女，以及年老力衰、不能工作之华人。⑤合契期满而契约并未载明雇主须负责回程川资者，由古巴地方官员与中国领事官设法送其回国。⑥所有被拘于古巴各地之华工，于条约互换之后，全部释放。

1878 年 12 月，废除苦力贸易的条约批准生效。1879 年 6 月 29 日，在哈瓦那官方报上公布了 1877 年 11 月 17 日清政府和西班牙签订的《北京条约》，该条约废止了《中西天津条约》，规定古巴停止输入新的华工。但该条约第十四款规定：现今在古巴工期未满之华人，仍应按合同之期将工期做满，其余如执照、准单等一切事宜，新到之华人与期满之华人所获利益，亦应一律同沾。

多种合力导致了古巴的苦力贸易结束。陈兰彬使团和古巴华工调查报告最终导致了官方对苦力运输的中止，但没有解放那些还在契约之下的苦力。苦力最后的解放直到 1880 年代古巴通过解放奴隶法令之后才得以实现。但是，在古巴华工心目中，正是陈兰彬使团使他们获得了自由，尤其是 1880 年领事馆建立后，古巴华工更是切实感受到被保护。恰法特认为，陈兰彬使团到达古巴标志着古巴华人的一个新时代。[①] 但丽莎·云认为，恰法特根本没看过华工调查报告。即便在 20 世纪古巴华侨华人心目中，陈兰彬不仅使古巴华人获得自由，奴隶的解放亦是陈兰彬的功劳。[②] 由此可见，陈兰彬使团在古巴华侨华人社会中重要而持久的影响。

笔者认为，陈兰彬使团对古巴华侨华人社会产生的深远影响，远远超越契约华工时代。陈兰彬使团调查古巴华工情形后，华工获得解放，这个时间节点极为重要。尽管是多种合力导致了华工的解放，但在古巴华工心目中，这都是陈兰彬使团的功劳。同时，国家的作用和力量在这次调查中显现出来。古巴华侨华人意识到，个人和团体力量无法达致的东西，即契约华工多年斗争、殊死反抗无法实现的自由，能够依靠国家的交涉获得。这极大地强化了古巴华侨华人对中国政府

---

① Lisa Yun, *The coolie speaks: Chinese indentured laborers and African slaves of Cuba*, Philadelphia: Temple University press, 2008, p. 228.

② 刘委员志轩：《古巴侨情报告（一）》，《华文商报》，1949 年 1 月 5 日。

的依赖。这种依赖，体现在他们极力维持与中国驻古巴使领的良好关系上。在这以后的侨居历史上，这种依赖一直存在，尤其是在遭遇排华或处于不利境地之时，依靠国家力量来争取在古巴的合法权利，成为古巴华侨华人的首选。

三、契约华工逐渐融入古巴社会

1880 年，西班牙宣布在古巴废除奴隶制。同年，清政府驻哈瓦那领事馆设立。在此背景下，古巴契约华工获取自由的步伐加快。

1877 年《北京条约》第十一款规定："大日斯巴尼亚国（笔者注：西班牙）愿将现今在古巴承工之华人内之从前在中国或读书，或做官及此项人之亲属，由日国出船资载回中国。现今在古巴之华工内，所有年老力衰以致不能作工之人，并中国孤寡妇女，兹大日国允将此二项内自愿出岛回国之人，亦由日国出资送回。"第十二款规定："现今在古巴之华工合同期满，原合同内如有雇主人等应送回国等按照合同而行。现今在古巴之华工人等内亦有工期已满而合同未载送回本国之语者，至此项内诚恐有无力自备船资回国之人，应由古巴地方官与中国总领事等官详商设法，以便送回。"这两项规定反映出，清政府要求西班牙将在古巴的华工送回中国。从谭乾初的统计看："历查古巴已回国者，光绪六年 300 名，七年 298 名，八年 275 名，九年 460 名，十年 296 名，十一年 256 名（合计 1 885 名）。"[①] 表明在 1880—1885 年共有 1 885 名中国人回国。

1874 年之后获得自由的华工，大部分仍然留在古巴。完成契约后，很多华工从哈瓦那省和马坦萨斯省向古巴东部转移。与 1874 年前获得自由的前契约华工一样，他们主要仍然留在农业领域，充当日工。由于此时工人帮伙不再受到限制，帮伙成为 19 世纪末古巴华人由契约劳工向自由工资劳动力转变过程中不可分割的一部分。[②] 1880 年代和 1890 年代古巴种植园的记录表明，存在大量以帮伙形式的中国农业工人。1883—1885 年间，少数中国劳工经纪人已经开始组织华工帮伙。到 1886 年奴隶制废除之后，华工帮伙大量出现。

洛佩斯对 19 世纪末契约华工向自由工资劳动力的转变过程作了深入研究，尤其对华工帮伙予以了格外关注。依据她对位于西恩富戈斯的索莱达（Soledad）种植园中华工帮伙的研究，华工帮伙具有如下特征：一名中国劳工经纪人负责招募或组织一些自由华工组成帮伙，种植园主雇佣这些帮伙做工一段时间或是完成

---

① 陈翰笙主编：《华工出国史料汇编（第六辑：拉丁美洲华工）》，北京：中华书局，1985 年，第 108 页。

② Kathleen Maria López, *Migrants between empires and nations: The Chinese in Cuba*, 1874 - 1959, PhD. Dissertation: University of Michigan, 2005, p. 110.

一项指定的任务。洛佩斯认为，对于19世纪末的古巴华工来说，成为一名劳工经纪人是一种社会进步。劳工经纪人不需要大量资金就可以开始运作，因为一般是雇主支付工资后，经纪人再将工资支付给工人。但成为一名劳工经纪人必需的技能包括：掌握西班牙语，熟悉当地的条件，与城镇的商人有联系可以获得物资供应（provisions and supplies）（通常是赊欠），以及与庄园管理者谈判的专长。洛佩斯在论文中提到一名华人劳工经纪人巴斯特·佩拉约（Pastor Pelayo，中文名 Tung Kun Sen）。1859年，15岁的巴斯特·佩拉约被卖到古巴，在马坦萨斯省的卡尔德纳斯完成自己的契约后向东部转移，在好几个庄园工作赚取工资收入，包括索莱达庄园。最终他成为一名劳工经纪人（contractor）。在陈兰彬调查古巴华工之后，他曾被任命为西恩富戈斯的首任中国领事（consul）。

参加帮伙的华工，也表现出自由劳动力的特征：拥有法律上的自由，有工资收入，如果对工作条件不满意可以离开。据洛佩斯的研究，华工不喜欢在一个地方待很长时间。如果别处有更高的工资和更好的机会，他们就离开。在华工帮伙工作的华工工资一般比白人的工资低。洛佩斯认为，这也是华工在索莱达庄园受欢迎的原因。在工厂，工人的最低工资为23比索，工头（foreman）为34比索，大部分华工的工资为28～29比索。

洛佩斯认为，工人帮伙是中国人从契约工人向自由农业工资获得者最初转变过程中的唯一最重要形式，最终为他们永久定居下来奠定了基础。[①] 中国工人帮伙也是19世纪末古巴糖业繁荣的一部分，在西班牙殖民地从奴隶向自由劳动力逐渐转变中发挥了重要作用。华人劳工经纪人组织劳工从一个庄园到另一个庄园，在一个庄园做完一项任务又从事另一项。在古巴废除奴隶制的过程中，华工帮伙在古巴甘蔗种植园中占据了重要位置。

早在契约华工未获得解放之前，他们就在休息日或非收获季节种植蔬菜等，既供自己食用，也用于出售。契约华工获得自由之后，更多的人成为菜农（truck farmers）。由于蔬菜种植只需很少的资本就能运转，他们只需要购买少许工具，租得一小块土地，懂得在一年不同季节种植蔬菜的知识，就可以成为菜农。华工们开的菜地分布在全古巴的城市和农村，他们种出的蔬菜主要供古巴人食用，价格非常便宜。他们寻找最好的土地来种菜：地势低平，阴湿，方便开沟渠和人工灌溉。这些地挨着河流、小溪或是沟渠。古巴华人用一根竹扁担，挑着两篮新鲜蔬菜，成为19世纪末古巴街道常见的一道风景。1907年古巴人口统计的评论中

---

① Kathleen Maria López, *Migrants between empires and nations: The Chinese in Cuba, 1874 - 1959*, PhD. Dissertation: University of Michigan, 2005, p. 76.

提到，在中国人到达古巴之前，在古巴，即便是富人想要消费蔬菜都十分困难。①

除了充当日工或从事水果和蔬菜种植，还有一些华工成为街头流动小贩。相比流动小贩，前契约华工想在城市开设自己的商店则需要更多的资源。华工积累资本的途径之一是联合其他中国同胞。前契约工人马塞利诺·埃尔南德斯（Marcelino Hernández）和中国同伴拉蒙·梅奥（Ramón Mayo）合作获得了房产，两人各投资 1 025 金比索，在克鲁塞斯（Cruces）开了一家杂货店。1878 年 6 月 1 日，他们用 150 金比索在克鲁塞斯买了一幢房子。1878 年 9 月 19 日，马塞利诺·埃尔南德斯在一名公证人面前宣布了其最后的遗嘱，因为他没有法定和自然出生的孩子，马塞利诺·埃尔南德斯认定拉蒙·梅奥和另一名华人合伙人胡安·德拉托雷（Juan de la Torre）为他的唯一受益者。除了形成合作关系，古巴华人还利用借贷来帮助从事小商业，但一旦失败，很容易形成长期债务。华人安东尼奥·霍夫（Antonio Joff）在 1882 年 10 月到 1883 年 3 月，已经累积了 92 金比索的债务。后来，他承认自己偿还不起债务。

随着契约华工逐渐解放，尤其是加利福尼亚（华）人的到来，哈瓦那唐人街迅速发展繁荣。加利福尼亚（华）人建立商店、购买土地、进行投资。恰法特的书中记载了华人的投资额，在 6 000 美元、5 000 比索、10 000 比索或 50 000 比索不等，显示出加利福尼亚（华）人商人的经济实力。1870 年代，古巴华人建立起银行、报社、进口公司、商业组织以及戏院等文化机构。苦力制度废除之后，一些中国人自愿到古巴，一些从美国去，一些直接从中国去。此后，古巴华人社会还曾出现纽约华人和加利福尼亚（华）人之间的竞争，以及与香港贸易者和北美贸易者之间的竞争。据恰法特的记载，在 19 世纪 80 年代，华人资本已经进入古巴的蔗糖生产领域，一些加利福尼亚（华）人投资了马坦萨斯和大萨瓜地区的糖厂。

到 1899 年，古巴华人的职业已经多元化。根据古巴 1899 年的人口统计，当年在古巴的华人有 14 863 人，其中男性 14 815 人，女性 48 人。这 14 863 人共涉足 61 种职业，其中日工 8 033 人，仆人 2 754 人，商人 1 923 人，小贩 471 人。此外，还出现了演员、工程师、机械师、学者、代理人、政府雇员、种植园主等职业。

① Kathleen Maria López, *Migrants between empires and nations: The Chinese in Cuba, 1874 – 1959*, PhD. Dissertation: University of Michigan, 2005, p. 106.

表 2－6　1899 年古巴人口统计中的古巴华人的职业

职业	人数	职　业	人数
演员（Actors）	26	旅店主（Inn keepers）	5
代理人（Agents）	16	民用建筑工程师 Engineers（Civil & architectural）	3
建筑业者和承包商（Builders and contractors）	7	工程师（Engineers）	17
泥水匠（Brickmasons）	127	园丁（Gardeners and florists）	71
房屋管理人（Housekeepers）	8	日工（Day laborers）	8 033
艺术家（Artists）	4	砖匠（Bricklayers）	14
二道贩子（Second hand dealers）	301	洗衣工（Laundrymen）	196
理发师（Barbers）	61	挤奶工人（Milkmen）	1
制陶工人（Potters）	6	伐木工（Woodcutters）	16
马夫（Stable grooms）	6	学者（Scholars）	2
制盒工（Box makers）	2	机械师（Machinists）	4
黄铜匠（Brasiers）	1	海员（Sailors and boatmen）	7
制衣工（Shirt makers）	1	技工（Mechanics）	19
石匠（Stonecutters）	4	医师（Physicians）	1
酒吧店主（Barkeepers）	7	办公室杂工（Office boys）	8
卖炭小贩（Charcoal vendors）	99	乐师（Musicians）	1
搬运工（Porters）	2	锡器匠（Tinsmiths）	23
肉贩（Butchers）	23	面包师（Bakers）	37
木匠（Carpenters）	104	渔夫（Fishermen）	28
马车夫（Coachmen）	2	油漆工（Painters）	23
商人（Merchants）	1 923	银器匠（Silversmiths）	5
糕点商（Confectioners）	1	警察和守夜人（Police and night watchmen）	4
仆人（Servants）	2 754	宝石匠（Jewelers）	8
饭店主（Restaurant and hotel keepers）	17	裁缝（Tailors）	25
马厩主（Stable owners）	1	士兵（Soldiers）	1
铁路工人［Railroad employees］	4	制琴师（Organ makers）	1
职员（Clerks）	2	桶匠（Coopers）	23
政府雇员（Government employees）	3	制糖厂工人［Laborers in evaporating room（sugar mill）］	3

（续上表）

职业	人数	职业	人数
牧牛人（Cattlemen）	2	小贩（Peddlers）	471
雕刻师（Engravers）	1	鞋匠（Shoemakers）	28
种植园主（Plantation owners）	42	工头（Foremen）	5
铁匠（Blacksmiths）	23		

（来源：Duvon Clough Corbitt，*A study of the Chinese in Cuba*：*1847－1947*，Wilmore：Asbury College，1971，pp. 92－94.）

获得自由后的契约华工得到一定的向上流动性。根据洛佩斯的研究，在西恩富戈斯地区，好几位前契约华工在当地社会获得了房产和社会地位，其中之一即是达米安·马查多（Damián Machado）。1890 年，他开办了一个商业钱庄（a commercial banking house）和一个中国赌场（a casino asiático）。1898 年 4 月 10 日，他开了一家卖中国货的商店，取名为哈瓦那（La Havana）。至少从 1893 年开始，他还是一名借贷者，借钱给华人及其他人。到 1902 年他去世时，仍有 5 人欠债于他。同时他去世时，已经有 7 处房产，3 处在西恩富戈斯，4 处在罗达斯（Rodas）。他还投资了西恩富戈斯的两家公司。

由于华人妇女的缺乏，更多获得自由的契约华工与古巴妇女结婚，主要是穆拉托和黑人妇女。那些有更高经济地位的前契约华工，有可能与白人妇女结婚。1877 年，达米安·马查多与白人妇女卡利达·佩雷斯·埃斯皮诺萨（Caridad Pérez y Espinosa）结婚。他们生了 4 个孩子。1886 年古巴中西学堂的建立，从侧面反映出古巴已经有不少华裔土生小孩，使得张荫桓意识到建立学堂的必要。洛佩斯认为，与古巴妇女的通婚以及受洗认教父使华人形成了种族联盟。①

有证据显示，古巴共和国成立之后，古巴华人获得了选举权。根据洛佩斯的研究，1902 年古巴共和国成立后，成年男子只需登记住所，就可以成为符合资格的选民。在 1907 年对西恩富戈斯市的选举人口普查中，发现在农业工人聚集的格拉斯区，共 611 名符合资格的选民名单中出现了 64 个中国人。② 他们几乎全部是农业工人，其中几人在索莱达庄园工作过。相反，在城市的名单只有 19 名华人，其职业包括商人、厨师、仆人、警察、守夜人、海员、农业工人、日工和火车驾驶员。

---

① ［美］Kathleen Maria López 著，谭丽华译：《19 世纪古巴华侨华人与种族联盟透析》，广东华侨华人研究会编：《“世界海外华人研究学会地区性非洲国际会议”论文摘译》，香港：社会科学出版社有限公司，2008 年，第 69～72 页。

② ［美］Kathleen Maria López 著，谭丽华译：《19 世纪古巴华侨华人与种族联盟透析》，广东华侨华人研究会编：《“世界海外华人研究学会地区性非洲国际会议”论文摘译》，香港：社会科学出版社有限公司，2008 年，第 76 页。

小　结

1847年，首批契约华工登陆古巴。在此后的27年里，陆续有至少12万名契约华工进入古巴。华人成为除白人、黑人以外的古巴第三大族群。契约华工在古巴的遭遇因人而异，但普遍较为悲惨。很多学者认为，除了名称不同，古巴契约华工与奴隶并无二致。至今，关于契约华工身份性质的争论仍未终结。姑且不论契约华工到底是奴隶还是自由劳动力，不可否认的是，契约华工为古巴蔗糖经济的繁荣、铁路的建设以及咖啡、烟草等行业的发展都作出了不容忽视的贡献。

1868年古巴独立战争爆发后，大量契约华工加入反抗西班牙殖民统治的战斗中，与参加战争的白人、黑人、印第安人一起浴血奋战，最终取得了古巴的独立。独立战争为古巴人民的联合打下了基础。而契约华工参加古巴独立战争，为他们整合进古巴社会奠定了基础。独立战争之后，古巴华人获得了新的社会地位和公民权利。洛佩斯认为，伴随古巴共和国的诞生，“华人成为古巴国家性话语的一部分（the Chinese became part of a discourse of national identity in Cuba），为他们融入古巴社会奠定了基础。官方意识形态（official ideology）表达了对作为苦力的华侨华人遭遇的同情，赞扬他们在独立战争中发挥的作用”①。有证据表明，古巴共和国诞生以后，古巴华人及其后裔获得了选举权利。一般说来，政治参与是华侨华人融入侨居地社会最为重要的标志之一。

从经济上看，获得自由并留在古巴的契约华工依靠自身力量，在古巴各个地区、各个行业逐渐立足。1899年古巴人口统计反映出华人的职业已趋多元化，涉及古巴的各行各业。与契约华工时期相比，后契约华工时代的古巴华侨华人已经取得了一定的向上流动。

从族际通婚看，许多获得自由的契约华工与白人、黑人和穆拉托人通婚。大量混血华裔逐渐成长起来，加快了族群间的融合。1907年选举人口登记显示，许多土生华裔获得选举资格。在1907年选举人登记中，恰法特被登记为混血种人（mestizo）。中华会馆主席之子圣胡安·德·洛雷梅迪奥斯（San Juan de los Remedios）、土生混血华裔（Afro－Chinese）曼努埃尔·卡贝斯丹尼·阿布雷乌（Manuel Capestany Abreu），是拉斯比亚斯省的著名议员。

---

① Kathleen Maria López, *Migrants between empires and nations: The Chinese in Cuba, 1874－1959*, PhD. Dissertation: University of Michigan, 2005, p. 274.

从心理归属看，班国瑞认为，没有证据表明华工不再视自己为中国人。① 确实，契约华工在古巴长期受到压迫，在求助古巴政府无望后，转而请求清政府的帮助。清政府派陈兰彬赴古巴调查华工情形，对古巴华工影响巨大，这强化了古巴华侨华人与中国的联系。因此，作为第一代移民的契约华工可能倾向于认同中国，但土生华裔，尤其是混血华裔则可能更加认同古巴。如恰法特，他认同自己为“有中国背景的黑人”（a “black man” in a Chinese context）。资料显示，他为争取黑人的民权，而上了美国占领时期“激进分子”的名单，被描述为“很坏的煽动者”（very bad agitator）。

在契约华工及其后裔逐渐融入古巴社会的背后，潜藏着一些影响未来走势的因素。首先，在华侨华人社会内部，契约华工因其经济地位，逐渐被新来的自由移民边缘化。恰法特注意到，在新来自由移民的映照下，作为中国移民先驱的苦力被边缘化，尽管苦力的贡献获得承认。② 在恰法特的书中，苦力被视为祖先，但被置于从属地位，他描绘的是一个在古巴共和国繁荣兴盛的新的自由华人社会。这反映出，到20世纪20年代，随着老一辈契约华工的逝世，他们在华侨华人社会的影响基本丧失，他们的后代更多的是与当地社会往来，与华侨华人社会往来不多。其次，契约华工及其后裔政治参与权利的获得，是基于华侨华人在独立战争中的贡献以及古巴在建国时期的社会整合。确切地说，这是一种政治权利的被赋予，而不是基于华侨华人自觉的政治参与意识。土生华裔继承了由契约华工的贡献而得来的公民权利和政治权利，他们顺利地融入古巴社会，但随后到来的自由新移民则置于其外。在恰法特的书中，华人一方面是百万富翁，一方面是孤儿和被遗忘者。③ 商人们视自己为占据重要经济地位的外国人，希望能够享有其他国家的外国商人同样的权利和特权。④

① Mauro García Triana and Pedro Eng Herrera, The Chinese in Cuba, 1847 – now, p. xv.

② Lisa Yun, The coolie speaks: *Chinese indentured laborers and African slaves of Cuba*, Philadelphia: Temple University Press, 2008, p. 185.

③ Lisa Yun, *The coolie speaks*: *Chinese indentured laborers and African slaves of Cuba*, Philadelphia: Temple University Press, 2008, p. 200.

④ Lisa Yun, *The coolie speaks*: *Chinese indentured laborers and African slaves of Cuba*, Philadelphia: Temple University Press, 2008, p. 218.

第三章　隐约的疏离：20世纪上半期的古巴华侨华人

随着老一代契约华工和加利福尼亚（华）人逐渐衰老离世，中国自由新移民大规模进入，20世纪上半期的古巴华侨华人社会逐渐演变为一个以第一代新移民为主的社会。同时，古巴还存在大量土生华裔，既包括契约华工和加利福尼亚（华）人的后代，也包括20世纪新移民与古巴女子婚后所育子女。总体来看，土生华裔与以新移民为主的20世纪古巴华侨华人社会比较疏远，活跃在20世纪华侨华人社会中央以及对华侨华人社会起主导作用的是新移民。

第一节　20世纪上半期的古巴华侨华人经济

20世纪上半期，随着自由新移民的移入，古巴华侨华人经济逐渐发展繁荣。与此同时，由于受各种因素的羁绊与影响，古巴华侨华人经济发展并非一帆风顺。本节主要依据古巴人口普查数据、中国驻古巴领事馆报告等资料，考察20世纪上半期古巴华侨华人经济的发展及演变，分析古巴华侨华人经济的特点，同时，以古巴华侨洗衣业为个案，呈现古巴华侨华人经济的横切面。

一、20世纪上半期古巴华侨华人经济的演变

（一）1907年古巴人口统计与华侨华人职业的变化

根据1907年古巴人口统计，当时在古巴的华侨华人共有11 217人，与1899年人口统计的14 863人相比，减少了3 000多人。1907年，古巴华侨华人仍然主要集中在哈瓦那省、马坦萨斯省和拉斯比亚斯省，其中，拉斯比亚斯省有3 558人，马坦萨斯省有3 221人，哈瓦那省有2 940人，占到古巴华侨华人总数的80%多。

表 3－1　1907 年华侨华人在古巴各省的分布

省份	人数
比那尔德里奥	540
哈瓦那	2 940
马坦萨斯	3 221
拉斯比亚斯	3 558
卡马圭	282
奥连特	676
合计	11 217

［来源：Miriam Herrera Jerez y Mario Castillo Santana，De la memoria a la vida Pública：Identidades，espacios y jerarquías de los Chinos en la Habana Republicana（1902－1968），p. 37.］

1907 年古巴人口统计也对华侨华人的职业进行了分类统计，其中，日工 4 729人，商人 2 059 人，仆人 1 644 人，总人数达 8 432 人。可见，超过 3/4 的华侨华人集中在这 3 项职业。此外，小贩 987 人，煤炭工人 287 人，洗衣工 282 人，小货摊主 232 人，也是较多华侨华人从事的职业。

表 3－2　1907 年古巴人口统计关于华侨华人职业的统计

职业	1899 年	1907 年
日工（Jornaleros）	8 033	4 729
煤炭工人（Carboneros）	99	287
仆人（Criados）	2 754	1 644
理发师（Barberos）	61	45
卷烟工人（Tabaqueros）	361	87
园丁（Jardineros）	71	120
商人（Comerciantes）	1 923	2 059
面包师（Panaderos）	37	15
小贩（Vendedores）	471	987
鞋匠（Zapateros）	28	18
小货摊主（Baratilleros）	290	232
裁缝（Sastres）	25	16
洗衣工（Lavanderos）	196	282
粉刷工（Pintores）	23	18

（续上表）

职业	1899 年	1907 年
泥瓦工（Albañiles）	127	78
铁匠（Hojalateros）	23	11
木匠（Carpinteros）	104	84
饭店主（Dueños de hotels y fondas）	17	19

［来源：Miriam Herrera Jerez y Mario Castillo Santana，De la memoria a la vida Pública：Identidades，espacios y jerarquías de los Chinos en la Habana Republicana（1902－1968），p. 38.］

通过 1899 年和 1907 年古巴人口统计的对比，可以明显看出越来越多的华侨华人从农村向城市转移，从工人向商人转化，日工从 1899 年的 8 033 人下降至 1907 年的 4 729 人，仆人从 1899 年的 2 754 人下降至 1 644 人，卷烟工人从 361 人下降至 87 人；跟从事这些职业的华侨华人人数减少相反，作为煤炭工人、园丁、小商贩的华侨华人人数有所增加，尤其是商人、小商贩和洗衣工的人数大大增加。

（二）1913 年林相宾商务报告与古巴华侨华人经商及佣工状况

1913 年秋冬季，中华民国驻古巴总领事林相宾发回商务报告。该份报告对当时华人在古巴的经商及佣工情形等均有所记述。其对华人在古巴经商情形描述如下：

古巴前隶西班牙属土。华人来此，始自前清咸同年间，皆属鬻身佣工，无一经商而来者也。自陈公使兰彬来古调查，随订优待华工条约，华人始有自由工作之日。当时间有积蓄工资，转经营商业者，亦只从事小本贩卖而已。光绪初年，华人方有携资到古，设创商店。其初只三四家，专办中国火食杂货亦只专供华工取求。自后来者愈众，由六家增至十余家，则不仅专办中国华货，只与华人交易而已。其商店分为两行，一杂货行，一洋货行，现共二十九家，另表详列。杂货行除办中国伙食入口外兼办西人火食杂货，此项皆西班牙各国而来华商即在古巴办货行采办。近年华人日少，华货销路有限，故现今杂货一行，大都专恃贩卖西人货物为大宗。其由华人入口货物，不过为连带之贩卖品。洋货行则皆采办法德日本等国货物居多，华货则只有少数之丝绣瓷器等，然亦不见畅销。独山东茧绸及上海所出之各色薄纺绸及夏布等，年中尚颇有销路。但华商以办西货为主，于华货多不经意，且销路有限，故皆惮于推广，以致入其商店，十色五光，无非欧品。间有颇似中华物产则除一二丝绣之外，大半皆为日本之货。近则丝手巾及女搭肩巾等，更为日本所攙夺。推原其故，无非不能改良货色所致。长此以往，恐华货行，将绝迹于古巴耳。独是华人在此经商。与土人感情甚好，无论各埠，皆乐与华人交易。此则较胜于他国也。查以上两行，系专指华商之在哈维拉，资本在万元以上者而言，其余在哈维拉者，尚有五行，一生果店，一西饭店，一菜市，一洗衣业，一茶楼。共计约二百余家。此华人自称为五行商家，然皆资本不大，其菜市洗衣两行，不过工商兼半，实不能称为完全商家也。至在各埠之华人商店，统计共有七八百家。其中间有采五行各业者，要多数皆为杂货店，或杂货兼洋货店，共资本皆在千元以上，万元以下。所办货物，大半由哈维拉两行商庄代办，亦有直接由西商采办者。其经商情形，亦颇稳当，获利者多，缺本者少，此各埠华店之日见增多也。但其商务之盛，多在冬春之间，因此时为各糖寮开工出糖之期。过此至夏秋间，则糖寮停工，生意即淡，然亦仅可支持，以华人省俭居多。而春冬两季，又能获大利。此外尚有负贩一种，登门求售，计在哈维拉者约三百人，散在各埠者约百数十人，其业多为洋货及零星用件。间有售卖食物者，大都资本微末，而年中获利则甚丰，虽不能名列于商，而操此业者既有数百人，亦华侨营业之创格也。

哈维拉京城华商店名开列如下

万宝华　友彰　广日升　均和隆　广经纶　万宝荣　宝纶　溢利隆　新同荣　广生利　巨安　广公楼　丽华隆　荣安号　以上洋货店

广有恒　新升隆　广荣安　仁生昌　锦芳　生发祥　广兴昌　广友信　五行公司　逢同德　生发祥栈　新广东　永利源　广昌隆　永生隆　以上杂货店①

该份商务报告对当时古巴华侨华人的经商情况进行了概略的介绍，对于了解当时古巴华侨华人商务状况极具参考价值。报告显示，当时古巴华侨华人商务主要涉足六大行业：即杂（洋）货店、生果店、西饭店、菜市、洗衣店和茶楼。其中，杂货行主要经营食品类，除经营进口中国食品外还兼营西式食品杂货，由于华人人数有限，所以杂货店以当地人为主顾，主要经营西式粮食杂货等；洋货店则以日用百货为主，主要经营进口自法国、日本、德国等国的货物，也出售中国的丝绸布料等物。当时，华侨华人在哈瓦那开设的资本额在一万元以上的洋货店共 14 家，分别是万宝华、友彰、广日升、均和隆、广经纶、万宝荣、宝纶、溢利隆、新同荣、广生利、巨安、广公楼、丽华隆、荣安号。另外哈瓦那还有 15 家资本额在一万元以上的杂货店，包括广有恒、新升隆、广荣安、仁生昌、锦芳、生发祥、广兴昌、广友信、五行公司、逢同德、生发祥栈、新广东、永利

① 《驻古巴总领事林相宾商务报告》，载《中华全国商会联合会会报》1914 年第 1 卷第 10 期。

源、广昌隆、永生隆。除洋货店和杂货店以外，华侨华人还在哈瓦那开办有 200 多家生果店、西饭店、菜市、洗衣店和茶楼等，但资本额都不大。报告特别提道："其菜市洗衣两行，不过工商兼半，实不能称为完全商家也。"

在古巴各埠，也有七八百家各行商店系华侨华人开办，仍然是以杂货店为主，或杂货兼洋货店。但资本额较在哈瓦那的低，在万元以下、千元以上，分布在各埠的商店多半到哈瓦那的华人大杂（洋）货店采购商品，也有一些直接从西商处购买商品。由于华侨华人与当地人的感情融洽，相处良好，所以生意兴隆，商务繁盛，尤其是在蔗糖收获季节（冬春之间）较非收获季节（夏秋之间）生意更为畅旺。

另外，商务报告中特别提到古巴华侨华人中沿街叫卖的小商贩。在哈瓦那从事这种小本生意的约有 300 人，分布在古巴各地的也有数百人。此类小商贩主要贩卖洋货及零星的日用百货，也有售卖食物的。

商务报告对华人在古巴的佣工情形亦有提及："查华人在古巴佣工者，最多数为糖寮及华人各行店铺，次为煤厂，其余受雇于西人。当厨工者。为数不多。"古巴为产糖大国，糖厂林立，是古巴最大的就业部门，故华侨华人亦多数在糖厂做工。随着经商的华侨华人增多，华侨华人经营的店铺往往优先雇佣华人，故而华侨华人的各行店铺也是华工聚集之地。此外，还有很多华人在煤厂做工，还有一些受雇于西人，做厨师的不是很多。

20 世纪初在古巴的华工，包括幸存下来获得自由的契约华工和自由华工。"而华人佣工时期，分为新旧两项。其旧华工皆从前鬻身而来，尽操工作于糖厂，或刈蔗，或制糖，工价极微，视等牛马，统计共五六万人。迨订华工条约以后，此等华工始得自由。厥后稍有储蓄者，或转营商业，或就近成家，而回国者则甚少。盖此辈多在幼年拐骗而来，类皆不知家属何在，且未受教育，即有亲属，亦音问罕通。近则老死过半，其生存者不及千人，均属贫老无依。间有尚称富足，或家业小康，堪自赡养者，亦不过三五十人耳。"在当时，契约华工人数已"不及千人"，很多贫老无依，极少数富足者能够自行赡养，但人数不过三五十人。

比起年老无依的契约华工，新到的自由华工情形相对较好。"至新华工，则自前清光绪初年，陆续自来觅工，然皆与在古华人工商略有关系。此辈当未来之先，必与此间华人接洽。既到古后，即有所识华人照料一切，以寻相当之工作。除在各埠华人各行店铺执役者外，或入糖厂，或入煤厂，皆有华人管工，头人为之安置。其工资则自十余元至二十余元不等。在华人店铺佣工者，其工资以在哈维拉两行及五行中之西饭店者为优，至少自二十元以上至三四十元。在各埠及他行者，工资则略与糖煤厂等。但在华人店铺佣工则常年如一。且过四年以上，如回国则由该店给发川资。至在糖厂佣工，则夏秋两季，多半赋闲。此外尚有自行赁地，种植中国菜蔬者，约有三四百人。每日挑出市场发售，年中获利，且属不赀，有至千元者，至少亦可得三五百元。此辈皆自食其力，勤苦积资。”① 新到的自由华工“皆与在古华人工商略有关系”，往往是已经在古巴的华侨华人的亲朋好友或同乡。他们在到古巴之前，就已经“与此间华人接洽”，到古巴后也有华人照料、安排工作等。在哈瓦那华人杂（洋）货店以及西饭店工作的自由华工工资最高，“至少自二十元以上至三四十元”。在糖厂、煤厂以及其他各行的工资略低，“十余元至二十余元不等”。在华人店铺工作四年或以上的，店主可以提供回国的路费。报告特别提到，在糖厂做工的华侨华人在非收获季节往往赋闲。另外，文中还提到租地种植蔬菜的华人约有三四百人，这些人辛苦劳作，一年少的能赚三五百元，多的能赚上千元。

（三）1927 年古巴华侨华人商务

“一战”爆发后，古巴蔗糖经济的繁荣前所未有。同时，由于放开对移民的入境限制，古巴迎来了新一波中国自由移民。据估计，在 1919 年至 1925 年间，约有 30 000 名中国移民进入古巴。20 世纪 20 年代，受益于古巴经济的繁荣，华侨华人在古巴的经营也十分红火。经历过此轮繁荣的华侨华人在多年后亦常常回味。

1913 年林相宾商务报告反映出古巴华侨华人的商业主要集中在六大行业：杂（洋）货店、生果店、西饭店、菜市、洗衣店和茶楼。到 1927 年，华侨华人商业在上述几个行业的比重逐渐增加，尤其是在生果店和洗衣店两行已经占据明显的主要地位。

根据古巴工商行名录（Directorios de Cuba）1910 年、1918 年和 1927 年的统计，1910 年，共 326 家饭店（fondas）统计在册，其中华侨华人开办的 40 家，占总数的 12.27%；1918 年，统计在册的 347 家饭店中，华侨华人开办的为 51 家，占总数的 14.70%；到 1927 年，400 家统计在册的饭店中，华侨华人开办的上升至 118 家，占总数的 29.50%。

杂货店（Bodegas）是华侨华人涉足的一个重要商业领域。1918 年，统计在册的杂货店总数为 1 535 家，为华侨华人所有的有 17 家，占总数的 1.10%。由于这个领域长期为西班牙人所控制，华侨华人所占份额极小。到 1927 年，统计在册的 1 949 家杂货店中，华侨华人所属的增加至 63 家，所占份额上升至 3.23%。

---

①《驻古巴总领事林相宾商务报告》，《中华全国商会联合会会报》1914 年第 1 卷第 10 期。

表 3－3 1910—1927 年华侨华人所开办的饭店数量及占比

年份	总数	其他族群所属	华侨华人所属	华侨华人所属占总数的比重
1910	326	286	40	12. 27%
1918	347	296	51	14. 70%
1927	400	282	118	29. 50%

表 3－4 1918—1927 年华侨华人所开办的杂货店数量及占比

年份	总数	其他族群所属	华侨华人所属	华侨华人所属占总数的比重
1918	1 535	1 518	17	1. 10%
1927	1 949	1 886	63	3. 23%

［表 3－3 和表 3－4 数据来源：Directorios de Cuba，1910，1918，1927，转引自 Miriam Herrera Jerez y Mario Castillo Santana，De la memoria a la vida Pública：Identidades，espacios y jerarquias de los Chinos en la Habana Republicana（1902－1968），p. 41.］

相比投资额巨大的杂货店，华侨华人更主要地集中在投资额较小、工商兼半的生果店和洗衣店领域。1910 年时，统计在册的 275 家生果店中，64 家为华侨华人所经营，占总数的 23%；1918 年，共 108 家生果店统计在册，其中华侨华人经营的为 33 家，占总数的 31%；1927 年，总共 975 家统计在册的生果店中，华侨华人经营的为 535 家，占总数的 55%。

洗衣行业是古巴华侨华人涉足的又一主要行业。1927 年，根据古巴工商行名录，华侨华人在该行业的占比为 57%。

表 3－5 1910—1927 年华侨华人所开办的生果店数量及占比

年份	总数	其他族群所属	华侨华人所属	华侨华人所属占总数的比重
1910	275	211	64	23%
1918	108	75	33	31%
1927	975	440	535	55%

表 3－6　1910—1927 年华侨华人所开办的洗衣店数量及占比

年份	总数	其他族群所属	华侨华人所属	华侨华人所属占总数的比重
1910	386	336	50	13%
1918	600	473	127	21%
1927	514	221	293	57%

［表 3－5 和表 3－6 数据来源：Directorios de Cuba，1910，1918，1927，转引自 Miriam Herrera Jerez y Mario Castillo Santana，De la memoria a la vida Pública：Identidades，espacios y jerarquias de los Chinos en la Habana Republicana（1902－1968），p. 42.］

（四）1931 年古巴华侨华人经济

1929—1933 年的世界经济危机，对于依靠蔗糖出口立国的古巴来说影响巨大。古巴经济衰退，政治动荡，华侨华人的经营和生活也在所难免地受到影响。1931 年，驻哈瓦那总领事馆总领事于焌吉、副领事梅景周和随习领事王显庭 3 人乘新年休假之暇，前后花费 6 日巡游古巴各要埠，调查华侨状况。此次调查情况的报告发表在 1931 年的《南京国民政府外交部公报》第十一辑，为我们了解世界经济危机中的古巴华侨华人经济提供了重要的史料。①

于焌吉领事一行共巡游了马坦萨斯、科隆等十余个城市，除了解当地华侨华人人数、经济状况外，还对华侨华人与当地人的关系、华侨华人社团等作了详细的调研。下文仅摘录报告中有关华侨华人人数及经济状况的内容。

马丹沙埠（Matanzas）②　“查我国侨民在马丹沙埠之历史已在五十年以上，现有侨民约在三百八十人左右。至商店铺号等有洋货铺四所，餐馆六所，衣馆二十七所，生果铺七所，菜园八所，修理汽车兼售汽油之铺一所，小贩一百名，糖寮工人七八名，麻寮工人三四名，失业工人在百名以上，大概因古巴工商萧条所致。”

个窿埠（Colon）③　“查个窿在六十年前已有华侨足迹，华侨最多时已达两千余人，此后逐年减少，最近不过一百六十人左右。华人店铺有杂货铺廿五

① 《驻夏湾拿总领事馆人员调查全古侨务之经过》，《南京国民政府外交部公报》（第十一辑）1931 年第 3 卷第 11 期。

② 马坦萨斯市，为马坦萨斯省省会。

③ 科隆，马坦萨斯省下辖城市。

所，衣馆四所，餐馆四所，糖果店一所，菜园三所。……失业者六七十人。又闻庇李咕埠 Perico 约有华侨八十人，杂货铺十三所，衣馆二所，菜园二所。……"

生打加拉埠（Santa Clara）[1]　"查生打加拉为现任古总统马□懦将军故里，街市整洁，屋宇轩敞。华侨寄寓于该埠者约三百人。埠内有华人杂货铺十所，洋货铺一所，餐馆七八所，衣馆十余所，旅馆六七所，生果铺二三十所，上街小贩三四人，各行失业者二三十人。……"

□庇哩咕埠（Sancti Spiritus）　"该埠有侨胞四五十人。华人杂货铺十所，餐馆二所，衣馆四所，菜园四所，沿街小贩四人，糖寮工人前有五十余人，自糖价暴跌后失业者至三十余人，大多投奔他处觅食。……"

舍咕埠（Ciego de avila）　"该埠华侨历史肇始于古巴独立战争之时，惟最初人数不多。团体组织则在一九一二年开始，现有国民党分部（党员百人以上）、致公党分部（党员约四百人左右）、联义堂（致公党组织之俱乐部）、溯源分堂、陈颍川分堂等数所。现有侨胞约一千四百人，其间商人居百人以上。杂货铺三十所，衣馆四十所，洋货铺三所，广货铺三所，剪发铺一所，菜园十四所（每所雇工人四名至五名最少三名），餐馆二所，招寓西宾之旅馆四所，商店资本最充足者在万元之上。……附近糖寮开绞时，约有华工六百名，并无工会之组织。至失业人数不下五百人之多。……"

庇埠（Piedrecitas）　"查庇埠市面萧条，举目荒凉，虽有火车经过而乘客稀少，大非昔比。现有侨胞三十余人，失业者十余人，生活甚为艰辛。餐馆三所，衣馆四所，杂货铺五所，菜园二所，咖啡馆一所。"

芙罗李罅埠（Florida）　"查芙埠有侨胞三百人，其中入团体会者约一百三十人。华人杂货铺二十三所，餐馆八所，洋货铺二所，衣馆十一所，菜园十三所，剪发铺二所（当地又有日本人所设者三所），各业中惟杂货铺尚能获利外，均平平仅敷开支，此由古巴一般之经济状况使然，非独该埠如此也。"

甘马隈埠（Camagüey）[2]　"查甘埠有华侨千名以上，洋货铺三所，衣馆六所，餐馆二所，菜园三十所，糖寮工人四百名，失业者居半数之多。"

罅端拿埠（Victoria de las Tunas）　"该埠有侨胞百人以上，杂货铺二所，餐馆七八所，衣馆六七所，菜园三四所。"

北麻疏靓埠（Palma Soriano）　"查北麻埠有华侨一百五十人，团体会一所，至华侨所设之店铺，则有餐馆一所，衣馆十余所，杂货铺三十余所，洋货铺一所。"

---

① 圣克拉拉市，为圣克拉拉省省会。

② 卡马圭市，为卡马圭省省会。

槐音务埠（Bayamo）　“查槐音务埠有华侨一百二十人，以南海、高要等邑人士为多，恩平、开平、台山新会等邑次之。华侨店铺有洋货铺一所，杂货铺二十五所，衣馆七所，餐馆三所，菜园四所，过街小贩十人。……我侨各业皆有相当势力，杂货业尤占全埠之牛耳，虽有西班牙人之竞争并非吾人敌手。”

汕爹古巴埠（Santiago de Cuba）①　“查我国旅古侨胞人数，除湾城外当以汕爹古巴埠首屈一指。华侨在该处历史约有六十年之久，现有人数二千人，以恩平、开平二县为多，次之则为九江及台山。二千人中工人居十之六七，商人居十之三四。沿街小贩凡五六十人，工人失业者约七百人，生活颇为困苦。各项商业亦仅能维持现状。兹将关于该处商店情形摘要列表于下：

种类	间数	资本	营业状况
杂货	一百五六十间	千元至万元	每日百元至数十元
洋货	六间	三千至五千元	每日百元以上
生果	一百五十间	一百至三百元	每日十元至卅元
衣馆	一百间	一百至三百元	每星期五十至百元
餐馆（西式）	十间	一千元至二千元	廿五元至三十元
餐馆（中式）	二间	五百至一千元	廿五元至三十元
理发	一间	千元以上	三十元至四十元
面包	四间	四千元以上	雇西人者多月薪二十元至五十元
木器家具	三间	三千至七千元	雇西人者多月薪三十至七十元

侨工每月可得工资二十五元至三十元，每日工作十四小时，尚无工会之组织。现因古巴工商冷淡，失业者有七百人。”

云丹拿务埠（Guantanamo）②　“查云丹约有华侨一百四十人，衣馆十九所，杂货铺十七八所，洋货铺一所，餐馆七所，菜园二十三所，剪发铺二所，小贩三十人。侨工失业者七八十人，俟糖寮开绞时始有工作机会。”

美军港侨况　“美国军港现有华侨一百五十人，其中五十余人为长工，余皆为短工。近因美国舰队行将抵港，故临时添雇华工，以应需要。华侨餐馆三所，剪发铺一所，衣馆二所，生果铺一所，平时营业有利可图。……最初只有华人厨师数人，其后辗转介绍经美当局允可陆续入港。”

---

① 圣地亚哥市，为圣地亚哥省（奥连特省）省会。

② 关塔那摩。

此次驻哈瓦那领事馆对侨况的调查，虽只涉及部分城市，但从中可以管窥当时在经济危机之中的古巴华侨华人的经济状况。从报告内容来看，华侨华人受经济危机影响较大，侨商的经营不同程度受到影响，在芙罗李鳟埠除“杂货铺尚能获利外，均平平仅敷开支”。古巴经济的衰退以及侨商经营的不景气，使得侨工失业状况严重。在甘马限埠等城市失业华侨人数超过半数。1931 年，驻哈瓦那总领事馆还曾发起救济失业华侨调查，收到各地失业华侨调查表 500 余份。调查结果如下：①失业人年龄 50 岁以上者 95 人，来古 10 年以上者 350 人；②失业时间：一年以下者 166 人，一年以上者 136 人，二年以上者 93 人，三年以上者 74 人；③失业前操职业：衣馆 205 人，糖寮工 62 人，菜园 42 人，厨工 39 人，杂货工 38 人，水果业 28 人，餐馆 24 人，杂项、清道夫、小贩、剪发匠等 80 余人；④与各社团有关系者 215 人；⑤每月最低限度生活费 10 元以上者 130 人，5 元以上者 200 人，2 元至 5 元者 42 人，支出不等及无从调查者 102 人；⑥不愿回国者共 21 人，其余皆极愿回国。[①] 调查结果显示，各行各业的华侨工人均受到经济萧条的影响，有的失业已达 3 年以上。失业工人的生活十分困难，有的每月生活费仅为 2 ~5 元。

（五）1936 年古巴中华总商会对全古巴华侨商业的调查

1936 年 2 月，古巴中华总商会派陈家标、赵剑琴两专员入埠调查全古华侨商业，以备政府订立中古商约案。[②] 调查结果于 1937 年 3 月 3 日发表。1945 年《华侨先锋》登载《古巴华侨商务经济概况》一文，对调查结果进行了再次公布和评论。

表 3 -7　1936 年古巴中华总商会对华侨商业的调查结果

类别	数量
粮食杂货店	1 808
生果店	799
西餐馆	312
洗衣馆	656
洋货店	17

① 《古巴湾京领事馆调查失业侨胞》，原载《广州民国日报》，1931 年 7 月 31 日，收录于广东省档案馆等合编：《华侨与侨务史料选编》(1)，广州：广东人民出版社，1991 年，第 881 页。

② 凌空：《总商会谋大群之利益——为中华总商会扩大征召会员而作（二）》，《华文商报》，1957 年 4 月 9 日。杜冯·科比特在 *A Study of Chinese in Cuba* 中说是 1932 年，实际应为 1936 年。

（续上表）

类别	数量
生肉店	29
大烟厂	5
中西什货店	44
糖果店	23
理发所	21
咖啡馆	23
熟烟厂	5
报馆	3
中国药材店	3
丐包厂	4
鹅蛋店	5
纸料店	2
瓜菜店	13
卖鱼店	49
酱园	3
戏院	3
皮鞋店	16
影相馆	3
卖花店	1
制木厂	3
炒咖啡厂	2
白铁店	1
鸡鸭店	17
洋货车衣店	8
钟表首饰店	7
烧腊店	2
制扫厂	2
总计	3 889

（来源：《古巴华侨商务经济概况》，《华侨先锋》1945 年第 7 卷第 4～6 期。）

经调查，当时全古巴共有各种华侨华人商业 3 889 家，资本总额为 390 多万美元。在 3 889 家华侨华人商业中，1 808 家为粮食杂货店，占到总数的 46%；其次为生果店，共 799 家，占 20%；洗衣馆 656 家，占 17%；西餐馆 312 家，占 8%。此四行商家总数为 3 575 家，约占华侨商业总数的 92%，反映出华侨华人经营领域的高度集中。

（六）20 世纪 50 年代古巴华侨经济状况

1957 年在台湾出版的《古巴华侨史话》，对 20 世纪 50 年代古巴华侨经济状况作了简单描绘。该书作者宋锡人曾于 20 世纪 50 年代在哈瓦那领事馆任职，因此其对当时古巴华侨经济状况十分了解。

表 3－8　20 世纪 50 年代古巴华侨经济概况

经营类别	数目	资本额（$）	利润估计
杂货零售	1 667	5 000～50 000	5%～10%
蔬果	720	500～5 000	10%～30%
洗衣馆	591	500～20 000	
餐馆	281	5 000～50 000	10%～25%
农庄	20	10 000～50 000	10%～33%

（来源：宋锡人：《古巴华侨史话》，台北：海外文库出版社，1957 年，第 17～18 页。）

从表 3－8 可见，20 世纪 50 年代，在古巴经营杂货零售、蔬果、洗衣馆、餐馆、农庄的华侨商店总计为 3 279 家。其中，杂货零售店为最多，达 1 667 家；蔬果店 720 家；洗衣馆 591 家；餐馆 281 家；农庄 20 家。此外，还有其他店铺 241 家，包括医生、律师、汽车司机、糖厂工人、木匠、泥水匠、理发师、电影院员工、莳花、成衣匠、皮鞋匠等 27 种职业。① 据宋锡人估计，华侨经营农商的总财富，约合美金 1 000 万元。

在古巴经营杂货业的华商，全部是零售商人，其资本额在 5 000～50 000 美元之间，其中 50% 在哈瓦那，其余散布于全国各地。华商杂货店主要售卖米、面、油、盐、糖、干鱼、罐奶、罐装鱼果火腿、酒、烟、咖啡、肥皂等，利润率在 5%～10% 之间。他们都必须向西班牙人批发商进货，主要靠竭力节省及日夜工作以维持生计。普通商店店主，无论多大资本，自己的月薪只有 60 美金，最高为 90 美金。他们 99% 都住在店内阁楼中，从不外出，毫无消遣，否则就无法维持。换言之，他们利润不多，只靠劳力积钱。

古巴华侨餐馆，除哈瓦那华区有六七家售卖中国菜肴外，其余都烹饪古式或美式饭食。其资本额在 5 000～50 000 美元之间，利润率在 10%～25% 之间。宋锡人认为，古巴华侨餐馆没有一家有中国式装潢，实际上不能称为餐馆，而是一

① 宋锡人：《古巴华侨史话》，台北：海外文库出版社，1957 年，第 18 页。

种变相的平民食堂；同时因为古巴推行“五十工例”，大部分餐馆都在勉强维持中。

华侨洗衣馆的规模极小，主要靠手工水洗，不从事干洗毛织品。由于没有机械设备，所以只能靠做苦工生活。普通中国洗衣馆每天的工作时间长达 16 小时左右，其资本额在 500 ~ 20 000 美元之间。

20 世纪 50 年代，古巴约有 20 家农庄。大部分农庄种植中西蔬菜，其中有少数几家养鸡，并没有经营古巴主要产品蔗糖。其资本额在 10 000 ~ 50 000 美元之间，利润率在 10% ~ 33% 之间。从事农业的 1 000 余户中国农户中，有 300 余人为外人蔗田的雇工。华侨农庄大部分用牛马耕耘，人工双手种植收获。

古巴华侨蔬果商大部分属小本生意，其资本额在 500 ~ 5 000 美元之间，利润率在 10% ~ 30% 之间。华商蔬果店主要供应邻近住户日常所需，所以进货不多，每天的收入有限。

（七）20 世纪上半期古巴华侨华人经济的特点

20 世纪，古巴的华侨华人“大半非工即商”，即华侨华人在古巴的职业主要是经商和务工。从纵向来看，在 20 世纪上半期，古巴华侨华人的商务呈不断壮大的态势。1913 年总领事馆的报告显示，当时在古巴的华侨华人店铺总共不超过 1 000 家。但从 1936 年古巴中华总商会对全古巴商务的调查来看，全古巴华侨华人大小店铺已近 4 000 家。在 20 多年里增加了 3 000 家左右。华侨华人商务的扩大，一是因为华侨华人人数的增多，尤其是在“一战”爆发后，古巴一度放开对华人入境的限制，使古巴华侨华人一度增至 8 万人。尽管后来随着古巴限制华人入境，华侨华人不断减少，但人数仍在 3 万左右。二是由于古巴在 1933 年颁布百分之五十法，即古巴华侨华人所称的“五十工例”，要求古巴所有的企业至少雇佣 50% 的本土工人。这使得很多华侨工人失业，有的转而经商。三是在古巴经商开店，程序比较简单。

“我侨在古的商务，大部分系小商业。开始时的手续是很简单。我侨开始的工作，不外在一条适中街道，寻求一个铺位，适合其意想中的商业，进一步与屋主订立屋批。如系合股，则往公证律师楼订立一个股东合同，再进一步将铺面修饰，安置铺内的货架，及购置家私或工具。各事弄妥后，除往市厅讨取生意照及卫生局的卫生照外，即可准备营业。换言之，我侨将上述各事弄妥后，即可购办货物，雇佣店员以招待顾客，将所购的货物零沽或发行，可知买、卖及招待，系我侨日以继月、月以继年而又不变的日常工作。三者缺一，其生意必不顺利进行。”①

古巴华侨华人商务活动的一大显著特点是经营领域相对集中。1913 年商务报告、1931 年领事馆调查和 1936 年总商会的调查都显示，华侨华人的商业活动主要集中在“衣食”领域内，即主要开粮食杂货店、生果店、洗衣店、餐馆和菜园等。华侨华人难以跻身其他领域，是因为古巴经济多受英国人、美国人和西班牙人控制，华侨华人难以与其竞争。“古巴之经济事业，在生产方面，例如绞糖制酒以及公用交通事业等，大都在英美人之手。故英美人在古巴经济组织中，实居最上层之地位。其次为西班牙人，执批发及零售业之牛耳。再次则为华侨。华侨之人数虽远不及西班牙之众多（西班牙人达四十万左右，而华侨不过三万左右），资本亦远不及西班牙人之雄厚，然在日用必需品零售商业中，其势力却远在古巴土人以上，在若干地方，甚且有与西班牙人互争雄长之势。”② 而华侨华人能在日用必需品零售商业立足，是“因为我们能刻苦耐劳，节衣缩食，工作的时间又比外人长久，所以我们能据了古巴‘中间商’一个重要的地位”③。另外，经营领域的集中，也是由 20 世纪华侨新移民特点决定的。古巴华侨属于连锁移民，即“一个带一个”，这种移民方式也决定了其职业的相对集中性。

古巴华侨华人的商业活动地理分布范围极广。古巴华侨华人大多聚居在哈瓦那，故在哈瓦那市的华侨华人商店最为集中。1949 年前后，“旅古华侨商业状况在湾城方面可分为办庄、杂货批发行、零沽商店、餐馆、衣馆、生果店以及小贩等数种。办庄是指专办中国杂货、西人杂货及苏杭洋货，约有十余家。杂货批发有十余家，零沽商店约有三百家之多，西餐馆有三百家，生果店有三百家以上，洗衣馆有四百家以上，中国菜馆有三家，耕园（即种瓜菜）有八九十家”④。但与此同时华侨华人开设的店铺遍布古巴全境，“根据总领事馆之统计，全古巴三百一十四大小城市中莫不有华侨之踪迹”⑤。华侨踪迹广泛，一方面是由于古巴国土面积不大，自契约华工时代起，华侨华人就分布于古巴全境的城乡；另一方面则是由于古巴糖厂密布乡镇，华侨华人往往在糖厂附近开店。从华侨华人的商务分布可以看出，古巴华侨华人存在着聚居与散居并存的特点，即既集中在哈瓦那的唐人街，同时又分布古巴全境。

---

① 赵锦銮：《求科学以解决工例（二）》，《华文商报》，1948 年 2 月 25 日。

② 《古巴华侨商务经济概况》，《华侨先锋》1945 年第 7 卷第 4 ~ 6 期。

③ 《如何在国际市场上作商业竞争——致旅古侨胞的第五封公开信》，《民声日报》，1941 年 11 月 20 日。

④ 刘委员志轩：《古巴侨情报告（二）》，《华文商报》，1949 年 1 月 6 日。

⑤ 《古巴华侨商务经济概况》，《华侨先锋》1945 年第 7 卷第 4 ~ 6 期。

古巴华侨华人多从事小商业，资本额较小，基本属于小本经营。从 1913 年商务报告来看，除在哈瓦那从事杂货批发的店铺资本额在万元以上，其他各埠的商店资本额均在万元以下。1936 年总商会调查显示，全古巴共有华侨华人商店 3 889家，资本总额 390 多万美元，平均每家商店资本不到 1 万元。1931 年领事馆调查对古巴圣地亚哥各处商店的投资和营业状况报告显示，杂货的资本在千元至万元之间，洋货资本 3 000 ~ 5 000 元，生果店资本为 100 ~ 300 元，洗衣店（衣馆）资本为 100 ~ 300 元，西式餐馆资本为 1 000 ~ 2 000 元，中式餐馆资本为 500 ~ 1 000元，理发店资本在 1 000 元以上，面包店资本在 4 000 元以上，木器家具店资本在 3 000 ~ 7 000 元之间。除杂货店和洋货店每日营业额在百元以上外，其余的均为几十元，多数不到五十元，生果店甚至才十余元。

古巴华侨华人除经商外，大部分仍然为工人。“查旅古华侨向古巴政府注册经营商业者，约百分之三十五。”① 因此，古巴华侨华人仍以做工为主。与经商的华侨华人相比，做工的华侨华人更容易受到经济动荡的影响，并时常处于季节性失业当中，生活更为艰难。在 1931 年领事馆调查中，领事所到各地都有不少华工失业。古巴圣地亚哥有华侨华人 2 000 人，失业华侨工人约 700 人，占到总人数的 1/3。“查云丹约有华侨一百四十人。……侨工失业者七八十人，俟糖寮开绞时始有工作机会。”特别是由于古巴颁布百分之五十法，使越来越多的华侨华人工人失业，加剧了华侨华人的生活艰难。“一九二六年起，蔗糖斩蔗，糖寮打糖，均不准我侨做工。凡餐馆、杂货店、每用工人五名，限用土人三名，名为五十工例。因此，华侨失业者日多。”②

二、古巴华侨洗衣业

古巴华侨称洗衣店为“衣馆”，主要负责洗衣、熨衣，有的还兼营洗染。洗衣业是古巴华侨华人经济的一个重要行业。1936 年古巴中华总商会对全古巴华侨商业的调查显示，古巴华侨华人共开有 656 家洗衣店，是除杂货店和生果店之外，华侨华人涉足的第三大领域。

古巴华侨华人何时进入洗衣业不为人知，但早在 1899 年时就已有 196 名华侨华人从事洗衣业，到 1907 年增加到 282 人。根据古巴工商行名录，1910 年，华侨华人开办的洗衣店有 50 间，占到总数的 13%；1918 年增加至 127 间，占比上升至 21%；到 1927 年更是增加到 293 间，占总数的 57%。华侨华人开办的洗

① 《第二届国民大会古巴华侨代表许荣暖报告书（三）》，《华文商报》，1948 年 2 月 25 日。

② 《第二届国民大会古巴华侨代表许荣暖报告书（四）》，《华文商报》，1948 年 2 月 27 日。

衣店数量剧增，与其所需启动资金较少有紧密联系。根据1931年中国驻哈瓦那领事馆领事一行的调查，当时开办一家洗衣店所需资本在100～300元之间，说明开店的门槛极低。但每个星期的营业额则有50～100元，表明生意尚可。但是，从事洗衣工作十分辛苦，只有吃苦耐劳的人才能坚持下来。洗衣店工人每天要外出收衣，"洗衣者未天光而离床，熨衣者工作至午夜或清晨两三点"①。一位古巴华侨在谈及华侨在古巴工作的艰辛时，尤其提到"洗衣店更有甚焉，终日不见天日的做，整日手不离熨斗，有时工作太多而睡觉太少，影响身体健康，有时无形中手拿着熨斗站立着就睡去了"②。熨斗用生铁铸造，粗大笨重，要放在煤炉上烧热，才能熨烫衣服，干起活来汗流浃背，工作时间又长，非常辛苦。这也是华侨华人能在洗衣业立足的重要原因。

古巴首都哈瓦那是古巴华侨华人的聚集之地，华侨华人在哈瓦那开办的洗衣店众多。所有从事洗衣业的华侨华人中，在哈瓦那的占78%。③ 据古巴学者马里奥·卡斯蒂略·桑塔纳（Mario Castillo Santana）和米利亚姆·埃雷拉·赫雷斯（Miriam Herrera Jerez）的统计，1927年，哈瓦那有358家华侨华人洗衣店，分布在哈瓦那全市各个区域；1954年，华侨华人在哈瓦那市开办的洗衣店降至150间；到1969年，哈瓦那只有106家华侨华人洗衣店。

表3-9　华侨华人开办的洗衣店在哈瓦那市的分布变化

市辖地区	1927年	1954年	1969年
塞罗区（Cerro）	26	15	8
哈瓦那老城区（Havana Vieja）	81	27	21
十月十日区（10 de Octubre）	112	45	24
革命广场区（Plaza）	13	12	6
马里亚瑙（Marianao）	38	10	14
瓜纳瓦科阿（Guanabacoa）	13		2
雷格拉（Regla）	9		1
中哈瓦那（Centro Havana）	59	31	26
唐人街（Barrio Chino）	7	10	4

（来源：Mario G. Castillo Santana y Miriam Herrera Jerez，Los lavanderos chinos en la Habana

① 赵锦銮：《论古巴华侨衣馆业的前途和改良方法》，《华文商报》，1948年12月16日。

② 李长明：《金山》，《开明公报》，1957年10月4日。

③ Miriam Herrera Jerez y Mario Castillo Santana，De la memoria a la vida Pública：Identidades，espacios y jerarquías de los Chinos en la Habana Republicana（1902－1968），p. 39.

del siglo XX：paisajes urbanos，sociabilidades y memoria colectiva，http：//www. redmasculinidades. com/resource/images/BookCatalog/Doc/00105. pdf. ）

马里奥·卡斯蒂略·桑塔纳和米利亚姆·埃雷拉·赫雷斯还对 1927 年华人洗衣店的分布进行了分析，认为华侨洗衣店的分布与哈瓦那工业的分布呈一致性。[①] 在20 世纪20 年代末，十月十日区（10 de Octubre）、马里亚瑙（Marianao）和塞罗区（Cerro）是哈瓦那市著名的工业发展中心。在十月十日区，铸造厂、印刷所、屠宰场、建筑材料生产厂、包装生产厂、家具生产厂、肥皂厂、酒厂等云集；在马里亚瑙，从 19 世纪末开始，大桥镇（Puentes Grandes）就是一个享有投资优惠的地区，贯穿哈瓦那城的阿尔门达内斯河（Almendares）为沿岸的企业提供水力资源，那里坐落着造纸厂、制冰厂、巧克力生产厂及其他蜜饯水果生产厂；在塞罗区的西边，是现代化大规模糖业生产的基地，也是糖业工人聚居地；而哈瓦那老城区（Havana Vieja）和中哈瓦那（Centro Havana）是人口聚集地和商业中心，也有众多的华侨华人洗衣店。

早期，古巴华侨洗衣店要负责收衣、手工洗衣、熨衣的全部流程。“古巴洗衣馆的习惯是上门接衣服洗的，当他们到人家里取送衣服时，在古巴人家里穿房入舍，将洗干净的衣服代为放好，又取去其要洗的衣服，一如自己的家……”[②] 洗衣机出现之后，西班牙人开办有洗衣工厂，一些华侨洗衣店会将收来的部分衣物送到洗衣工厂清洗。1948 年，华侨洗衣业从业者在参观纽约的华侨洗衣店后，提出改良古巴的华侨洗衣店。当时，一间普通古巴华侨衣馆，“馆内工作人员，六七人或数人不等。这帮工作人员，气雄力壮者绝少，多半是有四五十岁或以上的年纪和孱弱土妇。……缺乏人力问题，已成为古巴衣馆业的侨胞的普遍弊病”[③]，于是建议“组织一间大规模的洗衣和熨衣工厂”[④]。1949 年，古巴国大代表张培梓正式组织民生衣偈公司，公开招股。由于资料的缺乏，民生衣偈公司是否顺利开业不得而知。但据宋锡人所述，到20 世纪50 年代，古巴华侨衣馆仍主要靠人工手洗。

古巴华侨洗衣业从业者众多。1933 年，在古巴经济危机之下，古巴华侨衣馆从业者组织成立了华侨衣馆总公会。“时在一九三三年秋天，古巴乍起革命，

---

① Mario G. Castillo Santanay Miriam Herrera Jerez，Los lavanderos chinos en la Habana del siglo XX：paisajes urbanos，sociabilidades y memoria colectiva，http：//www. redmasculinidades. com/resource/images/BookCatalog/Doc/00105. pdf.

② 黄作湛：《关于古巴华侨情况的回忆》，中国人民政治协商会议广东省委员会文史资料研究委员会编：《广东文史资料》（第十四辑），广州：广东人民出版社，1964 年，第45 页。

③ 赵锦鎏：《论古巴华侨衣馆业的前途和改良方法》，《华文商报》，1948 年12 月16 日。

④ 赵锦鎏：《经济不景气的工例风潮——为民生衣偈公司招股告衣馆侨胞》，《华文商报》，1949 年5 月26 日。

推倒马乍那政府，当时有像群龙无首，党派纷起，各逞其锋，争雄逐鹿，日夜炮火连天，歹徒乘机捣乱，抢劫频闻。整个古岛动荡不宁，工商事业岌岌堪虞，尤其素乏团结的我衣馆全业，个别被其闯门制止操作、椿甑、淋衣、打劫，个人在求援不得、投诉无由期间，遂不约而同涌进中华总会馆里头躲避，面对纳闷，相顾愕然，幸其时有识之士，眼见此场面，非设法以图抵抗不可，乃倡组仝业公会，俾集中力量以作共仝御侮，果然一倡百和，遂于该年九月十五日宣告成立。至越年春二月四日正式开幕，其时三百余间衣馆，二千多人仝业均为切身需求而奋斗，直向固定目标推进，才将当时的‘四面楚歌’恶劣环境打破。”[①] 这里反映出，从事洗衣业的古巴华侨华人在20世纪30年代古巴政治动荡、经济萧条时期，为共同面对困境、解决难题而成立了衣馆总公会。

华侨衣馆总公会成立后，“为会员办理被控犯劳工、卫生、操作时间、混乱索赔……传到任何法庭审讯，莫不派员到庭辩护，就是霎时发生闯进抢劫，搜查，诬控嫁祸……勿论日夜据报，也即派员到场排解或具保，每年这般工作，总在百件至二百件，虽未敢谓为之一一打消，但计其得到满意解决者十之八九，尤其是在战时统制货物，为申请供应各会员需求不缺，其为会员保障与争取利益，是则义务权利相衡的获致，实不为奇，至其对国家侨群慈善公益的贡献，更老早昭人耳目”[②]。

第二节　古巴华侨华人团体组织

根据恰法特的记述，早在1867年，古巴华侨就在哈瓦那建立了第一个华侨社团结义堂（Kit Yi Tong），其创始人包括钟熙（Chung Shi）、李萌（Li Meng）、王飞（Wong Fhi）、胡阿普（Ho Hap）、张森（Choang Seng）等。次年，哈瓦那华侨张新（Choang Sen）、崇文（Chiong Weng）、蓝达（Lan Tak）、王寿（Wong Shoy）、郝秋（Haut Kiu）等人建立恒义堂（Hen Yi Tong）。不久，在古巴的客家人也建立了自己的组织义胜堂（Yi Seng Tong）。据余思诒记载，到1893年，古巴华侨团体组织遍布于古巴各地，“大小埠共计四十余处。而夏湾拿一埠，共十处，马丹萨省之过郎埠，计七处。光绪十九年（1893），又增建总会馆于夏湾拿”[③]。进入20世纪后，随着到古巴的自由中国移民增多，更多的姓氏和地域性

① 李峙平：《华侨衣馆总公会廿四周年纪念有感（一）》，《华文商报》，1958年2月28日。
② 李峙平：《华侨衣馆总公会廿一周年纪念有感》，《开明公报》，1955年2月23日。
③ 余思诒：《古巴节略》，《晚清海外笔记选》，北京：海峰出版社，1983年，第257页。

团体形成。

本节将考察 20 世纪上半期的古巴华侨团体组织概况，分析古巴产生众多侨团组织的原因，并对几个重要侨团组织进行简介。

一、古巴侨团概况

20 世纪上半期的古巴华侨华人社会，其非常显著的一大特点即是华侨团体众多、组织程度极高。古巴侨团最多时达 80 多个，各侨团在古巴各地还设有下级组织。

古巴华侨团体按照性质可分为六类：公共团体、同乡团体、姓氏团体、职业团体、会党团体及业余爱好团体。

（1）公共团体。公共团体包括中华总会馆及地方的中华会馆或华侨团体会。古巴华侨社会的最高机关为中华总会馆。古巴华侨华人聚居的部分地市设有中华会馆或华侨团体会，为地方最高公共团体。

（2）同乡团体。同乡团体由来自同一区域的华侨组织成立。古巴的华侨华人主要来自广东，其中“台山县人占百分之四十五，新会、开平、中山次之”①。古巴的华侨同乡团体有的以县为单位，如中山总公所；有的细分到某一县的某一区域，如海晏总公所②；还有联合各县客家人组织形成的社团，如人和总会所。

（3）姓氏团体。1942 年，18 484 名华侨华人在中华民国驻哈瓦那领事馆登记，这些人中包括 143 个姓氏，其中黄（1 706 个）、李（1 704 个）、陈（1 644 个）人数居首序。林、刘、蒋、伍等次之。③ 因此，古巴的姓氏团体尤为众多。有的由多个固定姓氏组成，如龙冈总公所④、昭伦公所⑤、安定堂⑥；有的只包括一个姓氏，如蒋乐安堂、陈颍川堂、黄江夏堂、李陇西公所、伍联安堂等；有的在一姓氏总团体之下，又组成规模较小的姓氏旅所，如伍联安堂之下又有伍胥山房、伍安良房、伍叙安房、伍中安房；还有的由多个杂姓组成，如怡怡堂、民安房等。

（4）职业团体。包括中华总商会、华侨衣馆总公会、华侨生果行公会、华侨杂货行公会、华侨餐馆业公会、华侨农业公会等。

（5）会党团体。主要是致公党。致公堂⑦成立于 1902 年，1928 年 1 月改组

① 《第二届国民大会古巴华侨代表许荣暖报告书（二）》，《华文商报》，1948 年 2 月 21 日。
② 台山海晏。
③ 《第二届国民大会古巴华侨代表许荣暖报告书（二）》，《华文商报》，1948 年 2 月 21 日。
④ 取桃园三结义之刘、关、张三姓，再加上赵姓。
⑤ 合谭、谈、许、谢四姓组织之，因其姓字均从言旁之故。
⑥ 取其祖先最初自甘肃安定郡南边之伍、胡、梁、程等姓组织之。
⑦ 后改为洪门民治党。

为致公党。驻古支部以下，有分部及通讯处15处，党员人数据称有2 000人。

（6）业余爱好团体。有精武体育会、中华音乐研究社、国光歌剧团等。

古巴华侨团体内部组织有序、分工明确，通常包括评议部、执行部以及各埠代表。其中，评议部又称董事会，或称评议会，或称监察委员会，由本团体中年长殷实，或曾任重要职务，或于团体有劳绩者组织形成。执行部一般由主席、交际、书记、庶务、会计组成。随着各侨团内部组织日益扩大，有的团体设有主席之外，还设有名誉总理、名誉主席、堂长、常务委员、执行委员及各科主任或科长。科的分类众多，例如龙冈总公所有组织科、财务科、宣传科、会计科、调查科、交际科、文书科7科；至德总堂则有财政科、中文科、西文科、组织科、宣传科、工商科、调查科、体育科、图书科、总务科等11科；中山总公所有文书科、财务科、所务科、商务科、组织科、宣传科、工务科、交际科、调查科、农务科、会计科等11科，此外还有保安、共济等科或部。但团体实际权力与工作，仍集中于主席或总理等少数巨头手里。

由于各侨团总机关大都设在哈瓦那，因此在各埠设有代表。每逢社团选举时，由各埠派出代表参加会议，选举出侨团领导及各科成员。

表3－10　古巴侨团一览

夏湾拿省（Havana）	夏湾拿埠（Havana）	中华总会馆、中华总商会、华侨杂货行工商联合会、生果行公会、华侨衣馆总公会、致公党总部、致公党分部、中华民族救国联合会、华侨救国大同盟、九江侨商公会、广海同乡会、中山总公所、中山自治所、樵西六乡公所、要明总会所、要明会所、海晏总公所、沙堆公安支会、人和会馆、中华音乐研究社、国光歌剧团、精武体育会、龙冈总公所、伍联安堂、黄江夏堂、黄云山公所、李陇西公所、李凤仪自治所、蒋乐安堂、陈颖川堂、朱沛国堂、至德堂、梁忠孝堂、三益堂、杨清白堂、谭氏自治所、钟颖川堂、溯源总堂、昭伦公所、雷冯翊堂、林西河堂、余风采堂、余武溪俱乐部
	亚华吉地埠（Aguaca）	华侨团体会
	抱打华那埠（Batabano）	华侨工商团体会
	委拉美连拿埠（Yuira de milena）	华侨团体会
	汕爹咕拉委架埠（Santiago de las Zagas）	华侨团体会
	松树埠（Isla de pinos）	华侨团体会

（续上表）

边拿厘佑省（Pinar del Rio）	边拿厘佑埠（Pinar del Rio）	华商会馆
	巴拉兆埠（Las Palacios）	华侨工商会馆
马丹沙省（Matanzas）	马丹沙埠（Matanzas）	致公党分部、陈氏旅所
	亚拉加冷埠（Alacianes）	华侨团体会
	加达拿埠（Cardenas）	致公党分部
	大霞长埠（Juguay Grande）	华侨团体会
	盟结度埠（Manguito）	华侨团体会
	役登拱埠（Pidro Betancomt）	集成工商会馆
	卑厘咕埠（Perico）	华侨团体会
	劳良埠（Union de Reyes）	中华会馆
山打加拉省（Santa Clara）	山打加拉埠（Santa Clara）	致公党分部、华侨工商团体会、少年中国会、李陇西通讯处
	介华连埠（Caibarien）	华侨团体会
	甘马华呢埠（Camejuani）	赤溪侨商公会
	善灰咕埠（Cienfuegos）	致公党分部、中华会馆、衣馆工人联合会、崇正会、城北同乡会、鹤侨同乡会、陈颍川分堂
	善宽地埠（Cifuentes）	华侨团体会
	古习士埠（Guces）	华侨团体会
	固马拿也话埠（Cumanayegua）	华侨团体会
	科缅度埠（Fomento）	华侨团体会
	巴拉雪打埠（Placetas）	华侨团体会
	巴委拉埠（Palmira）	华侨团体会
	厘尾料埠（Rimedios）	华侨工商团体会
	大沙华埠（Sagua la grande）	中华会馆、华商联合会
	山爹庇列度埠（Saneti Apiritus）	华侨团体会
	拉夏埠（Santa Isabel de las Lajas）	华侨团体会
	进你拉埠（Trinad）	中华会馆、华侨团体会
	素律打埠（Zulueta）	华侨团体会

（续上表）

甘马威省（Camaguey）	甘马威埠（Camaguey）	致公党分部、陈颍川分堂、叶南阳自治所、龙冈公所、海晏通讯处、李家房
	湿庇厘埠（Cespedes）	华侨团体会
	舍咕埠（Ciego de Avias）	致公党分部、溯源分堂、陈颍川分堂、衣馆公会、联义堂
	噎眉拉拿埠（smaralda）	华侨团体会
	科罗李拉埠（Florida）	华侨团体会
	磨杠埠（Morgon）	华侨公会、致公党分部
	本打亚李忌利埠（Funta Alegre）	华侨团体会
	南山打咕噜埠（Santa cruz del sur）	华侨团体会
东省（Oriente）	山妲咕古巴埠（Santiago de Cuba）	致公党分部、中华商会、莫瑞麟堂、梁忠孝分堂、三益分堂、至德分堂、岑南洋堂、陈颍川分堂、郑荣阳堂、冯始平堂、冯族青年会、龙冈通讯处、华侨救国大同盟
	押度舍路埠（Alto Ledro）	华侨团体会
	湾你埠（Panes）	华侨团体会
	槐音务埠（Bayamo）	华侨团体会
	葛度埠（Lueto）	致公党分部
	柯景埠（Holguin）	华侨团体会
	把蔴蔬靓埠（Palma Soriano）	华侨工商团体会
	万山厘佑埠（Manzanillo）	南平公所、华侨团体会、台山自治所、海晏别墅、华侨救国大同盟
	云丹拿务埠（Yuantanamo）	致公党分部、华侨工商联合会、广海旅所、海晏公所、华侨救国大同盟

（来源：《古巴华侨之团体组织》，《华侨先锋》1945 年第 7 卷第 4～6 期，第 64～66 页。）

20 世纪上半期，古巴侨团最多时达 80 多个，遍布古巴六省。古巴主要侨团的总部均聚集在古巴首都哈瓦那市。哈瓦那同时另有姓氏旅所 89 个、地方旅所 59 个、杂姓旅所 52 个，主要供接待本团体的成员赴哈瓦那办事或中转之用。

古巴各地分布的众多侨团，反映出古巴华侨社会的组织程度极高。古巴华侨对此也引以为豪。古巴中华总商会主席李昆玉曾写道：“余记得外埠来古游历之人称说，各国侨团未有如古巴华侨社会之完备。有中华总会馆以提其纲，而起领导之作用。政治方面，又有两党作深入的推动；职业方面，有中华总商会、什货行公会、生果、衣馆、餐馆及农业公会；在慈善方面，有中华义山及中华颐侨院；保障健康的，有九江公医院；文化界则有三间华字日报，一杂志，又有中华学校（近因建筑中华大厦，暂行停办）；关于义学，先后有国民党所办侨民夜校、基督教办义学、天主教办义学、青年互助社办义学；余如宗姓团体，地方性团体，应有尽有，俨若一个小国家……”①

除社团众多外，20 世纪上半期，中国国民党在古巴也发展了不少党员。中国国民党在古巴的最早雏形为古巴华侨黄鼎之创办的三民阅报社。随后，古巴华侨成立三民团体会。1921 年，国民党古巴支部成立。国民党第一次全国代表大会发表宣言政纲政策之后，古巴侨胞加入国民党者日多，国民党党务在古巴扩张迅猛。1928 年，驻古巴总支部将全古巴党部划分为 3 个支部，并下设 20 余个分部，《民声日报》为其机关报。

表 3－11　中国国民党在古巴的分布

夏湾拿省（Havana）	夏湾拿市（Havana）	国民党驻古巴总支部、国民党驻古巴第一支部、国民党驻夏湾拿分部
边拿厘佑省（Pinar del Rio）	边拿厘佑埠（Pinar del Rio）	国民党分部
	亚尖美砂埠（Artemisa）	国民党分部
马丹沙埠（Matanzas）	马丹沙埠（Matanzas）	国民党驻古巴第二支部、国民党分部
	加达拿埠（Cardenas）	国民党分部
	个窿埠（Colon）	国民党分部
山打加拉省（Santa Clara）	山打加拉埠（Santa Clara）	国民党分部
	介华连埠（Caibarien）	国民党分部
	善灰咕埠（Cienfuegos）	国民党分部
	古习士埠（Guces）	国民党分部
	固马拿也话埠（Cumanayegua）	国民党分部
	大沙华埠（Sagua la grande）	国民党分部
	山爹庇列度埠（Saneti Apiritus）	国民党分部
	进你拉埠（Trinad）	国民党分部
	游华体埠（Yaguajay）	国民党分部

① 李崑玉：《何以我们设立海滨俱乐部》，《开明公报》，1954 年 7 月 29 日。

（续上表）

甘马威省（Camaguey）	甘马威埠（Camaguey）	国民党分部
	舍咕埠（Ciego de Avias）	国民党分部
东省（Oriente）	山姐咕古巴埠（Santiago de Cuba）	国民党驻古巴第三支部、国民党分部
	槐音务埠（Bayamo）	国民党分部
	荷花芊埠（Jobabo）	国民党分部
	万山厘佑埠（Manzanillo）	国民党分部
	云丹拿务埠（Yuantanamo）	国民党分部

（来源：《古巴华侨之团体组织》，《华侨先锋》1945 年第 7 卷第 4 ~ 6 期，第 64 ~ 66 页。）

二、主要侨团

（一）中华总会馆

中华总会馆为古巴华侨华人社会的最高公共机关，于 1893 年在哈瓦那成立。1902 年，清政府驻古巴总领事谭乾初组织华侨筹款 4 万余美金，为会馆建造楼宇、购买地段等。1903 年 3 月 10 日，总会馆举行开幕典礼。1954 年，古巴华侨集资新建会馆大厦。

中华总会馆附设有中华义山及颐侨院。其中，中华义山由谭乾初经手创建，主要用于安葬先侨遗骨。“中华义山专为华侨百年后安葬之所，有义地，有租地。义地每三年起掘，租地八年或十五年为期，期满可续，租每穴收租金十五至廿元。”① 古巴华侨承袭中华传统丧葬习俗，信奉入土为安。由于义山有限，故免费埋葬期为 3 年，到期未缴租金，往往会起掘遗骨，并登报公布先友姓名与家庭住址。义山按照姓氏划分区域，分黄字段、李字段等。起掘的遗骨也往往由各姓氏团体领走。

为安顿在古巴的年老华侨，1915 年在哈瓦那郊外的雷格拉（Regla）创办中华颐侨院，收容 60 岁以上贫苦无依的老侨。20 世纪 50 年代后，由于年老华侨越来越多，颐侨院多次扩建宿舍，仍不敷使用。颐侨院老人的生活费主要靠侨胞捐款，每年清明节祭祀时，举行老人节捐款。同时，古巴侨胞也极富爱心，常到颐侨院看望老人、捐款捐物等。在古巴的华文报纸常常见到这样的报道：“华区省夏街基督教神召会，昨日送颐侨院老人鲜鸡四十只。侨商朱灼辉夫妇赠送茨仔四大包、牛奶二箱。又龙冈公所慈善会圣诞节日派员到院赠送四姓昆仲每人一元，其他老侨每人二毫。均由院长代表老侨向馈赠者一一致谢云。”②

① 刘委员志轩：《古巴侨情报告（二）》，《华文商报》，1949 年 1 月 6 日。
② 《旅古全侨人数统计》，《华文商报》，1958 年 12 月 31 日。

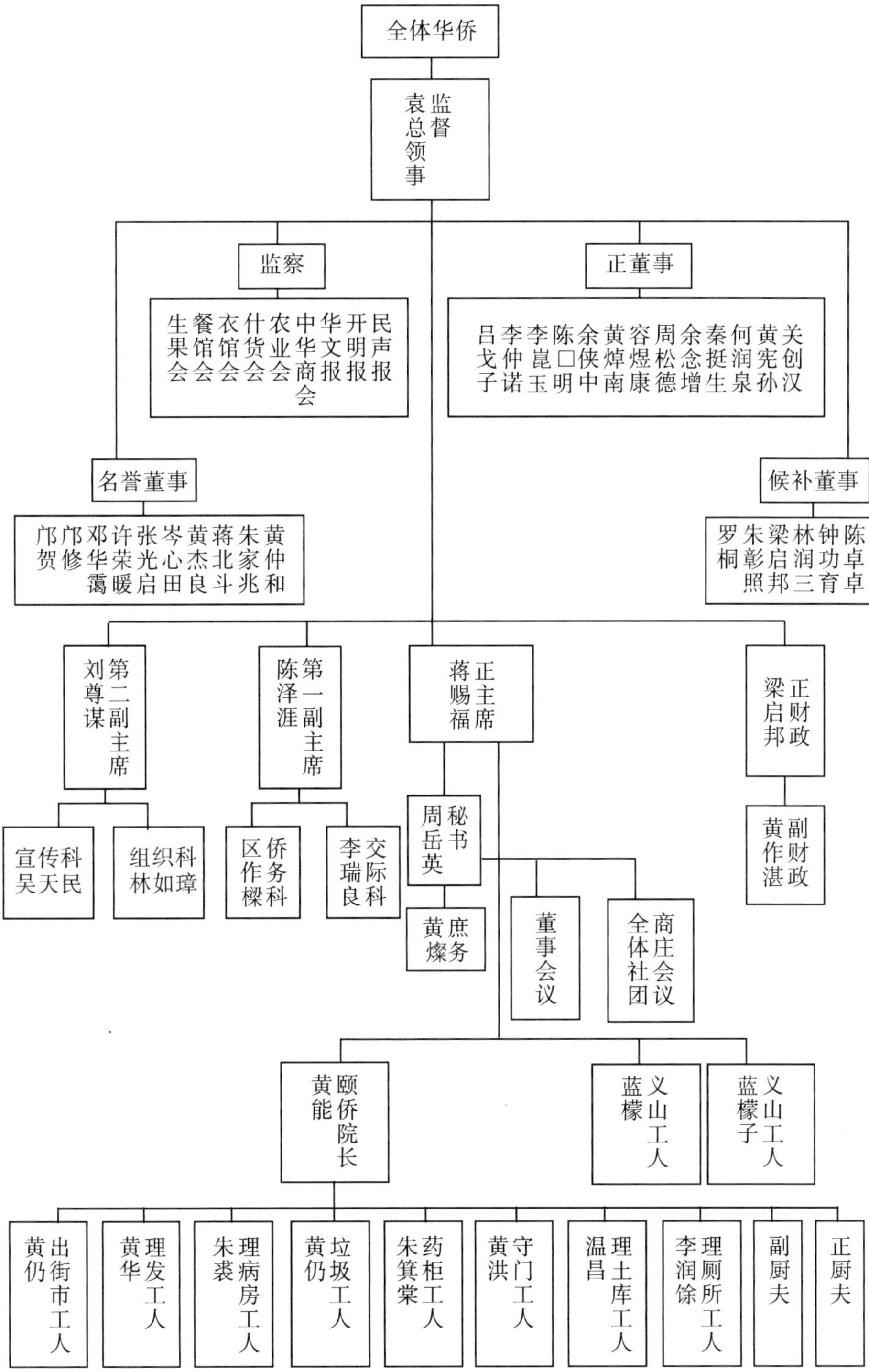

1948 年中华总会馆组织图示

由于中华总会馆为全侨最高机关，会馆职员有很高的社会威望及一定的实际权力，因此会馆职员的选举长期受到全侨关注。“中华总会馆职员历来均由湾京之九十余重要社团商庄推举，把持包办，在所不免，亦为历年侨界酿成重大纠纷之一大症结。”[①] 1930年冬，总领馆行使总监督之职权，修改中华总会馆选举办法，定为先由哈瓦那原有社团商庄各提名1人候选，次由全侨中有选举权者（曾在领馆登记并缴纳是年中华总会馆维持费者）在候选人名单中投选1人，最后由得票最多之16人互选正副主席、财政，其余则为董事。1939年冬，又改为正副主席由全侨普选时得票最多者任之，正副财政则仍由董事会互选。

中华总会馆的职能包括对外和对内两项，“对外则外交上之斡旋，对内则侨局与侨务之设施及筹措，善善从长，尽其范围内之权责以行之耳”[②]。对外方面，中华总会馆代表整个华侨华人社会的利益，施行“国民外交”，负责对外交涉等；对内则负责华侨华人的慈善、福利、文化和教育等公共事务。

维持总会馆、义山和颐侨院的日常运转，所需经费不菲。在20世纪40年代前，总会馆经费主要来源于侨胞出入古巴的出港费。“第中华总会馆历年经常费，在昔日世情之佳，工商繁荣之时，大多倚靠我侨出港费、慈善费，为一大宗的浥注，故其时经济颇堪活动，进支裕如……”[③]随着古巴华侨人数的逐渐减少，尤其是抗日战争及第二次世界大战爆发，华侨华人回国受阻，出港费锐减。1942年，“会馆因财政支绌，积欠屋税水喉税凡千余元，皇后街批租之屋欠税数百余元，义山所欠地税亦数十元，当地政府屡次派员封租，此亟宜清理者一；颐侨院之住室、病房、洗濯亭皆颓废不堪，多数有窗无门，且每为风吹雨淋，有等墙壁低陷，危险堪虞，此亟宜整理者二；复次，近日卫生局以义山堆积先友骨殖太多，黄字地段先友，又过期未将骨殖起拾，或付诸化骨池，然骨殖起拾，其地发掘，仍须用泥土填平之，此亟宜整理者三。以上诸端待举，非财不行……”[④]此后，中华总会馆组织会员登记，收取会员会费以补充会馆经费，规定侨商每年缴纳2元，侨工每年缴纳1元。从1959年总会馆的收入来源看，主要包括会员会费、各种捐款、会馆房屋租金、义山租金及出港回头纸费。当年，“缴纳总会馆经费者约有七千，年捐收入万余元。老人节收入约有八千元，清祭捐款约有二千七八。该三项收入二万余元”[⑤]。此外，总会馆有3层楼出租，地下中国银行扣除利息外，仍有200余元，咖啡馆50元；下层共计收入300元。二楼及三楼每层有28间房，共56间房，但有些房屋空置。此外，义山除职工薪水每月有100

---

① 《古巴华侨之团体组织》，《华侨先锋》1945年第7卷第4～6期。

②③④ 朱澄川：《中华总会馆与院山》，《民声日报》，1942年3月17日。

⑤ 叶焕棠：《维持颐侨院之我见》，《开明公报》，1959年10月19日。

多元进入，出港回头纸等每月亦 100 多元。而总会馆的开支每月约需 1 000 元，仅颐侨院维持费每年约需 18 000 元。

为解决侨界面临的共同问题，古巴中华总会馆曾组织召开 3 次全侨代表大会。第一届全侨代表大会于 1924 年召开，主要为解决古巴兴起的排华浪潮；1956 年，中华总会馆组织召开第二届全侨代表大会，事因会馆经费见绌，颐侨院房舍不够以及中华总会馆建楼捐款资金 2 万余元下落不明的问题；1958 年，召开了第三届全侨代表大会。

（二）中华总商会

古巴中华总商会成立于 1897 年 12 月，发起人为清朝驻古巴总领事黎荣耀，最早领导人为易绮茜、李迈亿等。辛亥革命胜利后，1911 年，一些热心侨务的古巴华侨倡议重组中华商会（后改为中华总商会）。改组后的中华商会最初对会员资格的要求是：①凡华人创设之洋货杂货办庄；②凡华人创设之大小杂货店。由于只有从事上述生意的华商能够入会，故最初会员极少，仅 40 余名。1933 年，李崑玉[①]接任会长之后，修改商会章程，放宽会员入会资格，规定：凡属中华人民旅古经营正项业商，品行端正，得由会员或职员之介绍，经董事会核准，即得为中华总商会会员。“如此即各业之侨商有志入会者无不欢迎，又礼聘名律师竭力维护会员权益，联络西人商业机关以争取我侨有利地位。同时向企公牛奶公司、仙赏生油办庄、大来轮船公司等交涉取回扣佣（按此项扣佣，每月结算将所得交总商会与经手销货之会员均分），该会公积固然逐日加高，凡属会员也得回额外收入，而权益更得实力的保障。”[②] 此后，古巴各行业侨商纷纷加入。到 20 世纪四五十年代，会员达 2 000 名，占全古华商 90%。[③] 1957 年古巴中华总商会会员的会费标准为：“本湾月费一元五毫，山埠甲等全年十二元，乙等全年六元。”[④]

中华总商会，是“旅古华侨商务总汇，为中西商业交通的大桥梁，也是发动国民外交的坚强堡垒”，其主要职能是维护侨商利益大局，负责对外交涉、对内协调。从 1933 年至 1936 年其主要办理的事务来看，中华总商会涉及的事务非常广泛。

一九三四年元月，向古政府要求修改移民律案。

---

① 首任会长为黄仲和，继之者有陈星梅、李子贤、劳莲舫、黄杰良、陈屈伸、陈伯清、陈寄一。

② 凌空：《总商会谋大群之利益——为中华总商会扩大征召会员而作（一）》，《华文商报》，1957 年 4 月 8 日。

③ 陈匡民：《美洲华侨通鉴》，纽约：美洲华侨文化社，1950 年，第 644 页。

④ 凌空：《总商会谋大群之利益——为中华总商会扩大征召会员而作（三）》，《华文商报》，1957 年 4 月 10 日。

二月三日，向外侨登记局交涉有关我侨登记费，并呈文使领两馆请求协助进行案。

四月，交涉牛奶公司销货扣佣案。

五月，交涉大来公司华货减收运费案。

六月，交涉减收码头税案。

七月，交涉锁枧公司及米公用案。

八月，交涉五十工例及八小时工例案。交涉花生油扣佣案。

九月，交涉排华案。要求甘马隈洒枧公司优待华商案；向移民局请求对我侨商抵湾迅即放行案；向邮船公司交涉客位由各商庄代理案；交涉劳工保险法例案。

一九三五年元月，在会内附设顾问部以便利会员抄数及纳税案。

二月，组织庆会筹款购楼委员会。筹备于五月十九晚在波罅酒厂花园举行东方庆会案。

八月，交涉劳工保险、五十工例、八小时工例案。

九月，组织购楼委员会负责进行案。

十一月，呈文财政部请求缓执行修正之厘半税厘案。关于劳工部来函邀请派代表参加东西两方选举事宜案。

一九三六年二月，派陈家标、赵剑琴两专员入埠调查全古华侨商业，以备政府订立中古商约案。

上述工作反映出中华总商会切实代表并维护了侨商的利益，起着沟通联络、对外交涉等重要作用。总商会也为此赢得了很高地位，“西人任何商业团体或政府有关商业之会议，均被请派代表出席”。中华总商会于1936年加入古巴全国经济联合会及全国零沽商人联合会，由于有效地与西班牙商人进行了沟通，此后西班牙商人排华事件有所减少。

（三）九江侨商公医院

九江侨商公医院[①]成立于1924年，由旅古南海县九江人所组织。医院名义上归属于九江侨商公会，实际上是全侨公共慈善机关。20世纪中期，医院设有总务科、牙科、肺痨科、驳骨科、解剖科、内外科、检验科、儿童科、妇女科等，同时有医师16人、护士12人，病床140张。[②] 医院的运转经费每年约需8万元，

① 后改名为古巴华侨医院。

② 陈匡民：《美洲华侨通鉴》，纽约：美洲华侨文化社，1950年，第645页。

主要由会员会费、慈善捐款、贺金和影戏筹款构成。①

1948 年时，侨胞每月缴纳 2 元 5 毫，② 即可成为医院会员，享有免费诊治留医的权利。1947 年，"医院共有会员三千四百四十九名，占全数百分之八又一六"。会员权利主要包括以下几项：①会员有病时，得在院留医。院内随时有各种专科医生，以备验症施药。药科、伙食及其他一切病人的需要，都由医院供给，不费分文，直至医愈出院为止。②康健有不舒畅时，即可到院验屎、验尿或验血。院内备有各种化验仪器，以察病症的来源，从速施治。③无病的会员，随时有权到院照 X 光镜，以察验内部有无隐藏及不易察觉的病症。③同时确属贫苦的非会员侨胞，经中华总会馆证明，也可免费诊治。

虽然九江侨商公医院是全侨唯一一所公共慈善医疗机构，但很多华侨并未加入其中。原因之一就是，公医院还有其他竞争对手。1955 年 5 月 9 日和 6 月 20 日的《华文商报》分别登载了《陈镰生博士慈善医院招会员简章》和《蓝十字医院增设华务部招会员简章（苏民宪博士任华务部主任）》，两所医院均同公医院一样，会员每月缴费，享有随时免费检查身体和就医的权利。

（四）致公党（致公堂、洪门民治党）

古巴致公党成立于 1902 年，前身为哈瓦那三合会，又曾响应北美致公堂的号召，将洪门三合会改为洪门致公堂。1946 年改为洪门民治党。《开明公报》是其宣传的喉舌，创办于 1922 年，后因经费困难，于 1975 年与古巴华侨社会主义同盟创办的《光华报》合并，改名《开明光华联合报》，最终因经济困难于 1985 年停刊。20 世纪上半期，致公党在古巴下属 15 个分部，有党员数千名。古巴各地民治党均自置楼宇。1947 年时，古巴洪门楼业共计 15 座，舍咕 4 座，云丹 3 座，夏湾拿 1 座，葛度 1 座，加连 1 座，善灰咕 1 座，磨杠 1 座，那役打 1 座，最近购成者又有甘马限 1 座，汕爹古巴 1 座，另磨杠分部尚有一地产数大段，产业总值美金数 10 万元。④

三、古巴侨团林立的原因

一般说来，由于侨团的维持需花费不少，若不能获得成员支持，将难以为

① 1947 年，医院共收入八万八千五百一十八圆九毫三仙，其中会员经费七万一千九百四十二元三毫三仙，占总收入的 81.3%；慈善捐款及其他五千六百四十圆零四毫，占总收入的 6.4%；贺金及影戏一万零九百三十六圆二毫，占总收入的 12.3%。当年医院支出为八万四千九百零八元九毫。

②③ 赵锦鎏：《幸福与康健（一）——为鼓励侨胞加入九江侨商公医院而作》，《华文商报》，1948 年 6 月 3 日。

④ 《洪恳大会代表昨开第十一二次会议纪闻》，《华文商报》，1947 年 9 月 13 日。

继。20 世纪上半期，古巴的侨团不仅数目众多、类型不一，而且成员不少。20 世纪 50 年代，在中华总会馆建筑新厦的同时，很多侨团也集资建起大楼，成为侨团的驻地，如溯源总堂、安定堂等。古巴华侨为何如此依赖并支持侨团？

“远涉重洋，居留异域，莫如我国之多，亦莫如吾国人之冒险及清苦。每每只身上岸，及囊空如洗，初到异地，言语固然不通，住宿亦成问题，假如无社团之设立，从何作招待之所？假如工作有栖，或经营生意有术，可谓乐矣。但我们毕竟是一外国之人，外人常存蔑视之心，如无社团维护，任你个人口若悬河，本事如天，亦无如之何。况人有旦夕之祸福，未必营商一气顺利，假如一时潦倒，其时常倚朋友处乎，抑兄弟处乎。但长此以往，他人亦必生厌，自己亦觉难过，如无社团又何能方便呢？故社团不可不设立矣……”① 1954 年，一位署名“东青年”的古巴华侨专门给《开明公报》去信，阐述对古巴华侨与社团之间关系的看法，指出侨团的几大作用：提供招待之所、介绍工作、维护侨群权益、落难时接济等。

这位古巴华侨对侨团的认识可能来自于自己的切身感受和亲身经历。但笔者认为，古巴侨团林立还有更深层次的原因，那就是因应和便利华侨在古巴的生存和发展。首先，华侨华人在古巴基本处于边缘地位，古巴政府极少过问侨社内部事务。因此，古巴华侨华人社会基本是个独立的小社会，自行负责社会内部事务，各类侨团都承担着自己的功能。中华总会馆作为最高公共侨团，主理全侨事务。就其内部功能而言，其主要承担了福利慈善类公共事务；颐侨院担负起养老责任；中华义山则为仙逝华侨提供安葬善后之所；而中华总商会和各职业团体主要是服务于华侨商务和经济。1930 年代，受古巴经济萧条和排外影响，侨商受到打压和排挤，各职业团体相继成立。1933 年，华侨衣馆公会、华侨杂货行公会成立；1935 年，生果行公会成立。中华总商会锐意改革和发生重大作用也在 1933 年以后。华侨行业性组织的成立，是受到外部压力而抱团以求生存的自然反应。同时，各职业团体内部竞争及纠纷可以内部协调解决，进而使得华商与西商的矛盾及早化解。地方和姓氏团体，则主要是介绍职业、提供临时住处、落难时救济等。

更为重要的是，古巴华侨华人主要系单个男性移民，由于在古巴没有家庭，他们的空闲时间往往花费在社团，因此社团的参加者众，所办活动也能得到热烈支持和响应。同时，社团就像一个大家庭，在华侨的危难时刻更起着重要作用，尤其是孤身一人在古巴的华侨在生病和去世之后的料理，几乎全靠社团及亲友帮助。在古巴的华文报纸上，经常见到谢启、致谢等启事。如：

---

① 东青年：《我侨与社团的关系》，《开明公报》，1954 年 3 月 3 日。

伍时绥谢启①

弟年老气衰，频年多病，经济窘迫，近更病势堪虞。幸得安定堂理事长胡有添与伍家光两君及时援助，将弟送入国家医院救治。复蒙各界亲友兄弟捐助药费，始得挽回贱命，现已平安出院，回寓休养。又在医院时幸得伍时新君代为奔走，向各亲友兄弟捐助药费，此恩此德，愧无以报，谨登数言以鸣大德，藉表谢忱并祝群祺。

八月三日　弟伍时绥敬谢

兹将此次捐款芳名列下：

李积源十元，伍松献八元，伍尚耀、伍跃坤、伍尚珍、伍润时、伍时来、伍时瑶、梁才润、伍德旺、伍百将每五元，胡有添、梁随福、伍于祯、伍□瓒每三元，伍时礼、伍于宗、无名氏、伍士寅、伍士民、伍铁锋、伍权宪、伍瑞时、伍修时每二元，伍尚林、伍尚尧、伍于硕、伍耀炯每一元。

这则谢启是感谢侨团领袖及亲朋好友在生病时赞助药费并派人看望。在古巴华侨社会，此类互助情形十分普遍。以下一则谢启则反映出，孤苦无依的老侨去世后得到所在侨团及朋友赞助丧葬费用。

谢启②

启者先堂叔曾占燦，台山上阁大叁村人，旅古三十余年，向安无异，不幸于五月十一日因病逝世。身后萧条，葬费无着，幸得民治党总支部与各亲友慈善为怀，慷慨捐助，始得成殓出殡之日又荷挽赠花圈、鲜花、素车、执绋。高谊云情，存殁均感爰缀，数言藉表谢意并颂群祺。

五月廿五日　曾广德代谢

兹将各界亲友挽赠花圈奠仪芳名列下：

民治党送慈善金十五元。

曾纪胖送奠仪二十元、曾暖传五元。

厚昌、传缢、纪贺、楹传、文传、士裔、锦传、毛来、毛猷、裘慰、熊才就、李惠南、吴龙、家炤、陈旺每二元，荣达、麦汝铃、谢圣聪、黄壮、纪钧、传享、□永、纪泽、家濂、纪旺、泽常、经纪、纪□、仲元、沾燦、薛森、传华、胡炳润、雷宜宗、胡帝顺、胡有添每一元，甄嘉彬四毫，传惠五毫，西女姊拉、光传每四毫半（以上未冠姓氏者皆曾姓昆仲）。

---

① 《伍时绥谢启》，《华文商报》，1953 年 8 月 3 日。

② 《谢启》，《华文商报》，1955 年 5 月 27 日。

曾月明旅所送花球一个。

曾武城房、其林、广铿、其坚、其悦、潮享、纪兴仝送花圈一个。

曾宗圣旅所一个，锦传、楹传、毓泮、文传、纪贺、士裔仝一个，纪胖、荣达、传振、才就仝一个。

民治党总支部、家溢、西栅旅所、薛森、西女姊拉每送生花一扎，民治党、武城房、月明房、曾宗圣房、治丧处每送殡车一辆。

进支数如下：

进奠仪九十五元六毫，死者存款一元一毫半，沽旧衣服二元，共进银九十八元七毫五仙。

支棺木一具四十八元，宝烛五副一元□毫，支烟仔四包三毫六仙，火柴一盒四仙，车费□毫四仙，冰糖四毫，行三朝山二元，开明华文两间报馆告白费共十元。

共支六十二元七毫四仙。

进支比对存三十六元〇一仙（存款将汇归死者在籍家属收）。

从这则谢启可见，贫苦老侨曾占燦逝世后，仅有存款一元一毫半，全赖民治党总支部和亲友襄助，才得以下葬。在将老侨妥善安葬后，还将亲友襄助的剩余款项寄归家属。

第三节　古巴华侨华人社会文化生活

20 世纪上半期，古巴华侨华人仍以第一代移民为主。因此，他们在古巴的社会文化生活带有浓郁的中华传统色彩。在教育方面，他们积极创办华文学校，尽管收效有限，但执着不减；在娱乐生活方面，他们将中国的休闲娱乐文化带入古巴。

一、古巴华侨教育

下文所论述的古巴华侨教育，是指古巴华侨自行创办学校、针对土生华裔开展的教育，旨在让土生华裔学习中文，传承中华文化。

（一）张荫桓与早期古巴华侨教育

古巴华侨教育的历史至少可以上溯至 19 世纪末。张荫桓在 1886—1889 年任驻美国、日本、秘鲁公使期间，曾大力推动古巴华侨教育，帮助成立了古巴学堂。古巴中西学堂于1886年在哈瓦那开馆，早于美国和秘鲁的中西学堂。

“古巴一岛，孳生渐蕃，习闻习见，若不泽以诗书，久将流为异类，既廑储材待用之思，亦无深积重难返之虑。”张荫桓关注古巴侨童教育，至少出于两种考虑：一是担心土生侨童因缺少诗书浸淫而“流为异类”，进而忘本；二是培养中西兼通的人才，以作储备之用。基于上述考虑，张荫桓为古巴学堂制定了如下章程：“①学堂牓曰‘大清义学’，设在日斯巴弥亚国古巴岛夏湾拿埠，专为教育华人子弟起见。学堂内一切事宜查照旧案，均设专员监督。现古巴学堂附近总领事署即由该领事馆就近督察，毋须另行派员，以期撙节。②分延中文、日文塾师各一席，每日分时教习中学，仍遵照同治十一年（1872）《出洋肄业章程》，课以考《孝经》、《小学》、《四书》、《五经》、《国朝律例》等书；每遇房、虚、昴、星等日，宣讲圣谕广训；恭逢三大节，由总领事官率同学生望阙行礼，俾习仪节而识尊亲。西学日文一项既能通晓，即进习法文，均按时日程其功课。③西学分为武备、制造、算学、律例四门，由总领事官督同洋教习察酌学生资质分门专课，庶易成就，若有兼人之资，仍不限以科则。④西学所习，悉从讲解画图入手，俟确有领会，即令就近分赴制造厂局、炮台、兵船各处研求印证，期收实用，犹是同治十一年（1872）《出洋肄业章程》艺成游历之意。⑤学堂每年修脯、馆租、中西书籍等一切费用，暂由古巴总领事馆、马丹萨领事馆及各埠商董集捐，储为专款，以期经久，将来倘能推广，再行设筹。⑥选择华民聪颖子弟年在十五岁上下者二十名为一班，俟有成效，陆续增添。肄业各童，先由亲属将年岁、姓名、籍贯报明注册，并出具甘结，不准半途废学，学成后如实无位置，始准自谋别业。⑦学堂每周年考验一次，选其超异者甄别奖赏。三年后汇考一次，取其历试上等者，由总领事官开列姓名详情，使臣酌量奏奖，分别录送，以示鼓励。”①

张荫桓对古巴的中西学堂十分重视。在担任驻美国、日本、秘鲁公使期间，他多次了解古巴华侨教育状况，提出要“亲往查看”。1889年正月十三，张荫桓亲临古巴学堂听课，“晨起赴学堂观课读，类能成涌（疑为诵）而文义懵如。诸童皆生长于此，父则华人，母则西产也，而且口音尚如中土，水源木本，固有得于天者。惜其父母皆贫窭，略有进境，辄欲其舍学而营生矣”。这里透露出古巴华侨教育受到华侨经济状况的影响，有的古巴华侨家庭贫苦，欲让侨童放弃学业

① 王莲英：《张荫桓与古巴华侨子女教育》，《兰台世界》2011年第21期，第31页。

而谋生。在1889年哈瓦那中西学堂的16名成功候选人中，8人通过了中文经典和西班牙语考试，4人只通过了中文经典考试，4人只通过了西班牙语考试，他们的年龄在8~15岁之间，平均10岁。[①]

由于经费的短缺和土生华裔很难掌握理解儒教的必要语言技能，中西学堂的存在时间很短。

（二）20世纪上半期的古巴华侨教育

古巴华侨教育虽起步较早，但其发展过程颇为曲折。时断时续、不能一贯而始终是其显著特征。此外，教会在推动和实施华侨教育方面居功至伟。

中西学堂之后，古巴的公共华侨教育似乎长期缺失。这种局面直到1921年古巴中华基督教长老会成立后始有改观。“长老会既告成立，经过若干时期，麦君乃相机在会中设立华侨学校，教导中文，训育华侨土生，推动祖国文化，免使葱葱之华侨子弟，陷于数典忘祖之流弊。”[②] 此处的麦君即麦戈雁，他是推动古巴中华基督教长老会成立的关键人物之一，对于古巴华侨教育功不可没。

到20世纪30年代中期，“旅古侨胞土生日众，对设立公家华侨学校一端，认为刻不容缓之事，于是由华侨大会议决，设立一中华学校，由中华总会馆管理，其经费等项，亦由总会馆负责筹措，于是麦君乃将在教会所附设之华侨义学献出，交由总会馆处理。而中华总会馆接管后，仍由麦君为教务主任，当以维持学校之经费，成为当前最紧要之问题。除由当□筹募者外，并议决，向南京国民政府侨务委员会，正式呈请侨务委员会在经费上予以定期之补助”[③]。1935年，在侨务委员会拨付的3万元国币资助下，古巴华侨公立中华学校正式成立。1936年11月，创办中华小学，但很快停办。1938年，古巴华侨在圣地亚哥市创办东省华侨小学，1950年停办。

古巴华侨公立中华学校长期受到经费困扰，艰难维持。由于“学校经常费基础无着，屡次设法筹款支撑”，1942年，驻古巴公使馆、驻古巴总领事馆和古巴中华总会馆均发出通告，为中华学校筹款。

驻古巴总领事馆通告[④]

本湾中华学校，为旅古我侨重要社会事业之一。数年来，该校行政与课程之

---

① Kathleen Maria López, *Migrants between Empires and Nations: The Chinese in Cuba, 1874 - 1959*, PhD. Dissertation: University of Michigan, 2005, p. 205.

② 黄鼎之：《古巴中华基督教长老会新堂落成开幕志庆并序》，《华文商报》，1957年2月22日。

③ 黄鼎之：《古巴中华基督教长老会新堂落成开幕志庆并序》，《华文商报》，1957年2月22日。

④ 《驻古巴总领事馆通告》，《华文商报》，1942年4月14日。

日趋完善，学生程度之日益提高，实为我侨所共见。惟是该校经济奇窘，收不敷支。少额之基金，既已提支告罄；月费之捐募，又复极不固定。驯致去岁以还，积欠古币三千余元，如不立即筹措巨款、实难纾此拮据。兹该校校董会定于五月二日假金鹰戏院举行演剧筹款。素知我侨对于社会事业向具热忱，对于中华学校尤深爱护，定必踊跃解囊，尽力资助，俾该校旧债得偿，更图发展。本馆实有厚望焉！

四月十日　驻夏湾拿总领事雷崧生

除了向古巴华侨筹款外，侨界还寄希望于国民政府的支持。参加第二届国民代表大会的古巴华侨代表许荣暖在大会报告中特别提到：对古巴华侨教育“目击艰危，不得不有所陈述，敬候政府善开仁纲，设法维持，最好规定每年津贴若干，有所凭依，抑或由政府与侨民合作，醵资置建实业，递月收租以善其后”①。华侨国大代表张培梓在陈述古巴侨胞愿望时，也提到古巴的“华侨教育有名无实。政府今后宜经常派员视察，切实指导考核奖惩，并补助经费，使其日臻完善”②。

1949 年，古巴公立中华学校因“经济及其他情形”关闭，“再没有其他的正式学校成立”③。这种状况让古巴侨胞颇感遗憾。1954 年 4—5 月，《华文商报》刊登了一组古巴侨胞关于古巴华侨教育的评论文章，反映了古巴华侨对华侨教育的关注。原在国内从事教育事业的刘德闻在《华文商报》上发表了《华侨教育问题之商榷》一文，文中特别提到“古巴华侨社会，因无中文学校，迫使侨胞子侄，只有学习西文。每与各侨胞谈及，莫不引以为憾”④，同时分析了古巴华侨教育存在的困难。该文发表后，立刻引起了古巴侨胞的共鸣。多名侨胞回应刘文，并积极为古巴华侨教育发展出谋划策。有的提出：“①最好由使领出面召集各侨团侨领及有识之士，开会研究及筹备；②应设立一个华侨教育委员会，去负责设计。”⑤ 有的提出：“①侨校经费应分常年经费及基金二次。②常费的筹措办法，一可以抄袭南洋办法，按人头由会馆抽收，每人每年若干；二可以按各侨胞商店的资本及利润，值百抽几的每月或每年向会馆缴纳。③教师必须遴选硕学而有经验、且对于教育确有信心志趣之士担任，必要时可请政府协助。④教材要遵国民政府教育部的规定。⑤中西文字并重，以期学生学有所得，得而有用。”⑥

---

① 《第二届国民大会古巴华侨代表许荣暖报告书（一）》，《华文商报》，1948 年 2 月 19 日。
② 《华侨国代张培梓陈述古巴侨胞愿望》，《华文商报》，1948 年 4 月 2 日。
③ 何浩：《谈谈古巴的华侨教育》，《华文商报》，1954 年 4 月 15 日。
④ 刘德闻：《华侨教育问题之商榷》，《华文商报》，1954 年 4 月 9 日。
⑤ 林贤颂：《读了华侨教育问题之商榷以后》，《华文商报》，1954 年 4 月 15 日。
⑥ 《与有心人谈侨教》，《华文商报》，1954 年 4 月 26 日。

在侨胞们复兴华侨教育的呼吁之下，1955 年 6 月 23 日，由天主教主办的古巴华侨子弟暑假补习学校开学。补习学校共招得学生 30 余人，课程方面分粤语与国语两班，学习粤语的学生占绝大多数。[①] 在补习学校的基础上，天主教华侨学校（也称公教华侨学校）正式成立。该校设施和课程都比较完备，提供中文、西班牙语并授的幼稚班和小学教育，以及只授中文的周末补习班，并配有校车等负责接送学生。第一学年，有幼稚班及小学正式学生 38 人，年龄在 4～12 岁。周末补习中文学生有 20 多人。[②] 第二学年，学生增至 53 人，年龄在 4～5 岁最多，年龄最大者 12 岁。[③] 高世英担任该校校长，后来学生人数曾达到 200 余人。[④]

1957 年，基督教中华学校开始招生。“中华基督教长老会执事等，自新校舍落成后，积极筹备恢复中华学校，为免侨童日久旷课，决定先办暑期中文补习班。”[⑤] 该校也称长老会中华学校，有学生 80 余人，设有幼稚班。

总体来看，“古巴华侨教育，不甚发达”[⑥]。古巴华侨对华侨教育落后的原因有自己的分析和见解。一名叫陈以光的侨胞认为：“在旅古华侨教育问题当中，现在最难解决的是观点问题（即学成后的出路问题），在没有解决这个观点问题以前，旅古华侨教育是和过去一样，停滞不前的……”[⑦] 他同时提出，古巴华侨教育落后的最主要的原因是经济原因，即华侨经济在居留国古巴所占比重太小。[⑧] 还有的侨胞从侨校不完善、教学效果有限的角度进行分析，认为：“以前中华学校之所以失败，一因在学的学生，有时派出捐款，仍说西话，依然不懂中国语言，于是父兄们就感到失望；二因教师有四邑的，有三邑的，言语各不相同，而所教字音，就有差异，令学生无所适从，于是更难学习……”[⑨] 宋锡人认为：“①古巴一向不许华女进口，华侨大部分与古女结婚，其所生子女在血统上即有一半为古巴人，平常终日与母族相处，语言习惯都无法强使接近中华文化；②因为工例及居留问题，土生子女都不愿承认为中国籍民，何况日后他们本身都有立身问题，自然以受古巴教育为主；③子女接受小学教育后，不外升学与就业两途，但因侨校制度系遵照我教育部规定，顾名思义，也不能不着重中国文字及

① 《华侨子女暑期补习学校昨举行结业典礼（一）》，《华文商报》，1955 年 8 月 30 日。
② 《公教华侨学校的现在与将来（一）》，《开明公报》，1956 年 7 月 21 日。
③ 《公教华侨学校第二学年的实况（一）》，《华文商报》，1957 年 7 月 13 日。
④ 宋锡人：《古巴华侨史话》，台北：海外文库出版社，1957 年，第 21 页。
⑤ 《基督教中华学校招生讯》，《华文商报》，1957 年 4 月 12 日。
⑥ 陈匡民：《美洲华侨通鉴》，纽约：美洲华侨文化社，1950 年，第 649 页。
⑦ 陈以光：《旅古华侨教育问题（一）》，《华文商报》，1957 年 3 月 4 日。
⑧ 陈以光：《旅古华侨教育问题（二）》，《华文商报》，1957 年 3 月 5 日。
⑨ 刘德闻：《再论华侨教育问题》，《华文商报》，1954 年 5 月 13 日。

史、地等主要教材，这样一来，西文的程度无形降低，升学既嫌不够标准，就业更不切实际，甚至连助理父兄店务也无法应付，这是一个华侨在当地求生的实际问题；④一般人既不以华侨子弟须受祖国文化为急要之务，且实际上连维持本身的经费都左支右绌，当然没有继续开办下去的可能，这可以说是旅古华侨最可遗憾的事。其余如师资、教材都有问题，华侨教育，遂愈呈险象。”[①]

古巴华侨教育时断时续，并不表示古巴华侨不重视文化教育，相反，古巴华侨十分注重教育。这主要体现在两个方面：一是开办夜校，推进成人教育；二是华侨将土生子女送往本地学校就读，很多土生华侨接受高等教育，成为专门人才。

由于古巴华侨移民主要是单个成年男性移民，而且“多来自田间，少年失学，居其泰半”[②]，故古巴华侨十分注重成人教育。中华总商会曾办有国语研究班，国民党驻古巴总支部办有侨民夜校，青年互助社也设立夜校，招收成年侨胞，学习中西文及国语。在古巴各省也有华侨青年创办的夜校，如圣克拉拉省。古巴华侨还曾采用播音的方式教授国语，[③] 同时，“三间华报及两间放映国片之影戏院，不啻为湾京少年失学的侨胞们补习认字识字之平民学校”[④]。另外，专门有古巴华侨教授西文。《华文商报》曾刊登《吴卓彰教授吕文招生广告》，内中称：“卓彰自开始教授吕文以来，不过七个月，已有学生廿余名能在店内卖货，如业杂货、洋货、生果等皆有。因以最简单之教授法教以日用应酬言语对答、生意学识以及守古巴法律规例等。”[⑤]

与此同时，很多土生华侨青年在当地学校就读并取得优异成绩。1958 年《华文商报》曾载《哥仑布学校　中国女生学绩优异》一文，从侧面反映出华侨青年的教育状况。“在眉挠堡之哥仑布学校，为一吕文与英文并授之学校。我国青年在该校毕业者，近年为数不少。如李崑玉先生与袁前总领事道丰之子即系其中之一二。现两者在大学肄业。袁致远因考绩优异，考得美国奖学金。现在一美国大学求学，三年于兹。但在哥仑布学校，中国女生学绩优良，接踵而起。如崔冠英、关鸣谦、袁道丰之女儿，历年亦在各班级中名列第一。该校当局与一般学生对中国青年之聪颖好学，咸表惊异及重视云。”[⑥]

许多土生华侨青年考取古巴的大学，接受高等教育后成为专门人才。这同样

① 宋锡人：《古巴华侨史话》，台北：海外文库出版社，1957 年，第 22 ~ 24 页。
② 《如何推进国语运动——致旅古侨胞的第六封公开信》，《民声日报》，1941 年 11 月 26 日。
③ 《如何推进国语运动——致旅古侨胞的第六封公开信》，《民声日报》，1941 年 11 月 26 日。
④ 《由问字说到中共私创之新字》，《开明公报》，1958 年 12 月 6 日。
⑤ 《吴卓彰教授吕文招生广告》，《华文商报》，1949 年 5 月 26 日。
⑥ 《哥仑布学校　中国女生学绩优异》，《华文商报》，1958 年 7 月 3 日。

能从《华文商报》的报道中管窥一二。据《张耀军公子考得天主教大学奖学金》一文："张耀军之次公子惠韶，自中学以最优等毕业，在古巴国立大学报名读医科。但以该大学闭门，开学遥遥无期。得师长之鼓励，是以投考天主大学之'化学工程'，奖学金一年。果然一考即得，足见惠韶学力之强。又查悉由本学年起，我侨子女在该大学求学者，有加连拿殷商罗庆常之女公子，及本湾陈荣济之次公子。前者读医科，后者读建筑工程云。"①

二、古巴华侨的娱乐生活

提到古巴华侨的娱乐生活，就不得不提古巴的中国戏院。陈匡民提到，古巴"华侨唯一娱乐为粤剧及祖国影片"②，而提供粤剧演出及祖国影片放映的正是中国戏院。下文将以古巴中国戏院的变迁为主线，对古巴华侨的娱乐生活进行考察。

根据恰法特的记述，1873 年 3 月，哈瓦那唐人街的第一家中国戏院建成。戏院位于桑哈和圣尼古拉斯（San Nicolás）大街，由 4 名从美国旧金山来到古巴的华人（Carlos Chang、Li Weng、Wong Yat Sen 和 Lay Fu）出资 15 000 比索修建而成。戏院演出木偶戏，"演员们所使用的木偶由中国雕刻家周明（Choy Men）制作，掌控木偶的演员需要有唱戏的好嗓音。舞台独特而罕见，看不见唱戏的人。舞台是八边形的、全封闭的，从那里演示的木偶代表的是中国古老传说中的大人物"③。戏院的门票需要 2 银比索（dos reals fuertes）。

1875 年 1 月，第一批中国粤剧演员从美国圣弗朗西斯科来到哈瓦那，将粤剧表演带到了古巴。哈瓦那第二家中国戏院笋音（Sun Yen）戏院在利尔达（Lealtad）大街也建立起来。这家戏院由华人莫开是（Mo Ga Si）和潘主是（Pan Chu Si）出资兴建，主要表演粤剧。演出时间是周一至周六晚上 6 点至 10 点，周日下午 1 点至 4 点半。首场粤剧演出的第一个剧本是 Chik Yan Kuei，第二个是 Shi Kong。④

因为古巴华人绝大多数来自广东，粤剧表演在古巴大获成功并广受欢迎。中国戏院的开设也走出哈瓦那唐人街，扩展到古巴各地的华人聚居地。1875 年 4

---

① 《张耀军公子考得天主教大学奖学金》，《华文商报》，1958 年 9 月 19 日。

② 陈匡民：《美洲华侨通鉴》，纽约：美洲华侨文化社，1950 年，第 649 页。

③ Antonio Chuffat Latour, Apuntes historicos de los chinos en Cuba, p. 49. 转引自 José Baltar Rodríguez, *Los chinos de Cuba: Apuntes etnográficos*, p. 145.

④ Chik Yan Kuei 和 Shi Kong 是粤剧剧目中文名称的音译，因此类中文专有名词无法还原，故本书不加翻译。

月，西恩富戈斯建起了第一家广东风格的中国戏院。同年，笋音戏院的演员到此表演了粤剧 Chik Yan Kuei 和 Shi Kong。据称，Chik Yan Kuei 的表演持续了 15 天，Shi Kong 的表演持续了 12 天。邻近地区的华人也赶来观看。家住西恩富戈斯的恰法特写道："中国戏院是一件大事，不仅对华人而言，对古巴人亦是如此。他们被这种奇怪的音乐所吸引。小孩们在大街上用'中文'唱歌，在家里制造各种嘈杂的声音。"① 1876 年，大萨瓜第一家中国戏院出现在一座 3 层高的木制建筑里。这是为一家由 94 人组成的中国艺术演出公司在古巴的首次演出而建立的。演出极为成功，很多华人放弃在田间的工作或是生意赶到戏院观看，以致"种植园主抱怨，当地政府应命令戏院只能在节假日开放"②。

对于 19 世纪古巴中国戏院的情形，当时清廷一些外交官员有所记述。张荫桓在《三洲日记》中记述道："……东莞、新安、增城三县，就西人市集之上，联一公所，旁为剧场，局面不宏而甚整洁，晚徇乡人之约，一往观故乡声乐，聊抒旅怀。"③ 由此可见，当时古巴华人就把去中国戏院观赏家乡戏剧作为联络同胞感情并一解乡愁的休闲方式。1889—1893 年间在古巴任总领事的谭乾初在《古巴杂记》中提到："夏湾拿有华剧二班，虽不甚可观（优伶多由本处学艺），然忠孝廉节，喜怒哀乐，亦足激发天良，各华人仍不忘中国面目也。"④ 到余思诒在 1893—1896 年 12 月任古巴总领事期间，他观察到中国戏院出现衰落的趋势。他提到，哈瓦那"原有戏馆两处，今已一处，亦将闭歇"⑤。

19 世纪末中国戏院的衰落，与当时华人人口的减少有一定关系。据古巴 1899 年的人口统计，当年古巴境内的华人只剩下 15 000 人。在当年对华人职业的统计中，有演员 26 名、艺术家 4 名、音乐家 1 名，⑥ 这些人可能与古巴的中国戏班有关。

余思诒曾担心："今新来华人既不肯留，积年老客触目衰病，十年后不堪设想！"但随着古巴独立战争结束以及古巴共和国成立，在美国资本的刺激下，古巴迎来了一个经济大发展的时期。从 20 世纪初起，掀起了华人到古巴的另一个

---

① Antonio Chuffat Latour, Apuntes historicos de los chinos en Cuba, p. 57. 转引自 Mauro García Triana and Pedro Eng Herrera, *The Chinese in Cuba, 1847 – now*, p. 115.

② Mauro García Triana and Pedro Eng Herrera, *The Chinese in Cuba, 1847 – now*, p. 115.

③ 张荫桓：《三洲日记》，《晚清海外笔记选》，北京：海峰出版社，1983 年，第 242 页。

④ 谭乾初：《古巴杂记》，《小方壶斋舆地丛钞》，第十二帙一。转引自刘文龙：《华夏文化在近代拉丁美洲》，《拉丁美洲研究》1998 年第 4 期，第 50 页。

⑤ 余思诒：《古巴节略》，《晚清海外笔记选》，北京：海峰出版社，1983 年，第 257 页。

⑥ Duvon Clough Corbitt, *A Study of Chinese in Cuba: 1847 – 1947*, Wilmore: Asbury College, 1971, pp. 92 – 93.

高潮。根据哈瓦那领事馆的统计，1903—1916 年间，共有 6 258 名中国人入境①；1917—1924 年短短 7 年间，有 17 473 名中国人进入古巴。② 中国人到古巴的移民高潮，使得粤剧艺术在古巴得到快速发展。

如前所述，谭乾初曾提到“夏湾拿有华剧二班，虽不甚可观（优伶多由本处学艺）”，古巴的人口统计也显示有一些以演员为职业的华人。可见，古巴在 19 世纪末已有本土的戏班，但估计其规模较小。在 20 世纪 40 年代前，除本土的戏班表演外，古巴的中国戏院主要与香港、广东等地的剧团、戏班签订合约，邀请他们到古巴表演。通常，这些剧团或戏班先到美国、加拿大的华人聚居地表演，再到哈瓦那。另有一些在香港、广东、美国的剧团和戏班的名伶等，与古巴的中国戏院签约到古巴作短期表演，如著名粤剧演员、广东粤剧全女班“金钗铎”的花旦黄小凤就曾到过哈瓦那演出。

第二次世界大战爆发前后，古巴粤剧表演一度受挫。出于对战争的各种担忧，签约到古巴演出的剧团、戏班和演员回到中国或美国等地，并带走了一些古巴本土演员。繁荣的粤剧表演因演员的流失突遇危机。但在中华音乐研究社③粤剧师傅的努力下，古巴的粤剧艺术再度兴起，并培养出一批土生华裔粤剧演员。据何塞·巴尔塔·罗德里格斯的研究，中华音乐研究社的师傅们创办了一家新粤剧表演公司，名为中华剧团（Opera Chung Wah）。因内部分歧，一些师傅自立门户，另外成立了钧天乐剧团、国声剧团和国光歌剧团。这样，古巴一时拥有 4 家粤剧剧团。

由于缺乏来自中国的演员，这些剧团开始招收 8～20 岁的古巴土生华人（极少数是没有中国血统的古巴人）学习粤剧。粤剧集唱、做、念、打于一体，需要演员具备一定的声音和身体条件，故剧团所招学员一般是受过一定训练的华人体育社团或武术社团的成员。根据学员各自的声音特点，剧团安排他们分饰男角或女角。有的学员不会说广东话，需要反复记忆唱词，有的甚至用西班牙文来标注粤语的发音。据一位曾在钧天乐剧团和国声剧团表演的老粤剧演员约兰达·吴（Yolanda Eng）回忆：“剧本很多，剧本的唱词很长，我们需要记住发音。我们不会说中文，就教我们发音。给我们的唱词是汉字写的，一旁注上音，我们需要练习很久。中国师傅叫马里奥·尼普（Mario Nip），他反复教我们唱词的发音，直到我们记住。”④ 陈匡民也提到，表演粤剧的土生女子“生长古巴，向未足踏

---

① Duvon Clough Corbitt, *A Study of Chinese in Cuba: 1847－1947*, Wilmore: Asbury College, 1971, p. 95.

② Miriam Herrera Jerez y Mario Castillo Santana, *De la memoria a la vida Pública: Identidades, espacios y jerarquias de los Chinos en la Habana Republicana (1902－1968)*, P. 28.

③ 古巴的华人社团之一，成立于 1936 年。

④ José Baltar Rodríguez, *Los Chinos de Cuba: Apuntes Etnográficos*, p. 160.

国土，上台时虽能唱出广州口腔，但下台后，仍不晓讲中国话。负训练之责任者，煞费工夫”①。

新的粤剧剧团的成立与后继人才的培养，使得粤剧在20世纪40年代的古巴十分兴盛。1942年6月6日，《华文商报》的一版广告反映了当时的盛况。当日，在同一版面的广告位置有钧天乐剧团、国声剧团和国光歌剧团表演粤剧的广告。其中：

钧天乐男女班　定期六月八号即星期一晚八时在金鹰戏院开演　【历史】【香艳】【名剧】（貂蝉拜月　吕布窥粧）林彩霞　聂生生主演　全班落力排演　编导聂生生　撰曲梁小俊　音乐领导陈大　精彩剧情　祷天神：貂蝉拜夜月　欢国事：王允働愁怀　王司徒：设计美人局　董太师：眷恋歌舞女　勇奉先：贪色杀义父　美貂蝉：诉苦凤仪亭　（注意）本班售票处暂在省下街一百零九号二楼（即周良君寓所）　特等　超等　均编制号数　【（入场券）】特等六毫　超等四毫　普通二毫　六月二日　古巴湾城钧天乐男女班启

国声剧团　本团定期六月七号（星期日）下午二时至六时止在上海戏院开演　（香艳佳剧）【藕断丝连】　萧金凤主演　全体男女艺员落力排演　【日戏券价】　特等四毫　超等三毫　普通一毫半　是月十一日（星期四）八时开演　（新编节孝佳剧）【佛祖寻母】　萧金凤、萧玉凤、陈桂香主演　国声剧团男女艺员落力排演　（编剧）谢华　李炯生　吴非伶　（导演）陈忠　（音乐）伍龙　剧中特色　李炯生饰陈光裔　携眷赴任　江中遇劫遭殃　萧玉凤饰金鱼精　感恩报德　水晶宫里成亲　萧金凤饰光裔妻　含辛茹苦　蒙羞忍辱存孤　陈桂香饰江流僧　历尽折磨　诛奸复仇结局　（注意）特等　超等　编列号数　【（入场券）】特等六毫　超等四毫　普通二毫　六月三日　古巴湾城国声剧团启

国光歌剧团　本团定期六月十一号（星期四）晚八时在金鹰戏院开演　（威勇名剧）【西河会妻】国光歌剧团男女艺员　（落力排演）编导谢文利　撰曲董祥　音乐指挥屈炳　演剧精华　毒计抢美　知府访案　西河脱险　拦途告状　大乱帅府　比武诛奸　（演员阵容）雷宝琴：慷慨英雄诛奸贼　林坤仪：穷途适遇未婚妻　雷宝珍：遇难西河会夫婿　谢宝珠：承恩爱宠封西宫　李瑛珍：抱侄奔波寻活路　何秋兰：庙祝慈心济人急　（注意）雷宝琴耍双刀　手段灵敏　英气夺人　非常悦目　请侨胞注意星期三本告白位　是次特别隆重优待侨胞观剧　注意　预早购券　座位号数　编定不乱　（票价）特等六毫　超等四毫

① 陈匡民：《美洲华侨通鉴》，纽约：美洲华侨文化社，第650页。

普通二毫　六月五日　国光歌剧团启

另外，除粤剧表演外，同一版面还有新民公司乐观戏院、金鹰戏院的广告。其中，新民公司乐观戏院放映《红拂女夜奔》等电影；金鹰戏院则先放映电影，“再聘华侨土生技术大家陈兄弟男女班表演‘惊人技术’”。

从该日的这版广告，可以窥见当时古巴华侨社会文娱生活的丰富与粤剧在古巴发展的一时繁荣。哈瓦那同时有 4 家本土的粤剧剧团，几乎每天都有粤剧表演。剧团还到古巴各地的华人聚居地巡回演出，通常一个地方演 3 ~4 天。主要的演出地点有马坦萨斯、圣克拉拉、圣地亚哥等地。

在 20 世纪 30—60 年代这一时期，笔者见到的华文报纸提及的哈瓦那中国戏院有上海戏院、爱群影业公司国家戏院、新民公司乐观戏院、金鹰戏院、新大陆戏院、新民戏院。其中，上海戏院的起源不详，但被记述于 1923 年因经济原因转手给了古巴人。其虽位于哈瓦那唐人街，但主要并不供中国戏剧演出。爱群影业公司国家戏院成立时间不详，笔者在 1939 年的报纸看到该戏院的广告，在 20 世纪四五十年代的报纸上未曾见到，可能更名亦可能倒闭。新民公司乐观戏院何时建立也不详，后来是否更名为新民戏院不能肯定。在 20 世纪 50 年代，主要有金鹰戏院、新大陆戏院、新民戏院 3 家。金鹰戏院成立于 1937 年，于 1941 年 11 月重新装修开张。新大陆戏院成立于 1948 年，在 20 世纪 60 年代仍然存在。

20 世纪 40 年代末，中华剧团和钧天乐剧团解散，国声剧团于 1951 年前后解散，只有国光歌剧团维持至 1950 年代后期。古巴本土粤剧剧团的相继解散，表明粤剧在古巴逐渐衰落。

本土粤剧剧团难以为继，与粤剧固有的一些特点有一定关系。粤剧剧本排演耗时长、耗费大，剧团往往反复演出几个剧目，且粤剧表演节奏极慢，这与“二战”后人们求新、求异、求快的生活方式相悖。在有新的选择的情况下，人们将对粤剧的关注分散至其他方面，如电影、电视等。从 20 世纪中期起，电视在古巴迅速兴起。1950 年古巴成为拉丁美洲第一个播放电视节目的国家。1952 年，据官方统计古巴有 40 万台电视机，人均拥有电视机数量仅次于美国，位居世界第二。

粤剧的相对衰落，与电影的兴起也不无关系。1939 年 7 月 22 日，《民声日报》刊载了爱群影业公司国家戏院的一则广告：“今天与明天在国家戏院放影一条为中国爱国女明星黄柳霜女士主演之《华埠之王》的侦探影片，以纽约华埠为背景，其中剧情曲折，事实离奇，技艺超群，得未曾有。在美国此片深得华侨欢迎，料本湾之华友，幸勿交臂失之。”同一天的报纸还刊登了金鹰戏院、新民公司乐观戏院的广告。可见，在 1939 年，看电影在古巴华人当中已经兴起。但这一时期，粤剧同样受欢迎。

随着电影业的发展，古巴的中国戏院逐渐加大引进电影的力度，对粤剧造成不小冲击。以新大陆影院为例，蒋伟生任总经理时，“本其灵敏手腕，由美国三藩市、纽约、加拿大、中国香港聘来男女名伶表演粤剧，一新侨界眼帘，颇得侨胞同情，经过一个时期，收相当之成绩。旋因由香港及美洲办来影片，不下数十部，是以将粤剧暂停，专影新片，更换观众视线”①。

同时，古巴中国戏院还专门派人常驻香港，挑选影片。新大陆戏院总经理蒋伟生，“一方面在港设立伟生影业公司，特派专员驻港，再接再厉，选购适合美洲侨胞胃口之佳片。出于某种环境需要，聘请华南红伶红星自资摄制新片，作长久之供给，港方公司多年若干规模具备，基础巩固，更与三藩市大观戏院主持人有姻娅之谊，互相维系，将港地买得之新片，先寄三藩市大观戏院作处女公影，然后分发美国檀香山、加拿大各地华侨戏院放影，在上述地区影完之后，而来古巴。以目前时价而计，每部新片，非港纸五六千圆不能买入。由一九五五年以迄于今，购有新片百余部之多”②。由此可见古巴中国戏院电影的来源及运作，以及与香港电影业、美国华人影戏院的紧密关系。

虽然本土粤剧剧团遭遇危机，但 20 世纪 50 年代，古巴仍不时有粤剧表演，只是演出频率有所降低。1956 年 11 月 9 日，为庆祝新大陆戏院成立 8 周年，国光剧团全体男女艺员表演了粤剧《樊梨花罪子》。同时，美国的粤剧名角也常到古巴表演。1956 年 1 月 13 日，《开明公报》载：“新大陆舞台昨由美新到文武生伍元熹，首次登台献艺……”同年的《开明公报》还刊登了罗兰芳、牡丹苏在哈瓦那的演出：“新大陆舞台定于十五（星期日）由牡丹苏女士表演金生挑盒新出头，旧戏本，为著名小生白驹荣首本。牡丹苏得其真传，有青出于蓝之本色，久已驰名海内外，加以罗兰芳新到合演，格外落力。牡丹苏饰金英才，文雅风流，词曲香艳，做手神传，惟妙惟肖云。”③ 适逢古巴中华总会馆召开第二届全侨代表大会，牡丹苏与罗兰芳还邀请参会代表观看了其表演的《情僧偷到潇湘馆》。在 1957 年 2 月 22 日《华文商报》所登娱乐消息中，新大陆戏院先演国片，再演粤剧《平贵别窑》，再放映影片，再演《平贵回窑》，文中称此为“双料娱乐”。

1957 年后，古巴的粤剧演出日益稀少。《华文商报》“娱乐消息”栏目专门预报中国戏院的放映内容。1958 年后，“娱乐消息”所登内容几乎全与电影有

① 《新大陆八周年纪念》，《华文商报》，1956 年 11 月 8 日。
② 《新大陆业务前途似锦》，《华文商报》，1956 年 11 月 9 日。
③ 《牡丹苏演金生挑盒》，《开明公报》，1956 年 4 月 14 日。

关。可见，电影放映逐渐兴起并独占鳌头，成为古巴中国戏院的主业。

除粤剧和电影外，中文书刊也是华侨华人的消遣读物。1953 年 10 月 21 日，专办祖国文化的志天书店在哈瓦那唐人街开张。此外，侨团也设有图书室。仅以九江公会而论，该会图书室 1954 年有 1 121 本书，包括 28 类：新闻教育、法律、政治、经济、社会、文艺创作、生理卫生及医药、处事及修养、现代小说、民间小说、翻译小说、武侠技艺、侦探间谍、戏剧、业余运动及娱乐、性教育、妇女家庭、图案美术、补充参考读物、实用应用书籍、外国语文、字典、星象占卜、书信尺牍、古文读本、幼稚读本和名人法帖。[①]

第四节　家与国：古巴华侨华人与中国的联系

20 世纪上半期，古巴华侨华人与中国的联系十分紧密，除了家庭的牵引力外，中国国内形势的剧变也为华侨华人参与中国事务提供了舞台。

一、古巴华侨跨国家庭：以回国探亲、侨汇为联系的主要纽带

（一）古巴的华侨跨国家庭

长期以来，古巴华侨华人社会主要由单个的男性移民构成，不论是 19 世纪的契约华工还是 20 世纪的自由中国移民皆主要是男性。根据古巴人口普查数据，从 19 世纪到 20 世纪的百余年里，女性占全部古巴华侨华人人口的比重从未超过 5%。

表 3－12　19 和 20 世纪古巴华侨华人的性别构成

年份	总人数	男性人数	男性占比（%）	女性人数	女性占比（%）
1861	34 828	34 771	99. 84	57	0. 16
1877	40 327	40 261	99. 84	66	0. 16
1887	28 752	28 694	99. 80	58	0. 24
1899	14 863	14 814	99. 67	49	0. 33
1907	11 217	11 166	99. 55	51	0. 45
1919	10 300	10 016	97. 24	284	2. 76

① 梁喜明：《我对九江公会图书室之筹备与展望（一）》，《华文商报》，1954 年 5 月 17 日。

（续上表）

年份	总人数	男性人数	男性占比（%）	女性人数	女性占比（%）
1931	24 647	24 445	99.18	202	0.82
1943	15 822	15 657	98.96	165	1.04
1953	11 834	11 350	95.91	484	4.09
1970	5 892	5 710	96.91	182	3.09

（数据来源：José Baltar Rodríguez，*Los Chinos de Cuba*：*Apuntes Etnograficos*，p. 90.）

根据笔者的比对，古巴人口普查统计的 20 世纪华侨华人的人数，普遍较同一时期华侨华人在哈瓦那领事馆登记的人数、中华总会馆的登记人数和古巴外侨登记局的统计人数略少。但其对古巴华侨华人性别比例变化趋势的反映基本与历史背景相符。从上表可见，在华侨华人移民古巴长达 100 余年的历史上，到古巴的中国移民绝大多数是男性的特征并未发生大的改变。在古巴华侨华人主要由契约华工构成的 19 世纪，古巴的华人妇女总人数不超过 100 名，可能有部分女性契约华工，也可能有部分富有的加利福尼亚（华）人将女眷带到古巴。陈兰彬抄自英国驻哈瓦那领事馆的古巴华工数据显示，1856 年到古巴的华工中有 7 名妇女，1858 年有 45 名妇女。1907 年，古巴华人妇女的人数仍然较少，仅有 51 名，较前一阶段未有大的变化，系因新的移民潮尚未到来。而到 1919 年，妇女人数增加到 284 人，这应该是“一战”期间古巴因蔗糖经济繁荣完全放宽对移民入境限制的结果。到 20 世纪三四十年代，妇女的人数略有减少，这可能与世界经济危机爆发导致很多古巴华侨回国以及日本侵华导致到古巴的新移民中断有关。到 1953 年，华人妇女猛然增至 484 人，这是历年人口普查中华人妇女最多的一年。华人妇女猛然增多的背后，是领事馆的交涉成功以及 1949 年前后新一波中国移民到古巴。1948 年，经过驻哈瓦那总领事袁道丰的交涉，古巴政府同意准许入籍华人妻子和未满 21 周岁的未成年子女入境。1954 年，古巴政府曾下令调查新侨入境手续。中华总会馆成立护侨委员会，办理新侨登记，并将参加登记的新侨名单登载在《开明公报》上。根据登载的新侨人数和性别的统计，妇女在这一波移民中所占比例确实较大。如 1956 年 1 月 13 日所登《新侨登记续讯》中共列出 41 位新侨的名字，其中女性移民有 11 位。另一条《新侨登记续讯》显示，在 53 位新侨中 13 位是女性。到 1970 年时，女性人数又下降至 182 人，这应该与古巴革命后华侨华人再移民到美国、加拿大等其他国家和地区有关。

与 19 世纪的契约华工不同的是，20 世纪到古巴的自由中国男性移民大都维系着与祖国家乡亲人的联系。大量华侨跨国家庭的持续存在是 20 世纪古巴华侨华人社会异常显著的特征之一。根据 1947 年古巴外侨登记局的统计，当时在外侨登记局登记的华侨有 28 829 人，其中男性 28 748 人，女性 81 人，男女华侨比例高达 355:1；从婚姻状况来看，未婚者 12 253 人，已婚者 16 400 人，离婚者 12 人，鳏夫 164 人。[①] 虽然这一统计没有包括已经入籍的古巴华人的情况，但却清楚地反映出以下两点：①古巴华侨华人中存在大量的单身汉。在 28 829 人中，未婚者竟高达 12 253 人，几乎占到总人数的一半；②由于在古巴的华侨华人女性只有 81 人，因此古巴大量华侨华人男性已婚者要么是与古巴女子结婚，要么是家眷在中国。当时古巴华侨华人未婚者如此之多，可能与抗日战争爆发以及接踵而至的“二战”有关，由于航路受阻，很多原本打算回国结婚的华人不能回国。

华侨华人与古巴女子的通婚率未有准确统计，但古巴华侨国大代表许荣暖在参加第二次国民代表大会时提到：“第二次世界大战，太平洋战争爆发，邮航隔绝，汇款不通，祖国侨眷，釜底游鱼，终至饿毙，海外侨民，援振乏术，徒呼奈何。有一部分侨民，以为祖国这条路行不通，与西女结婚者十之二三，家人惨毙，田园沧湾，无家可归者十之三四。”[②] 这里透露出，由于“二战”爆发导致古巴华侨华人与祖国的联系中断，与当地女子结婚的华侨华人男性增多，占到了十分之二三。但这一段表述颇有些文学性夸张的意味；因此，古巴华侨华人与古巴女子结婚者占十分之二三的说法还有待验证。1961 年，古巴中华总会馆举行了华侨登记，调查了华侨人数、地区分布以及职业等，对“在古巴华侨的家庭有若干，和当地人结婚的占百分之几，家庭状况如何”[③] 亦要求华侨华人进行登记。故此项调查结果对于了解当时古巴华侨华人与当地女子的通婚率有重要参考价值。据统计：“1961 年总登记九千零二人，男性占八千七百七十一人，女性占二百三十一人……入古巴籍者占一千九百五十五人，与古巴人结婚者占九百五十四人（此数不是正确，因有很多侨胞不愿填报），土生子女二千六百九十人……”[④] 尽管这次登记的人数不全，但参加总登记的 9 002 人中，与古巴人结婚的占 954 人。由此可见，华侨华人与古巴人的通婚率至少达到 10%。而且原文尤其强调，“此数不是正确，因有很多侨胞不愿填报”，表明华侨华人与当地人通婚的比例应该更高，因此前文许荣暖提到“与西女结婚者十之二三”，可能基本反映了当时华侨华人与古巴人的通婚率。

长期以来，将在中国家乡的家眷接到古巴生活的古巴华侨寥寥无几。即便是 1949 年前后的一批新侨入境之后，女性华人移民增多，这一状况仍未得到大的

---

① 《旅古华侨人数统计表》，《华文商报》，1947 年 12 月 17 日。

② 《第二届国民大会古巴华侨代表许荣暖报告书（三）》，《华文商报》，1948 年 2 月 25 日。

③ 冯啸天：《关于华侨登记的几个问题（三）》，《开明公报》，1961 年 4 月 11 日。

④ 《总会馆一年侨务公告》，《开明公报》，1962 年 1 月 22 日。

改观。1954 年，据古巴华侨自行估计，当时“古巴华侨有三万人，有眷属者约有六七百人”①，这里的有眷属应是指女性华人眷属。古巴华侨难以将家眷带到古巴，其原因众多：一是古巴长期限制中国移民入境，女性中国移民入境更是难上加难。1948 年，驻哈瓦那总领事袁道丰曾向古巴移民局交涉，试图“引述中古友好条约、古巴宪法与民法（按古巴民法对入籍外侨之未成年子女，认为是古巴人），根据这点意义与人道公理，请准入籍华侨之妻子来古”②。但入籍华人人数有限，且有的娶古巴女子为妻。二是古巴华侨经济条件有限，有的甚至没有稳定的经济来源，尤其是古巴实行“五十工例”后，华侨工人失业者众多。再加上古巴经济受外部市场影响巨大，华侨的经营和就业也时常处于风雨飘摇之中。因此，很多华侨华人的微薄收入难以支撑将家眷带到古巴生活的费用。三是古巴华侨仍然普遍有着叶落归根的梦想。四是中国妇女一般不愿出洋，而是留在家乡照顾老人小孩。

除去与古巴人通婚的“十之二三”，以及数百将眷属带到古巴的华侨华人，绝大多数有家室的古巴华侨华人将家眷留在了中国的家乡。因此，即便是 1950 年后女性华人移民增多，古巴华侨跨国家庭的数目仍不可小觑。

（二）古巴华侨跨国家庭的维系

洛佩斯通过对广东侨乡的古巴华侨亲属的访谈得出结论：20 世纪上半期的中国自由移民是通过“一个带一个”的方式去古巴的，而他们与家乡亲人保持联系则是通过回国探亲和寄送侨汇的方式。③

古巴华侨几乎全部来自广东，其中“台山县人占百分之四十五，新会、开平、中山次之”。在广东传统侨乡四邑④地区，有不少“古巴村”，如台山县广海镇的夹水村、新会县沙堆镇的独联村等。夹水村 30 户人家中，11 户有人去古巴，其中一刘姓人家三代都是古巴华侨；独联村的古巴华侨曾多达 700 人。⑤ 如此多的村民去古巴，主要依靠乡亲的介绍和带领。前文提到的黄宝世先生，1898 年出生于台山县，1923 年结婚，婚后两年即 1925 年就跟随同乡、侄子黄舜传从台山到古巴。黄舜传于 1920 年到古巴，于 1925 年回国探亲时将黄宝世带到古巴，这典型地反映了“一个带一个”的移民方式。黄舜传在到古巴后的 5 年时间里就

---

① 李应樟：《对刘先生侨教商榷的我见》，《华文商报》，1954 年 4 月 23 日。

② 《第二届国民大会古巴华侨代表许荣暖报告书（三）》，华文商报，1948 年 2 月 25 日。

③ Kathleen Maria López, *Migrants between Empires and Nations: The Chinese in Cuba, 1874–1959*, PhD. Dissertation: University of Michigan, 2005, p. 224.

④ “四邑”是指广东新会、新宁（现称台山）、开平、恩平四地，今再加上鹤山称“五邑”。

⑤ 黄卓才：《鸿雁飞越加勒比——古巴华侨家书纪事》，广州：暨南大学出版社，2011 年，第 8 页。

回国探亲了一次，这可能得益于他赶上了古巴经济发展的好时机，很快攒够了回国的路费。而黄宝世则一直等到 1937 年才回国探亲，距离他 1925 年离家出国已 12 年。虽然此后黄宝世先生一直盼望着回国，但由于种种原因，直到他 1975 年在古巴逝世，终未能如愿。因此，他在古巴长达 50 年的生活中，仅回国一次，在家住了一年多，完成了人生两件大事——建房、生子。此外，古巴华侨朱源（也名朱澄川）于 1964 年 6 月 8 日填写的古巴中华总会馆主办华侨申请回国登记表显示，他来自广东台山，于 1920 年 11 月到古巴。到 1964 年，时年 69 岁的他申请第三次回国，而在此之前他曾经回国两次。很多古巴老归侨，出国时孩子还在襁褓之中，返国时儿子已经成家立业，并生了孩子。

第二次世界大战之前，华侨华人往来中国和古巴者众多，这可以从古巴中华总会馆经费依靠“回头纸、出港费”就能维持得到反证。但此后，往来两国的华侨华人减少，中华总会馆只能开辟其他的经费来源。总体来看，大多数古巴华侨回国探亲的机会和次数很少，这一方面源于中国和古巴距离遥远、路费昂贵。笔者曾在华文报纸上见到航空公司提供的到香港的航班的机票价格，加拿大太平洋航空公司的单程票价为 678 元，来回票价为 1 232 元。而这对于月收入几十元的古巴华侨来说，无疑需要省吃俭用、积攒多时才能买得起。因此，古巴华侨难以经常回国探亲主要是受经济条件的限制。另一方面，古巴对华侨华人入境长期进行限制，相关政策时常变化。尽管经过使馆、总领馆的争取后，到过古巴的华侨离境时可以发给回头纸作为重新回到古巴的凭证，但这往往有期限。“许久以来，旅古旧侨申请返古巴护照，即通称‘回头纸’，非常繁难，而旧侨由港澳重抵古巴时，虽有合法手续真凭证据者，亦被移民局拨往对海羁留所，诸多留难，务用时间上牵制。”[①] 一些华侨害怕离开古巴后，古巴政策突变，就不能再入境，故而回国也较少。第二次世界大战结束后，想回国的侨胞数以千计。古巴移民局一度不肯为有返回古巴意愿的侨胞签发回头纸，说根据法律凡是以工人、学生及游客等资格入境的外侨，离开古巴后，便不准返回。在经过袁道丰向古巴总统、部长及局长多方面交涉后，一些古巴华侨才得以领取返回古巴的护照。

对于古巴华侨来说，回国探亲是维持与家乡亲人联系的最高梦想，但受制于种种条件极少能实现。古巴华侨维持与在家乡的家庭的联系主要是通过书信以及侨汇的方式。根据黄卓才先生保存的其父黄宝世先生的信件来看，侨汇是来信的一个重要主题。作者保存的时间跨越 20 多年（1952—1975）的 40 多封家书，绝大多数都提及侨汇，包括汇款金额、汇款的分配以及古巴革命后侨汇受到影响的具体情况等（后文详述）。由于很多古巴华侨有家庭在祖国，而家眷难以入境，

① 《侨商代表会见内长记述（二）》，《开明公报》，1954 年 2 月 16 日。

加之经济收入的不稳定，使得家庭难以在古巴团聚，因此，侨汇成为古巴华侨维持与在中国的家庭的联系的主要方式。

尽管古巴华侨人数不多，长期维持在 30 000 人左右，但由于大量跨国家庭的存在，古巴华侨汇回大量侨汇以赡养家眷。从数目上看，1941 年，古巴华侨汇回人民币6 290 771. 93元、港币 3 389 996. 23 元。[①] 以 30 000 华侨计，平均每位华侨汇回约人民币 210 元、港币 113 元。1946 年 7 月，中国银行收到侨汇共值人民币 7. 21 亿元，计 1 000 英镑。其中，美国 5 亿元、加尔各答 400 万元、古巴 1 亿元、南洋 1 200万元、河内 1. 05 亿元。[②] 单就该月数据来看，来自古巴的侨汇占到第三位。1947 年 7 月，中国银行共经收侨汇总数为人民币1 737 681 234. 50元，其中古巴 29 759 054 元。[③] 1948 年 2 月，中国银行经收各地侨汇统计总数为人民币 30 091 232 760. 01元，其中来自古巴哈瓦那的为 412 268 000 元。[④] 1948 年 4 月，中国银行经收侨汇总数为 25 101 346 678. 32 元，来自哈瓦那的为 444 619 000 元。[⑤] 1948 年 5 月，古巴寄回侨汇 154 359 000 元。[⑥]

从地位上看，战后中国银行经收的各地侨汇，古巴侨汇基本居第三位。“各地侨汇数额，战前以南洋各属居首位”，但战后“英属南洋各地，对侨汇限制甚严，而荷属南洋各地，亦因受战事影响，侨汇几全停顿”[⑦]。这使得来自美洲、欧洲的侨汇地位上升。从 1946 年 1—8 月中国银行办理的侨汇业务来看，“各地侨汇数额，以纽约（包括加拿大及美洲本部）居首位，约占总额百分之八十强，次为伦敦、古巴、澳洲、菲律宾、印度、缅甸、新加坡、吉隆坡、槟榔屿、河内等地”[⑧]。由此可见，尽管古巴华侨人数不多，但由于大量跨国家庭的存在，侨汇数目仅次于纽约和伦敦，居第三位。由于古巴华侨主要来自广东“四邑”，抗战胜利后，古巴侨汇在四邑侨汇中占有更大的比例，一度居第二位。根据一项统计，四邑侨汇 85% 来自纽约（包括加拿大及美洲本部），次为古巴、澳洲、南洋各地、伦敦、印度。[⑨] 事实上，中国银行在哈瓦那设立分行，也从侧面反映出该行对古巴侨汇极为看重。1954 年 10 月 5 日，《中国银行夏湾拿分行成立十周年

① 《古巴华侨商务经济概况》，《华侨先锋》1945 年第 7 卷第 4 ~6 期。

② 《七月份侨汇增加》，原载《粤侨导报》1946 年第 4 期，收录于广东省档案馆等合编：《华侨与侨务史料选编》（1），广州：广东人民出版社，1991 年，第 217 页。

③ 《本年七月份中国银行侨汇统计》，《银行周报》1947 年第 31 卷第 37 期，第 38 页。

④ 《二月份侨汇收入较一月份减少》，《金融周报》1948 年第 18 卷第 17 期，第 7 页。

⑤ 《本年四月份中国银行经收侨汇额》，《银行周报》1948 年第 32 卷第 28 期，第 37 页。

⑥ 《六月份侨汇颇有起色》，《金融周报》1948 年第 19 卷第 6 期，第 4 页。

⑦ 寿进文：《国内经济动态——三十五年十月》，《中央银行月报》1946 年第 1 卷第 11 期，第 38 页。

⑧ 寿进文：《国内经济动态——三十五年十月》，《中央银行月报》1946 年第 1 卷第 11 期，第 38 页。

⑨ 刘进：《四邑侨汇为粤省冠说辨析》，《五邑大学学报》（社会科学版）2005 年第 7 卷第 4 期，第 43 页。

纪念特刊》发刊词特别提到："本行总管理处因鉴于古巴地位重要，侨胞众多，于一九四四年十月五日于本京设立分行。"①

古巴华侨寄送侨汇的方式多种多样，一般是通过香港中转。1942 年，古巴华文报纸刊登《关于侨胞汇款归家要讯》，称因香港沦陷日敌，海外华侨汇回救家之款路线中断。② 从华文报纸登载的广告来看，古巴的华货进口商，如东亚商店、友彰号等，因其与香港的贸易联系，接理侨汇业务。在中国银行哈瓦那分行设立后，也办理侨汇业务。据黄卓才先生记载，侨汇大多是通过商业银行寄送到香港的私人银号（钱庄），然后由银号派人带入侨乡，直接交给收款人。③

二、民族主义：20 世纪上半期古巴华侨华人对中国事务的参与

（一）古巴华侨华人参与中国事务的表现

20 世纪上半期的古巴华侨华人主要是第一代新移民。而第一代移民最显著的特征即是将其既往的生活背景带入移居地，对祖国、家乡怀有强烈而持久的认同感。尤其是大量华侨跨国家庭的存在，使得古巴华侨华人对家乡密切关注，并积极参与中国事务。

20 世纪以来，中国社会的剧变为海外华侨华人的参与提供了舞台。1911 年辛亥革命胜利，清政府覆亡，1912 年中华民国随之成立。而这一切与海外华侨华人的鼎力支持密不可分。20 世纪上半期，古巴华侨华人积极参与到中国事务中。他们或发回电报，阐明立场；或派出代表回国，积极奔走；或在古巴成立各种爱国组织，募集款项，予以资金支持。

早在 1911 年，古巴华侨黄鼎之等人就发起成立三民阅书报社。随后，古巴华侨在云丹埠成立三民团体会，在里美料埠组织三民同志会。随着三民主义在古巴的传播，在中华民国成立前，仅在哈瓦那，国民党党员人数增至百人。为协助孙中山建国，黄鼎之被委任为筹饷专员，古巴华侨共为孙中山筹得军饷 1 万余美元。辛亥年七月，清廷军舰海圻号经过古巴，一些古巴国民党员印发传单，分发给舰上海军将士。同年，为接济革命军起义，古巴中华总会馆在接到胡汉民函要求筹饷之后，特设"粤侨筹饷局"，共筹得 7 万美元。

武昌起义成功，中华民国成立，孙中山就任临时大总统，古巴国民党党员除电贺外，又举行大庆祝会。其后孙中山拟让位于袁世凯，同志哗然，即电请孙中

① 《中国银行夏湾拿分行成立十周年纪念特刊》，《华文商报》，1954 年 10 月 5 日。
② 《关于侨胞汇款归家要讯》，《民声日报》，1942 年 2 月 20 日。
③ 黄卓才：《鸿雁飞越加勒比——古巴华侨家书纪事》，广州：暨南大学出版社，2011 年，第 1 页。

山先生勿萌退志。随后，古巴同盟会改为国民党总分部，仍隶属于圣弗朗西斯科支部。被孙中山派往美国办理美洲党务的林子超，多次到古巴各埠视察党务。云南起义之后，古巴中华总会馆召开各社团商庄代表会议，成立滇军起义筹饷局，结果总会馆筹集万金汇回。民国九年讨龙济光及莫荣新之役，中华总会馆助饷1万元，古巴国民党总分部筹助2万余元。陈炯明叛乱后，1922年，古巴华侨致电孙中山，请求讨伐陈炯明。[①] 为助讨伐陈炯明之役，古巴国民党部设筹饷局，筹款讨陈，要求凡属国民党员额捐5元。

"五卅惨案"发生后，古巴华侨"异常愤慨，乃以空间阻隔，不能作种种积极之援助。而国内工人同胞，尚能一致罢工反抗，以争外交最后之胜利，坚持二月有零，各界竭力输款，以为接济。古巴侨胞亦觉得募集巨款，接济沪上罢工工人，近特派代表周启刚、罗安、劳先鞭3人回国，调查济工收款机关。该代表等于前日抵沪，当即至上海总工会接洽，接收汇款办法已妥。该代表等遂即急电古巴华侨，速将已募集之40余万美金，即行汇沪救济罢工工人"[②]。省港大罢工发生后，古巴华侨成立省港大罢工后援会，并汇款予以支持。"古巴民声报自古巴登载请助省港工友之通电后，各埠爱国侨胞，皆以捐资援助工友，为海外华侨，应尽之义务。"[③] 据1926年《工人之声》报道："有古巴埠省港罢工后援会，电汇8 000元。"[④]

北伐战争爆发后，古巴华侨成立古巴华侨北伐后援会支会，组织捐款，支持北伐。1926年，古巴华侨曾兆麟、徐党、苏星波、罗赤诚、罗乐之、陈孟瑜、胡棪庭、黄秋博、张崇智、颜任侠、张鹤纪等组织古巴华侨北伐后援会支会，"不一日在古京即捐款至2 000元之多。山埠侨胞同志亦闻风响应，故未匝月，连汇款3次，每次皆有2 000元"[⑤]。

驻古巴华侨北伐后援会支会通告

公启者，本会自成立以来，专为筹款，为我国民政府北伐师之后盾。深幸各埠侨胞，本爱国热忱，群起响应，组织后援分会，襄助募捐，故得巨款立集。足

---

① 《华侨之请孙讨陈声》，《申报》，1922年6月21日。

② 《古巴华侨将汇巨款济工》，原载《工人之声》，1925年9月1日，收录于广东省档案馆等合编：《华侨与侨务史料选编》（1），广州：广东人民出版社，1991年，第414页。

③ 《古巴华侨援助罢工之义声》，原载《海外周刊》1926年第6期，收录于广东省档案馆等合编：《华侨与侨务史料选编》（1），广州：广东人民出版社，1991年，第441页。

④ 《海外同志纷纷汇款助工》，原载《工人之声》，1926年6月2日，收录于广东省档案馆等合编：《华侨与侨务史料选编》（1），广州：广东人民出版社，1991年，第442页。

⑤ 《古巴华侨捐助北伐之踊跃》，原载《海外周刊》1926年第30期，收录于广东省档案馆等合编：《华侨与侨务史料选编》（1），广州：广东人民出版社，1991年，第388页。

见我旅古侨胞爱护祖国之心，加人一等矣。本会前电汇2 000大元，今续于本会2日电汇2 000大元。俱由本湾殷实商庄（友彰号）汇交中央海外部长彭泽民先生收。转呈国民政府以济军糈。尚望我爱国侨胞继续努力，以期肃清军阀，早定中原，聊尽国民一份之责，是幸特此布露。

驻古巴华侨北伐后援会支会启

9月6日

1930年“九一八事变”发生后，古巴中华总会馆即召集社团商庄会议，成立旅古华侨抗日后援总会，当时捐款数万元，分寄马占山、蔡廷锴为军饷。淞沪之战停止后，抗日总会工作暂停。1932年，古巴中华会馆派陈集恩、李柏润、关云芝3位代表回国，向国民政府请愿，拟组织抗日义勇军。① 1937年，“卢沟桥事变”发生后，国民党中央委员陈耀垣到古巴宣慰华侨，劝各筹款机关取消，统一组织，恢复旅古华侨抗日后援总会，并在全古巴各省市成立59个抗日分会，直至抗战胜利后办理结束。古巴华侨积极组织捐款，各个侨团派代表一人，每月出发担任分区募捐，在美洲华侨中古巴华侨捐款数常列“美洲第二位”，仅次于美国。历年捐款数额如下：

1937年，劝销救国公债五十五万元。

1938年，劝销美金公债一百一十万元。

1940年以后，节约储蓄券一十三万元。

救济、犒军、寒衣、伤难、塑像等共捐美金一十二万五千元另国币二十八万元。

缴交美国医药助华会三次共美金七千五百元。

香港东华医院救济难民港银三千元。

中华学校学生募捐汇交第五路军美金六二〇四元六角二分。

据估计，在八年抗战期间，古巴华侨华人共捐款240万美元。② 古巴华侨不仅积极捐款，同时在古巴积极宣传，赢得了古巴人民对中国抗日战争的同情和支持。从华文报纸登载的《抗日总会劝销公债逐日纪》③ 来看，购买救国金公债的不仅有华侨华人，还有古巴人。

---

① 《古巴华侨代表回国组织义勇军》，《申报》，1932年1月20日。

② Kathleen Maria López, The Chinese in Cuban history, in Walton Look Lai ed., *Essays on the Chinese in the Caribean*, 2006, p. 118.

③ 《抗日总会劝销公债逐日纪》，《华文商报》，1941年11月8日。

抗日总会劝销公债逐日纪

抗日总会 昨六七两日收到城山各埠侨胞购买救国金公债芳名如下：加马威埠抗日分会第五十一期古币三百三十四元六毫。计开：巫光宗、许华昌每六元，赵士徵五元，龙岗公所、李渭南、黄腾章、吴英喜、陈颍川分堂、陈典燊、邝光瑞、冯洪弼、海晏公所、伍廷相每三元，曾毓胖、黄协发、伍元光、甄锐纲、王焕光每二元。厘尾料埠抗日分会刘泽寰经手第四十八期古币四十七元。……以上两天统计进来银二千一百四十一元五毫，上存来银一万零五百六十七元六毫一仙。合共存银一万二千七百零九元一毫一仙。如数点交永和泰容财务煜康先生收转存波士顿银行云。

1941年夏，全美助华联合总会古巴分会附设于古巴中华总商会内，旨在向西人募款援华。其主要成绩是在古巴推行“一碗饭运动”。古巴总统下令，1941年10月9日被定为救济中国日。在随后举行的“一碗饭运动”大会中，与会者逾4万，古巴副总统夫妇出席，当场募集3万美元。① 在1941—1946年间，共筹款美金243 000余元，大多系向西人筹募，除开销外，先后汇返祖国之捐款，计达美金19万余元。②

为支持抗日，古巴华侨华人还设立中国航空建设协会直属古巴支会。从《中国航空建设协会直属古巴支会征求会员章程》③ 来看，要求凡属中华民国之国民，除附逆汉奸及甘心放弃国民责任者外，一律均须加入为本会会员。如有违抗，至他日回国时，依照额收会费由民国卅年度起计，加倍追收，以示惩戒。会员入会费，分为普通会员、特别会员、名誉会员、永久会员和团体会员5项。普通会员每年缴纳会费古币1元（并要求凡属旅古侨胞无论失业与否，最低限度要加入为普通会员），特别会员每年缴纳古币2元，名誉会员每年缴纳会费古巴10元以上，永久会员一次缴纳会费古币50元以上。团体会员分为三等：①每年缴纳会费古币20元；②每年缴纳会费古币10元；③每年缴纳会费古币5元。

因抗战期间领导华侨妇女致力于募捐宣传，先后募集3万余美金救济宗主国伤难，古巴华侨妇女爱国会会长林斐君曾获得国民党中央奖状，并成为享受政府养老金的唯一侨生女子。

古巴华侨积极参与中国事务，还体现在回国参政议政方面。1912年11月18日，中华民国第一次颁布国籍法，该国籍法在原则上采取以血统主义为主、以出生地主义为辅的原则，这与清末国籍法纯以血统主义为原则有所不同，但基本上

---

① 《古巴举行“一碗饭运动”大会》，《申报》，1941年10月13日。

② 陈匡民：《美洲华侨通鉴》，纽约：美洲华侨文化社，1950年，第648页。

③ 《中国航空建设协会直属古巴支会征求会员章程》，《华文商报》，1941年11月4日。

符合海外华侨视自己为中国人的要求。此后，政府在1914年、1929年的国籍法的制定中都大致沿用了1912年颁布的国籍法。中国政府根据国籍法，允许华侨回国参政，从而在法律上最终确认华侨为中华民国国民，华侨对中国的认同最终得到了中国的承认。古巴国民党支部作为国民党在美洲的重要分部，多次选举代表回国参加国民党全国代表大会。1925年，古巴派代表周启刚、劳先鞭、罗安回国参加国民党全国代表大会。在古巴国民党员中选举出了许荣暖、张培梓两名代表回国参加第二次国民代表大会。蒋赐福还担任国民党的中央委员。

（二）古巴华侨积极参与中国事务的原因

20世纪上半期，古巴华侨积极参与中国政治，原因众多：首先，中国社会的剧变，为海外华侨华人的参与提供了背景和舞台。其次，古巴国民党积极推动了古巴华侨与中国的联系。辛亥革命后，国民党一直是整合东南亚华侨社会内部、华侨与中国之间关系发展的重要力量，[①] 古巴亦同样如此。从前文古巴华侨参与中国事务的表现来看，其离不开国民党的组织和推动。国民党在哈瓦那成立支部后，在华侨华人聚集的城市个窿、亚华吉地、柯景、甘马陨、善灰咕、舍咕、毛杠、荷花户、马丹砂、加连拿、游华梯、古鲁市、湿庇利、颠气汝拉、何为因、那役打等先后设立分部。哈瓦那总分部改称为古巴支部，统辖各地分部。国民党员最多时达4 000多人，分布古巴全境。分布古巴各地的国民党分部和党员，成为积极推动古巴华侨参与中国事务的重要力量，极大地强化了对中国的认同。再次，古巴众多的侨团组织，为华侨华人的参与提供了便利。古巴的侨团组织严密，分工明确，如旅古华侨抗日后援总会，囊括了几乎古巴所有侨团和商庄，使得华侨华人的参与更具整体性与一致性。包括国民党在内的古巴侨团组织，结成了一张参与的网络。

除了上述表面上的原因，古巴华侨积极参与中国事务还有更深层次的原因。最重要的一点，即是古巴华侨希望通过强化与中国政府的联系，从而得到国家的保护，以利于其在古巴的生存和发展。从契约华工时代起，古巴华侨就深刻体会到国家的保护较诸个人的力量强大很多，国家可以达至个人难以企及的目标。古巴契约华工多是被坑蒙拐骗去到古巴的，在古巴的蔗糖种植园为奴，命运十分凄惨。清政府派出陈兰彬赴古巴调查华工情况之后，古巴对待华工有所好转。在此之后，华工陆续解放。尽管契约华工获得解放的原因很复杂，但契约华工将获得解放完全归功于陈兰彬使团，甚至认为黑人的解放也是拜陈兰彬所赐。1880年，

① 张坚：《东南亚华侨民族主义发展研究（1912—1928）》，厦门大学博士学位论文，2002年，第110页。

清政府在古巴设立领事馆，切实为孤苦绝望的契约华工争取到很多应得权益，如发放满身纸、解决拖欠工资问题等。谭乾初任领事时，倡导建立中华总会馆、设中华义山，这使古巴华侨切实感受到了一定的保护。因此，自契约华工时代起，古巴华侨对中国的依赖即已建立。古巴华侨中的一些拥清分子还曾成立清枝会大清会馆。

20 世纪后，自由新移民的进入带来了更多与中国的联系。特别是由于大量跨国家庭的存在，古巴华侨通过书信等方式随时了解着家乡和祖国的情况。而古巴的三家华文报纸对中国事务的报道，使得家乡的一举一动都为古巴华侨所洞悉和掌握。

古巴的排华，是将华侨华人推向中国的一个重要因素。从 20 世纪初，中国移民入境古巴长期受到限制，古巴华侨华人在积极采取措施的同时，也寄希望于通过国家的力量加以解决。古巴华侨华人成立中古商约研究会，筹集资金，积极推动政府与古巴签订中古商约，以期从国家层面上加以解决。而自 20 世纪 20 年代起，古巴的排华风潮，使华侨华人亲身感受到生命财产受到威胁，从而更希望得到国家的保护，进而加强与中国的联系。1924 年，《马利拉日报》连续发表多篇排华报道，诋毁华人形象。排华浪潮在 1933 年大萧条时期达到高潮。1933 年，古巴一个名为阴影（La Sombra）的排华组织，因华商与西商之间的权利冲突，放置炸弹，炸死一位从事鱼贩生意的华侨，并散发诋毁华侨华人的手抄报。1944 年，“古巴人民阵线”乘机而起，封锁华侨餐馆，强插土著工人，殃及华侨什货店。1953 年 3 月，中华总商会召集紧急会议，讨论因华商贬价竞争引起西商攻击、马靓挠工会拟排斥华商运动的对策。[①]

面对古巴的排华，古巴华侨采取的策略是加强与中国的联系，强化自己的侨民身份，希望通过国家的力量来维护在古巴的权益。古巴华侨的求助，得到了积极的回应。1926 年，古巴总统批准禁止中国人入境条例。古巴华侨发电报请求中国外交部抗议古巴新颁待侨苛例。古巴华侨的遭遇迅速得到各界支持。华侨公会致函外交部，古巴华侨时有被杀，请向古公使抗议；[②] 扬州旅沪通电抗议古巴仍在排斥华侨；[③] 国民外交协会抗议古巴排华；[④] 惠州同乡会抗争古巴排华；[⑤] 京商联会函外交部请营救被古巴逮捕之华侨 400 余人。[⑥] 不仅华侨在古巴的不利境

① 《总商会明天开侨商大会》，《华文商报》，1953 年 3 月 9 日。
② 《华侨公会函外交部》，《申报》，1926 年 1 月 26 日。
③ 《抗争古巴排斥华侨之继起　扬州同乡会之通电》，《申报》，1926 年 5 月 13 日。
④ 《国民外交协会抗争古巴排华》，《申报》，1926 年 11 月 17 日。
⑤ 《惠州同乡会抗争古巴排华》，《申报》，1926 年 11 月 23 日。
⑥ 《京商联会函外交部请营救被古巴逮捕之华侨四百余人》，《申报》，1926 年 11 月 28 日。

地得到了祖国的声援，古巴华侨回国时亦切实得到了国家的保护和优待。1929年，古巴华侨沈家驹、李孟□、伍瑶勳等3人回国游历，侨务委员会特发出通知书，“令饬保护回国游历之古巴侨民”。

令饬保护回国游历之古巴侨民[①]

本府准侨务委员会，通知书三件，有古巴侨民沈家驹、李孟□、伍瑶勳等三人（原籍台山县人）回国游历，特令（第二一六三号）民政厅如下：

为令遵事：案准侨务委员会华字第三十号通知书，内开：“为古巴侨民沈家驹赴粤、浙、苏、闽等省游历考察，希切实保护等由。又准该会函，为侨民李孟□及伍瑶勳等游历同前由。除函复外，合行抄同原告三份，令仰该厅转饬所属一体妥为保护！此令！”

（十八年五月七日——江苏省政府公报——一二八期）

古巴华侨华人依靠国家的力量，更主要的是体现在希望驻古巴使领发挥作用。古巴华侨华人社会十分注重使领的作用，以及与领事馆、公使馆的关系。从谭乾初开始，驻哈瓦那领事就一直拥有对古巴中华总会馆的监督权，这一权力一直持续下来，虽然在1949年一度遭到怀疑，但仍然保持。面对古巴政府屡次增收外侨登记费，古巴华侨多次力请驻古巴使领进行交涉。“公使为一国之外交官。应尽维护侨民利益之责任。无待烦言。笔者对于我侨请求古巴政府改善外侨登记费问题，向极关切。故为文以引起各侨胞侨领之注意。并吁请我国驻古巴公使馆，再接再厉，向古政府外交部交涉，务获与其他各国侨民平等待遇。”[②]“假若公使无力解决，或争取较轻之缴纳。但系革命期间孙中山先生誉华侨为革命之母，细味斯言，可知华侨对于宗邦，时刻未能忘怀。尤其我们华侨多数属于自由中国有力份子，亦属自由中国之保护者。政府岂能坐视我侨之损失与苦闷，而不为之援助，争取侨胞同情，发扬国家威信。颁布外交部直接与居留政府交涉，争取平等待遇，以利侨群。若不此之图，则得来对于国家策动任何救国救济慈善等募捐，不仅成绩有限，相信大逊从前，无可讳言，鄙见如此。谅我们侨胞亦如此，敢信政府亦如此。”[③]

古巴华侨落叶归根的想法以及跨国家庭的存在，也必然强化他们与中国的联系。1947年，古巴中华总会馆以古巴全侨的名义，寄回11 520美元，救济广东水灾。抗日战争时期，古巴华侨华人积极捐款，一个重要原因即是广东四邑地区遭到日军侵犯。

---

① 《令饬保护回国游历之古巴侨民》，《江苏省政府公报》1929年第128期。
② 曾振寰：《关于外侨登记费问题》，《开明公报》，1954年12月8日。
③ 侨评：《外侨登记证的呼声》，《开明公报》，1954年12月20日。

第五节　古巴相关法律政策对华侨华人的影响

华侨华人生活在古巴，可以说古巴的各项法律、政策对他们都产生着不同程度的影响，在不同方面规范着他们的行为。但是，对于 20 世纪上半期的古巴华侨华人来说，他们自我感知的对自身影响最大的古巴法律政策有哪些？本节将对此作初步的探讨。

“吾侨旅居古岛，最为感受痛苦者，莫如五十工例与外侨登记例。”[①] 一位署名“宪孙”的古巴华侨于 1942 年如此写道。1949 年，古巴国民党员刘志轩在《古巴侨情报告》一文中提到：“侨商间最受限制及最感苦难者，一为古巴政府颁行之五十工例（即劳工律）。依照该工例执行每一商店，除东主外，店伴不论多少须雇佣土人一半，但土人性情习惯与中国人迥异，能忠于职守者少，大都不尽职责，甚或偷取货物，或串通顾客，瞒骗数目，私出货物，中饱私囊。他们有工会为护符，即查出舞弊，仅撤除其职务，常费许多手续，甚至缠讼经年而不能了结。此为侨商之最受限制而感痛苦者。二为不准新客入境及限制旧客回古。古巴移民禁止华人新客入境，至今尚未解除，旧客回古期限，至多亦不过十八个月，譬如自己有商店设立或商务经营欲其子侄来古继承业务，因受移民禁例，没法取得入境护照，即使就近有人继承，或托人代理，自己回祖国去。移民局所发给回古护照只限六个月，可再请求展限两次两个月，过此期限，就不能回古，此为侨商之最感困难，所以有许多侨胞宁愿将商业结束方敢回国也。”[②] 这两则报道反映出古巴华侨华人感到颇受影响的 3 项政策：一是中国人入境古巴的政策；二是五十工例；三是外侨登记（证）费。

除了古巴华侨直接言明外，中国人入境古巴的政策、五十工例、外侨登记费被提及的频率也表明它们对古巴华侨的影响程度。一般说来，事件被提及次数越多，表明当时的人对其越关注。根据这一常识，笔者在阅读 20 世纪上半期的古巴华文报纸时，亦发现上述 3 项政策时常见诸报端：普通华侨不时热议，侨界领袖为之奔走，中华民国驻古巴的使领也尽力交涉，力图有所改变。

---

① 宪孙：《李公使为吾侨解除痛苦》，《开明公报》，1942 年 2 月 6 日。

② 刘委员志轩：《古巴侨情报告（二）》，《华文商报》，1949 年 1 月 6 日。

一、古巴关于中国人入境的政策

如前文所述，1902 年美军占领古巴期间颁布第 155 号令，奠定了华侨华人入境古巴受到限制的基调。除在第一次世界大战蔗糖繁荣期间，古巴一度曾放开移民限制，面向包括中国在内的所有国家移民开放。“一战”结束后两年，古巴收紧移民入境政策，中国移民入境受到诸多限制。经过中华民国驻古巴使领的交涉，古巴对华侨华人的入境政策基本延续“不准新客入境及限制旧客回古”的政策，即限制新增移民到来，准许华侨华人领取回头护照。20 世纪 20 年代以后，尽管仍有少量中国新移民到达古巴，但往往是古巴华侨华人利用私人交情获得主管部门签发的入境护照。一张入境证往往需花费上千元。

古巴关于中国人入境的政策在本书第一章已作详述，这里略作梳理，下文将重点考察古巴对中国移民入境的限制性政策对古巴华侨华人的生活、工作以及华侨华人社会产生的影响。

鉴于古巴施行限制中国新移民入境的政策，古巴华侨华人在感到诸多不便的同时，更为担心的是：新侨不准来古，老侨逐渐返国或离世，华侨华人恐将在古巴绝迹。“二战”结束，古巴华侨回国路线畅通后，回国人数剧增。1947 年 1—8 月，中华民国驻哈瓦那领事馆发出回国护照 1 047 件，其中只有 450 人领取返回古巴的“回头纸”，另外 600 余人“因年龄衰老，不愿再寄食海外”①。对于此种情形，古巴侨界领袖和中华民国驻古巴使领都极为关切，频频表达对古巴华侨华人恐将绝迹的担忧。同年 12 月，国际贸易暨就业会议在哈瓦那召开，中国派出 20 余人组成的代表团。在古巴华侨职业联合会为中国代表团举办的欢迎宴会上，职联会主席李崑玉特别提到：“古巴自一九二六年马乍糯政府颁布第五七〇号命令后，我华侨来古便不能越雷池一步。从前之所谓‘八万华侨’每年之死亡或回中国而不能复来者，数目甚大，至今只得大约二万余名而已。若政府再不加以助力，再过若干年，我华人将绝迹于此。”② 1948 年，中华民国驻哈瓦那总领事袁道丰“因鉴于三万侨民大都年在四十以上，故竭力设法，拟使年青新侨来古，以对日趋衰老之侨界灌输富有锐气之新血液。首要步骤为交涉入古巴籍侨民子女来古”③。

古巴长期限制中国移民入境，即便是对入籍的古巴华人的妻子和子女亦长期

① 《洪门民治党全美洲第二届恳亲大会开幕典礼中袁领事之演辞》，《华文商报》，1947 年 9 月 13 日。
② 《职联会主席李崑玉在公讌我国代表团席上致欢迎词》，《华文商报》，1947 年 12 月 16 日。
③ 《关于入籍侨民子女来古事》，《华文商报》，1948 年 2 月 12 日。

加以限制。直到 1948 年 7 月，经中华民国驻哈瓦那领事馆总领事袁道丰历时 10 个月的交涉，总领事馆才接到古巴移民局的照会，对入籍的古巴华人子女来古签发入境签证作出规定。古巴移民局规定，凡中国人之入古巴国籍，取得古巴公民资格，住所在古巴者，具备规定的各项证件，得申请签发入境签证，使其未满 21 岁之子女前来古巴。① 关于入籍的古巴华人妻子入古问题，古巴财政部、外交部曾作出答复，认为对入籍华人之妻室来古问题，应予以有利解决，但未制定相关实施细则；同时，对于入籍华人的成年子女能否入境，古巴财政部并未提及。古巴华侨华人中，入古巴籍的华人有多少？1947 年 4 月，驻哈瓦那总领事馆曾举行入古巴国籍之侨民登记。但笔者未找到此次登记的入籍华人数据。唯一可供参考的古巴入籍华人数据是 1961 年中华总会馆的总登记，入古巴籍的华人有 1 955 人，占参加总登记的 9 002 人的 22% 左右。经过 1948 年的交涉，进入古巴的中国移民人数一度增加。华人妇女人数增加数百人，从 1947 年在外侨登记局登记的 81 名妇女，增加到 1953 年的 484 人。

中国移民进入古巴的历史悠久，但妇女入境素为法律所禁止，华人妇女入境大多采取法律以外的途径。② 而法律以外的途径，主要是指动用人情、花费金钱，以取得入境证件。一张入境证往往耗费上千元，这对普通华侨华人来说，不啻是沉重的负担。因此，在古巴的华人妇女主要是富裕侨商、使领的眷属。对华人妇女入境的长期限制，导致古巴华侨华人社会长期以来的单身汉社会未能得以改变，在古巴从未形成由稳定的华人家庭为核心的华侨华人社会。从古巴人口统计数据来看，华人妇女的绝对数已然微不足道，即便在人数达到顶峰的 1953 年也仅有 484 人。在其他国家华人妇女占比的横向比较之下，古巴华人妇女的相对数同样让人惊骇。在 20 世纪 30 年代，马来西亚华人妇女占华人人口的 33. 82%（1931 年），印度尼西亚占 39. 1%（1933 年），缅甸占 34. 3%（1936 年），南非占 36. 1%（1936 年），美国占 20%（1930 年），澳大利亚占 14%（1933 年），③ 而古巴华人妇女只占 0. 82%（1931 年）。“二战”以后，各国华侨华人社会的男女性别比例渐趋平衡，唯有古巴，华人妇女占比最高时亦未超过 5%。古巴华人妇女的缺乏，使古巴华侨华人的婚姻状况呈现如下特点：首先是未组成家庭的单身汉最多，其次是长期分居的华侨跨国家庭，再次则为中古联姻家庭，最后是极少数夫妻均在古巴的华人家庭。一个社会的基本核心是稳定的家庭，家庭对于人种繁衍的意义毋庸赘言，而妇女在家庭中的地位更无可替代。古巴华人妇女的稀

① 陈匡民：《美洲华侨通鉴》，纽约：美洲华侨文化社，1950 年，第 638 页。

② 陈匡民：《美洲华侨通鉴》，纽约：美洲华侨文化社，1950 年，第 639 页。

③ 范若兰：《移民、性别与华人社会：马来西亚华人妇女研究（1929—1941）》，北京：中国华侨出版社，2005 年，第 7 页。

缺，一方面使得古巴华侨华人社会呈现高度的跨国流动性特征，即华侨华人往返于中古两国之间；另一方面，为古巴华侨华人社会的萎缩奠定了基调。

对华侨青年入境的限制，导致新移民的来源中断。而古巴华人妇女的缺乏，使得古巴华侨华人社会缺乏自我繁衍的能力。随着时间的流逝，古巴华侨华人社会日趋老龄化。根据古巴中华总会馆1961年的华侨登记数据，参加当年总登记的共9 002人，其中年龄在10～20岁的24人，21～30岁的450人，31～40岁的679人，41～50岁的545人，51～60岁的2 248人，61～70岁的3 860人，71～80岁的1 005人。此时的古巴华侨华人社会已经成为一个老年社会，60岁以上的华侨华人达4 865人，占总登记人数一半还多。自20世纪50年代开始，收留孤苦无依华侨华人的中华颐侨院越来越不敷使用，多次增建、扩建宿舍。1956年，古巴华侨召开第二届全侨代表大会，会议的重要议题之一即是集合全侨力量，共同解决颐侨院老侨的收容和生活问题。而据1958年《华文商报》一则《颐侨院人数统计》的报道："中华颐侨院六月份住院人数为二百七十一人。七月份入院者四人，死亡六人。八月份入院七人，死亡四人。九月份入院六人，死亡八人。十月份入院七人，死亡七人。十一月份入院七人，死亡四人。十二月份入院十一人，死亡六人。夏湾拿华侨死亡葬于义山者半年来统计共一百人。连同颐侨院死亡人数，半年来统计为一百三十三人云。"① 随着年老华侨的逐渐离世，古巴华侨华人社会似乎难逃萎缩的命运。

古巴对中国移民入境的限制，对古巴华侨华人经济也产生了一定影响。东南亚国家的华侨华人中诞生了很多知名的家族企业，但古巴华侨华人经济一直以小商业为主。古巴华侨华人大多长期从事小本经营，其原因极为复杂。但华侨子女难以入境继承父辈产业是其中一个重要影响因素。古巴华侨的最大愿望即是衣锦还乡，他们回国时往往把生意处理掉，如果再回古巴，又要从头开始。1947年，加入中华总商会的华商中，就有130多家将生意脱售与人或结束返国。在古巴的华文报纸上，常常可以见到这样的广告：②

生果铺出卖

启者：本湾你高拉街 Calle San Nicolas No. 801 之生果铺，今因东主急意回国，决将生意全盘出卖。内有藏生果冷气柜出卖。如有梓里欲作良好生意者，请来面议，价甚相宜，勿失机会。此布　八月八日　本主人谨启

① 《颐侨院人数统计》，《华文商报》，1958年12月31日。

② 《华文商报》，1956年9月5日。

衣馆出卖

启者：本湾鲁仁那区 Calle Juan Abreu No. 577 Luyano 之衣馆，地位住户多众，生意向来兴旺。今因东主年老不能操作，决将全盘出卖。如有梓里欲作良好衣馆者，请来面议，价甚相宜，勿失机会。此布　八月十三日　本主人谨启

衣馆出卖

启者：本湾舍路堡 Primelles No. 405 Cero 之衣馆，地位住户稠密，生意向来兴旺。今因东主缺乏人力料理，决将全盘出卖。如有梓里欲作良好衣馆者，请来面议，价甚相宜，勿失机会。此布　八月六日　本主人谨启

古巴华侨国代张培梓曾鉴于"中古友好条约订明两国商人可自由来往两国国境，但古巴政府迄未履行。侨胞之急欲归国者，唯有忍痛出售产业。不久古巴华侨恐将绝迹"，甚盼政府力促古巴政府履行条约，准许华侨子孙抵古继承商业管理权。① 但这一问题未能得到妥善解决。如前文所述，古巴政府对入籍华人的妻子和子女进入古巴尚加以限制，众多的未入籍的古巴华侨子女更是难以入境。因此，古巴华侨华人的经营长期受到古巴对中国人入境政策的间接影响。

二、五十工例

五十工例，为古巴华侨对古巴"国化劳工法案"的称呼。1933 年 11 月 8 日，格劳总统与古巴劳工部部长联合签署了该项文件，其内容如下：

（1）凡本国土人或合法居留古巴之外人，以资本家性质在古巴境内经营农园开设工艺厂或商店者，一律强迫最低限度要雇用本国土生之工人或职工百分之五十，其每月支发之工值或薪金之总数，最低限度亦须指定百分之五十归本国土生工人，如以前未有遵照上述两种办法者，于颁行本律之后三十天，须要遵例，雇用本土工人。

（2）依照本律例之效力，资本家雇用之工人，除亲信代司理人或专门职工为古巴土人之能干未能充当者，不在限制之列。

（3）各农园工艺厂或商店，因欠缺工人，须要补充者，要先雇用本国土生工人。

（4）各农园工艺厂或商店自今以后，因经济或别项问题，开除工人，如有

① 《华侨国代张培梓陈述古巴侨胞愿望》，《华文商报》，1948 年 4 月 2 日。

外国籍工人在内者，先要开除外国籍之工人。

（5）各资本家雇用之工人，颁行此例之时，本土工人占半数以上，须要维持原状，依照第一款之办法，只许有加无减。

（6）如有不遵本例，可向劳工部或该部设于各省之办事处告发。一俟由稽查员查明的确不遵本例者，每次罚款五十元至二百元。犯本例之罚款，由当地市政局代收，由登记之日起，十天内要缴交当地市政局。如不遵此期内缴交，市政局将过去情形，照知当地所属之初等刑法庭，根据一九〇〇年总行之第二一三号军政律处分。

（7）以前颁行之律例，与本律有抵触者，委数取消。

（8）劳工部长，各市政局长，各初等刑事法官，分别负责执行本律。[①]

上述规定明确要求古巴工商农业各行必须雇佣至少50%的古巴工人。从表面上看，“即每一商店，雇佣土人外人各半。但事实上则不然，此半数外国工人，只适用于施行该例时既有工作之外人（不过一种过渡时期）。每一外国工人离职或回国或死亡，即要雇佣一名土人补充其缺。实际上即百分之一百土工”。即有意逐步淘汰外侨工人，以空出岗位增加古巴人的就业。

五十工例的出台有其深刻的背景，主要系因古巴总统格劳所在政党欲讨好工人并获得工人的支持。“居留政府以国家主义为号召，借题排挤外人，为政治活动之阶梯，即如古巴之五十工例。”[②] 古巴华侨华人对于该项法律出台的政治原因了然于心，同时对于其旨在保障古巴人就业的目的也有清醒的认识。“古巴的驰名五十工例，将来或可称为七五工例，是我侨一个难题，尤其是一个严重问题。讲求科学，可以解决其他难题，工例不能例外。五十工例之设，原为维护土人的工作，自然影响于全体商务，对于我侨的小商业如洗衣馆、餐馆及杂货店等影响尤大。……可知五十工例，不一定要我们开除华工。工例的真正意义，系要求我们代土人找寻工作。”[③]

虽然五十工例并非专门针对华侨而设，但对华侨华人造成的影响最大。“所谓‘国化劳工律’，我侨惯称为‘五十工例’，即商店工厂工人百分之五十须由古巴人充任，又外人离职后，即不能复回原有职位，须雇佣古巴人承缺。受其影响最大者厥为我侨，盖我侨多系小资本经营，由二三人伙集资金合作，既属股东亦系工伴，一旦强制其添雇土人，则费用开支陡增，既无利润且土著工人性懒而

① 《古巴政府新颁百五十工例后之侨胞》，《侨务月报》1933年第3期，第1、2页。
② 《职联会主席李崑玉在公讌我国代表团席上致欢迎词》，《华文商报》，1947年12月16日。
③ 赵锦鎏：《求科学以解决工例（二）》，《华文商报》，1948年2月25日。

极不可靠。”[①] 五十工例为何对华侨华人影响最大？古巴侨商经营的餐馆、衣馆、杂货店等，往往是店主兼工人于一身，在人手不够的情况下，往往优先雇佣同胞，一来雇佣同胞支付的工资往往较雇佣古巴本土工人低，二来相比天性散漫的古巴人而言华人更为勤劳。因此，五十工例如若严格施行，一方面会造成失业华侨增多，另一方面会增加侨商的开支，这对原本利润极薄的华侨商业来说，无异于雪上加霜。

五十工例出台后，一度令古巴华侨华人社会高度紧张。古巴中华总商会曾多次交涉，以延缓五十工例的执行；同时，由于古巴主政者易人，五十工例的施行得以通融；再加上抗日战争爆发，古巴朝野上下对华侨华人一度十分友好，对于侨商是否严格遵守劳工律，未严加过问；另外，古巴华侨华人采取变通的手段，即将原来的主雇关系转为合股关系，以应对五十工例。“惟五十工例尚可以东主资格与名义，获得栖身之地，噉饭之所，例如一店之中，受职者非子侄则亲属，倘能于‘忌力杜罅’股份簿内填入其名，即可在店受职，不受工例之束缚，较大之商店纵须聘请土人工伴一二名，予以间缺。”[②] 因此，在五十工例颁行的头10 年里，古巴并未严格执行，使得华侨华人尚能生存。

1944 年，古巴前总统格劳·圣马丁再次当选总统。“古巴人民阵线”鼓动暴徒，骚扰华侨餐馆，指责华侨的集资合作方式既以股东身份而兼在店操作者，为不遵行所谓五十工例，强迫立刻雇佣土人。他们还手提标语聚集在华侨餐馆、衣馆、杂货店、生果店等处。古巴侨商不得不遵照法律，逐步添雇古巴人，尤其是餐馆，员工多为古巴本土工人；衣馆一般也招雇有二三名土生工人。

总体来看，五十工例自颁布后，并未予以严格执行。但华侨华人对此项法律的担心从未消失。“现时吾人之得以苟延残喘者，一得现时之使领长官与劳工部领袖，以私人好感不事苟求。其次又以古巴现时工商业之繁荣，土人均有工作，其所得工资更胜于吾人之商店雇员，故未有向华侨骚扰。将来糖价复原，不景气来临，排外之风，又会死灰复燃。吾人又无立足之地矣。”[③] 事实上，五十工例出台的背景——经济不景气导致的古巴排华风潮，对华侨华人心理上的影响更甚。“回忆数年前古巴之人民阵线发动之工例风潮，向华侨的餐馆骚扰，至今犹谈虎色变。过去衣馆业的侨胞，因工例也蒙相当的损失。不过损失虽重，商业总可安然下去，其原因有二：①世界战事方兴，我国使领长官推行交涉，以人道为根据。若工例实施，则失业华侨必多，航海不便，不能归国。其结果会加重古政

① 陈匡民：《美洲华侨通鉴》，纽约：美洲华侨文化社，1950 年，第 645、646 页。
② 宪孙：《李公使为吾侨解除痛苦》，《开明公报》，1942 年 2 月 6 日。
③ 《职联会主席李崑玉在公谦我国代表团席上致欢迎词》，《华文商报》，1947 年 12 月 16 日。

府之负担，及影响古巴社会。此次交涉，古政府或认为讲得通。②古巴糖价因战务继续上升，经济繁荣，各行事业畅旺，人力缺乏，古巴人民遂无暇作过分的要求，这是数年来工例风潮沉寂的最大原因。现在时势已不同了，经济不景气已开始了，各行各业冷淡，失业工人必随时日而增加，工例风潮的发动，也是无可避免的结果。由于上次工例风潮，我侨的餐馆多雇有土生工人。可知下次工潮发动，当然以衣馆为对象（因现在华侨衣馆，每有工作人员十余名，土生只占二三名）。万一工例风潮发动，我方向古政府交涉，人道是讲不通的，金钱运动有时也会失灵。”[①] 当经济不景气来临时，华侨华人更为担心。

三、外侨登记费

外侨登记费，准确地说，是指外侨登记证的年费，亦可以称为古巴向外侨征收的人头税。1934 年 12 月 28 日，古巴政府临时总统卡洛斯·门迭塔·蒙特富尔（Carlos Mendieta y Montefur）根据古巴国会在 1932 年所通过的法律颁布第 788 号命令，举办外侨登记，并规定："所有外侨，不论其收入多寡，一律缴纳登记费一元四角五分。”此后，古巴时常修改外侨登记收费办法，增加收费等级和额度。而由于负责收费的稽查员常故意混淆词义，向侨胞讹索，多多收费，在古巴华侨华人中曾多次引发讨论，请求使领及侨领进行交涉，维护侨胞权益。

自 1934 年始，古巴要求外侨每年进行一次登记，并缴纳登记证年费。1938 年 6 月 23 日，古巴总统费德里科·拉雷多·布雷（Federico Laredo Brú）发布命令，修改外侨登记费办法，并改变过去的缴费额度，将缴费等级分为 3 级，其中，甲类：凡外侨之全年总收入在 600 元以下者，纳登记费 2 元 5 角；乙类：凡外侨之全年总收入在 600 元以上不过 1 200 元者，纳登记费 5 元；丙类：凡外侨之全年总收入在 1 200 元以上者，纳登记费 10 元。

1941 年 12 月 31 日，古巴总统富尔亨西奥·巴蒂斯塔（Fulgencio Batista y Zaldívar）为增加国库收入，将缴费等级分为 6 级，并增加外侨登记费。其中：

（1）凡外侨之全年总收入在六百元以下者，纳登记费三元五角，连同附加税二成及印花费，共为四元四角四分。

（2）凡外侨之全年总收入在六百元以上、不过一千元者，纳登记费五元，连同附加税二成及印花费，共为六元二角四分。

---

① 赵锦鎏：《经济不景气的工例风潮——为民生衣偈公司招股告衣馆侨胞》，《华文商报》，1949 年 5 月 26 日。

(3) 凡外侨之全年总收入在一千元以上、不过一千六百元者，纳登记费十元，连同附加税二成及印花费，共为十二元二角四分。

(4) 凡外侨之全年总收入在一千六百元以上、不过二千六百元者，纳登记费廿五元，连同附加税二成及印花费，共为三十元零二角四分。

(5) 凡外侨之全年总收入在二千六百元以上、不过四千元者，纳登记费五十元，连同附加税二成及印花费，共为六十元零二角四分。

(6) 凡外侨之全年总收入在四千元以上者，纳登记费一百元，连同附加税二成及印花费，共为一百二十元零二角四分。

因此次大幅增加收费等级，并因法令措词西班牙文 Utilidades Brutas 与 Entradas Brutas 的词义区别而在侨界引起巨大的反响。Entradas Brutas 为总收入之意，既可以理解为零售收入总额，也可以解释为除掉成本的收入，两者作为征税基础，其缴纳费用额度相差巨大，因而引起古巴侨胞的热议。“去年十二月卅一日古总统华将军颁布之命令，其‘总收入’三字之西文，颇为含糊，有类于营业门沽总收入之解释，倘以门沽总收入而征收外侨登记费，则我侨凡业衣馆、餐馆、杂货店、洋货店者，几无一不要缴纳一百二十元零二角四分的最高之数。经营生果店及小货摊者亦须缴纳三十元零二角四分，或六十元零二角四分的中级之数。良以寻常之餐馆杂货店洋货店每年营业门沽多数都是超过四千元以上，而衣馆之较大者，其全年总收入亦往往达到四五千元，生果店与小货摊虽则未易达到此数，要亦在二三千元之间，无怪乎去年十二月卅一日古总统华将军签押外侨登记增费之命令一下，各侨胞侨商均为惊惶失色，莫知所措，其尤感受痛苦者，就是上文所述一店之内受职之兄弟子侄亲属，大多数均已名列于‘忌力杜罅’股份簿内，若按照每人纳登记费一百二十元零二角四分计算，岂不是每一商店有五六份股东者便要缴纳登记费七八百元，如是，则资本短少者，非至歇业破产不可，其痛苦程度之甚，洵可谓水深火热，无以复加矣。”①

在词意上的差异，导致古巴华侨对外侨登记费十分敏感。“外侨登记增费问题最近已经把我们的侨界闹得天翻地覆了。”1942 年 1 月 26、27 日，《华文商报》连续两天发表题为《外侨登记增费问题》的社论，专门就此问题进行说明。由于此次增费遭到包括美国、西班牙等国侨民的反对，最后未能实施，此次外侨登记费增费问题也就此得以平息。

古巴华侨对外侨登记费增收敏感，并不代表他们不遵守法律及不按章缴纳。事实上，由于大多数古巴华侨收入有限，每个人入息在 1 200 元以上者居少数。

---

① 宪孙：《李公使为吾侨解除痛苦》，《开明公报》，1942 年 2 月 6 日。

因此，长期以来，古巴侨胞大多按照工人或小商人的资格，按最低级纳费，纳第二级或第三级，即10余元者甚少。历年来，据登证局统计，欠纳登记证费之外侨以华侨为最少。[①]

1953年2月5日，古巴再次修改外侨登记费收费标准，将收费等级分为10等。其中：

（1）每年只有入息六百元的外侨，应缴纳登记费三元五角。

（2）每年入息有六百元不逾一千二百元者，应缴纳登记费六元。

（3）每年入息有一千二百元不逾二千四百元者，应缴纳登记费八元。

（4）每年入息有二千四百元不逾三千六百元者，应缴纳登记费十二元。

（5）每年入息有三千六百元不逾六千元者，应缴纳登记费二十元。

（6）每年入息有六千元不逾一万二千元者，应缴纳登记费三十元。

（7）每年入息有一万二千元不逾二万四千元者，应缴纳登记费五十元。

（8）每年入息有二万四千元不逾三万六千元者，应缴纳登记费七十五元。

（9）每年入息有三万六千元不逾四万八千元者，应缴纳登记费一百元。

（10）每年入息超过四万六（可能打错了，应为八）千元者，应缴纳二百元。

所有外侨的外国籍妻妾，因管理其家事务，不能确定其入息之多寡者，应照其丈夫所应缴纳之登记费为标准云。[②]

由于收费稽查员的胡乱征收，外侨登记证年费问题在20世纪50年代中期再次引起古巴华侨的热议。1954年12月20日，《开明公报》发表时评《外侨登记证的呼声》，提到："稽查员到门时检验登记证，间有认为不合，诸多恐吓，以达其敲诈勒索手段，能贿以金钱，则通融办理。不然则照国家法令处以罚款，其罚款大至不可以数计。处此情景之下，何从应付，不破产关门者几稀矣。"[③] 尽管在1954年2月，古巴侨商代表见古巴内政部长时，专门就"稽查员竟把两辞意想混曲解原意，强迫商人按营业数额当作个人入息，纳高级登记证年费"的问题提出，并得到"纠正错误"的答复，但一直到1955年中期，稽查员滥用职权敲诈华侨之事仍未得到解决。1955年6月，古巴中华总商会发表《关于外侨登记证年费事件与侨胞商権》的专稿，称："近来登记局稽查员四处滥用职权，硬生生把一个商店营业数额与纳费人之入息混为一谈。此种浑水摸鱼之态度，以我

---

① 中华总商会：《关于外侨登记证年费事件与侨胞商榷（二）》，《华文商报》，1955年6月18日。

② 《通过修改外侨登记费》，《开明公报》，1953年2月9日。

③ 侨评：《外侨登记证的呼声》，《开明公报》，1954年12月20日。

侨为对象，而我侨胞又以为古政府特别对我国侨民收得重，对别国侨民则不然。”[①] 稽查员为何对华侨讹索？“彼辈乘我侨胞的弱点，或因言语不能畅达，或缺乏常识（闻西班牙侨民虽属同语同文，但其中亦有被彼辈讹索者），或因不愿费时失事。如往返交涉，听候法庭传讯等等畏事心理，致忍痛照纳。又须‘补纳’过去二三年之差额，所费不赀。此为数十元或百余元之损失，于个人犹少，但彼辈见有机可乘，施诸于侨胞无明文之束缚，损失更大。”[②]

第六节　致力改善侨居处境的手段

对于20世纪上半期的古巴华侨来说，入境政策、五十工例、外侨登记费都令人颇感头疼。但总体来说，华侨华人与古巴人的关系比较融洽。1913年林相宾在商务报告中提到，“独是华人在此经商，与土人感情甚好，无论各埠，皆乐与华人交易。此则较胜于他国也”[③]。40多年后，古巴华侨华人亦认为，“古巴不论官民两方，对于我侨，素具好感”[④]。

尽管华侨华人与古巴人相处融洽，但因商业和就业竞争的关系，古巴也发生过多起排华事件。1924年，因侨商与西班牙商人的竞争，西班牙人报纸《马利拉日报》发表一系列诋毁华人的文章。1924年4月，古巴警察局传讯14名哈瓦那华商，指控他们滥保华人登岸；同时，古巴遣返一批到古巴的新侨。这一系列排斥华人的事件，令侨界惊骇不已。1933年，因世界经济危机影响，古巴排华组织阴影（La Sombra）放置炸弹，炸毙鱼贩侨胞1位，又散布“白抄”刊发小报，对华侨肆意诋毁。1944年，“古巴人民阵线”要求华侨餐馆等雇佣古巴人。类似排华事件，让华侨华人心有余悸，并时刻保持警惕，避免侨居处境的恶化，同时致力于营造和谐的关系，积极改善侨居处境。

一、借助国家的力量：使领外交

20世纪上半期的古巴华侨华人，大部分保留着中国国籍，自我认同为中国人。他们积极参与中国事务，希望有强大的祖国做后盾。因此，强调自己的侨民身份，通过使领的交涉来改善不利境地，成为古巴华侨华人改善侨居处境的重要

① 中华总商会：《关于外侨登记证年费事件与侨胞商権（二）》，《华文商报》，1955年6月18日。
② 中华总商会：《关于外侨登记证年费事件与侨胞商権（五）》，《华文商报》，1955年6月22日。
③ 《驻古巴总领事林相宾商务报告》，《中华全国商会联合会会报》1914年第1卷第10期，第2页。
④ 尘：《未雨绸缪》，《华文商报》，1959年1月26日。

手段。

古巴华侨华人注重使领外交，可以追溯至契约华工时代。在古巴华侨华人心目中，是陈兰彬使团赴古巴调查华工情形，使契约华工获得了自由。他们甚至误认为，黑人的解放也得益于陈兰彬。“（契约华工）在各地糖厂或园口工作，如牛马一般不能自由，过着奴隶般的生活，受役的侨胞实不堪其苦。后清廷闻之，乃派出使钦差大臣陈兰彬与西班牙政府交涉，卒获胜利，饬令各雇主尽行解放华侨自由。此时连奴役的黑人亦一并在解放之列，所以各华侨及黑人得到解放自由皆得陈兰彬之功所赐，称颂不已，至今尚不忘陈兰彬之名。”[1] 到20世纪中期，古巴华侨华人对陈兰彬仍铭记在心，由此可见陈兰彬使团赴古调查华工情形的深远历史影响。清政府在古巴设立领事馆之后，契约华工感受到了切实的保护，也使契约华工意识到：使领以国家的名义进行交涉，其所起作用非其他手段所能比拟。故而，古巴华侨华人倚重使领外交的传统一直延续下来。

20世纪到古巴的中国自由移民同样十分重视使领外交。1902年古巴共和国成立之后，中国政府为增进两国邦交及保护侨民起见，任命周自齐氏为驻古巴第一任代办。此后，廖恩焘（1904）、黎荣耀（1907）、钟荣邦（1908）、吴朋三（代）（1908）、侯良邦（代）（1909）、林桐宝（1912）、廖恩焘（1915）、孙士贻（1918）、周思敬（代）（1918）、沈成鹄（1919）、蔡世容（代）（1920）、吴克悼先后担任驻古巴代办。1922年，驻古巴代办升级为公使。第一任驻古巴全权公使为刁作谦。此后，廖恩焘（1926）、凌冰（1930）、李迪俊、梅景周、谭葆端、刘驭万等先后担任驻古巴全权公使。

古巴华侨华人重视使领外交，首先体现为他们十分敬重使领，并极力维持彼此间的良好关系。对于为他们争取到切身利益的使领，如凌冰、李迪俊、袁道丰等，古巴华侨华人反复提及，交口称颂。对于保护华侨不力的使领，古巴华侨华人则请求撤换。1925年8月27日，《申报》刊登《古巴华侨对驻使之愤慨》一文，呈请政府撤惩时任驻古巴公使刁作谦。文中列举刁作谦12项罪状：借订商约以勒索公款；滥发护照，以行欺骗；勒收侨商月捐；溺职误侨，夺功掩罪；乘排华风潮以渔利；西人辱华，视若无睹；仇视正言，摧残舆论；诬控侨界领袖，怙恶示威；接受苛例，陷华侨于绝境；伪造新闻，罗织侨罪；指使暴徒，酿成流血惨案。[2] 由于这一时期正是排华风潮迭起之时，刁作谦的不作为，无疑让生命财产受到威胁的古巴华侨华人毫无被保护之感，进而请求政府撤惩刁作谦。

20世纪上半期，古巴华侨对入境政策、五十工例、外侨登记费最感头疼。

---

① 刘委员志轩：《古巴侨情报告（一）》，《华文商报》，1949年1月5日。

② 《古巴华侨对驻使之愤慨》，《申报》，1925年8月27日。

其中对于入境政策和外侨登记费两项，古巴华侨华人多次请求并敦促使领交涉，设法予以解决。由于入境受到限制以及排华风潮让古巴华侨华人缺乏安全感，推动政府与古巴订立商约，成为华侨华人长期努力的方向。“古巴独立之后，及中国共和政府成立，我侨曾数次请求政府与古巴订立商约。在凌公使驻节古巴时，对于订约工夫，最为劳力。凌公使一方致力于政府当局交涉，一方又致力于在野名流结合。斯时古巴格于狭隘之国家主义，排外之思想。凌公使虽做了数年之工作，艰苦备尝，卒不能达到目的。迄中国抗战，美日珍珠港事件又发生，古美加入战团，遂与中古成为并肩作战之联军。美国斯时，又因抗战关系，取消对我不平等待遇。斯时驻节古巴者，为李迪俊博士。李公使本其外交之长才，灵敏之手腕，遂乘此机会，于一九四二年与古巴订立中古友好条约。”① 为推动订约，古巴华侨华人专门成立中古商约研究会，积极筹款。但遗憾的是，尽管华侨华人梦寐以求的中古友好条约得以签订并规定双方人民可以自由出入对方国家，但由于古巴政府未颁布实施细则，使得入境问题并没有得到解决。

如前文所述，由于多次增费以及稽查员乱收费，外侨登记费问题成为长期困扰古巴华侨的一大问题。古巴华侨曾多次请求使领交涉外侨登记费的问题。1941 年 12 月 31 日，古巴总统巴蒂斯塔拟增加外侨登记费，但最终取消。事后古巴华侨专门发表评论文章，感谢公使为华侨解除痛苦。“查此次取消增费命令之经过，乃由我国驻古巴全权公使李迪俊博士及英美各国大使努力交涉之收获。据闻交涉胜利之日，古外部某政员独对李公使恭贺曰，‘取消外侨登记费，归国旅古侨民，可以得回数十万金钱，以助贵国抗战’云云，是可知此次交涉之成功，乃由数位驻古大使樽俎周旋之力，非偶然矣。”② 此后，古巴政府多次修改外侨登记收费等级和额度，古巴华侨也再次请求使领交涉。1954 年 3 月 1 日，古巴中华总会馆再呈文使馆，请求交涉外侨登记例，③ 但交涉未获成功。当年 12 月，古巴华侨提到：“谭公使为了我二万余旅古华侨此项权益，曾亲到古政府外交部交涉。事后，将交涉经过情形，在报纸上公布。谭公使已尽维护侨民利益之责任，无可间言。但因交涉的结果是失败，不能不说是一桩憾事。”④ 由于使领外交并非万能，古巴华侨也采取国民外交等其他手段，以改善侨居处境。

古巴华侨倚重使领外交，也与国民党政府重视侨务有关。由于在中华民国建国及发展过程中，海外华侨华人予以了极大的支持，故而，保护驻地华侨，成为中华民国驻外使领的重要任务。同时，中古建交系因契约华工问题，亦即华侨问

① 《职联会主席李崑玉在公讌我国代表团席上致欢迎词》，《华文商报》，1947 年 12 月 16 日。
② 宪孙：《李公使为吾侨解除痛苦》，《开明公报》，1942 年 2 月 6 日。
③ 《中华总会馆再呈文使馆　请交涉外侨登记例》，《华文商报》，1954 年 3 月 1 日。
④ 曾振寰：《关于外侨登记费问题》，《开明公报》，1954 年 12 月 8 日。

题，因此，华侨问题在清政府时期就是两国邦交的中心，在民国时期亦是如此。保护华侨和推动中古贸易，是当时中古邦交关系中最为重要的两项。民国学者蒋展民在解析中古邦交关系发展后，认为："中古所谓邦交关系，全以旅古华侨为基础，古巴如是，中美、南美及西印度各地，也莫不如是。明此，则华侨问题不能解决，则所谓重振对外贸易徒托空言，尤其是我国在古巴的利益，完全种于华侨的身上。华侨之兴衰荣枯，即可判决我国对古巴外交关系的进退，保护华侨与重振对外贸易实为一不可分离的问题。"①

二、借助私人的感情：国民外交

20 世纪 20 年代，古巴的排华风潮对华侨华人产生了重大影响。由于对时任驻古巴公使刁作谦的作为和交涉十分不满，古巴华侨华人一方面请求政府撤惩刁作谦；另一方面积极行动起来，希望依靠华侨华人自身的力量，来应对不利处境。

为应对西班牙人煽动的排华，古巴华侨召集举行了第一次全侨代表大会，组织外交协进会实行国民外交。此后，国民外交成为古巴华侨改善侨居处境的常用手段。所谓国民外交，即借助私人的感情，增进与政界人士的友谊，进而通过他们来维护华侨华人的权益。这是由于古巴华侨正当权益无法得到保障、缺乏畅通的利益表达渠道、长期处于边缘与夹缝之中，只能通过私人交谊来表达利益诉求，尽可能降低排华事件的发生概率，营造良好的侨居环境。

古巴华侨实行国民外交的途径之一，即是在平时注意维系好与对华友好的政界人士的关系。1953 年 12 月 7 日，华侨杂货联合会及华侨农业总会决定于 12 月 13 日举行果酒会，招待保罗加里罅缺地博士。

什货行农业会联欢缺地博士②

保罗加里罅缺地博士是大学教授，前任外交部长，现任不管部长，其父亲是司法及外交界名宿，其胞弟是本湾第二区初级刑庭法官。全家对我侨素具好感，与杨华炼、林润三、冯先登等君尤笃。当马揸那暴政倒后，时局动荡，我侨工商备受压迫，加博士等常以其地位对我侨作正义与大力的维护，协助组织华侨工商联合会及联合月刊，与晏的雅博士、约翰马典、生治、地喜路先生等实力支持。沈阳事变后，除撰文向各西报为祖国宣传外，又与杨华炼、麦戈雁首创中华空

① 蒋展民：《从中古邦交史说到古巴华侨问题及今后的对策》，《海外月刊》1934 年第 24 期，第 52 页。

② 《什货行农业会联欢缺地博士》，《开明公报》，1953 年 12 月 8 日。

报，增强对外宣传的力量。当年凌公使，于领事等在外交上，履险如夷。日使馆之匿迹销声，促进古巴人士对我国抗战之同情及帮助，加博士等之功绩殊多。近十余年来，我侨任何案件或难题，请托者莫不力为赞助，久为各界侨胞所深识。华侨杂货联合会及华侨农业总会以加博士十余年来为我国家侨局及侨胞而努力，厥功殊伟，值得钦仰，是以昨日下午二时两会执事在杂货行开会议决，定于本星期日（十三）晚八时在杂货行联合会礼堂联合举行果酒会。请加博士驾临欢叙，以表敬意，并欢迎各界侨胞参加，藉联中古情感云。

1955 年 1 月，古巴华侨举行宴会，崇敬华裔参议员菲利亚容。《开明公报》对此事进行了报道：

我侨崇敬菲利亚容大会　夏湾拿市长光临参加①

发表真诚动人演词　许愿为我侨利益奋斗

本来，当选参议员叙利亚侨民土生拉蒙加委沙氏也在被请之列，但因为有别事，不在湾城，蒋理事长于请各上宾同坐于主席台，然后宣布开会。

蒋理事长致词，叙述崇敬菲利亚容氏之理由，谓菲利亚容先生是我先侨的血统，从来不忘其身之所自来，渠在政治舞台活动卅年，对于我侨凡有所求，莫不尽力奔走，此后我侨所需求于菲利亚容先生者甚多，故我们特设此宴会以崇敬之，等等说毕，蒋主席将主席台前之上宾，夏湾拿市长，当选众议员华裔拉乌靓奴瓦李奴及署理移民局长一一向会众介绍，均报以热烈掌声。继之，陈常务理事一鸣读西文欢迎词，蒋理事长请菲利亚容先生演讲，亚容先生以其谦和优容之华裔风度，起立致词。他重述其不忘本身所自来之本意，同时，重述其幼年时因卫护同侨而与顽童打斗的旧事。他又重申其为我侨谋利益之许愿，他谓将来在国会中立法，使我侨享受与其他侨民同等之待遇。他曾举例，谓我侨与本土女结婚十五年，且有子女，都不能领取古巴国籍，此是不平等之待遇。其他如对于新□入口方面，他亦许愿致力为此问题而奋斗。继之，他述及在座之夏湾拿市长，及当选之华裔参议员拉乌靓奴瓦李奴氏本其对于我侨之同情，必为他之助力。最后，向我湾省之侨胞侨眷致谢投选他及昨晚崇敬大会之盛意。

继之，请夏湾拿市长致词。雷士宝梳市长是华的打总统之左右手，也是菲利亚容先生之忠诚同志。据他说，所有集会，他好依时，昨晚之所以迟到，因为要公前往外部，本他与亚容先生之友情及对我侨之好意，故不能不来参加，先请我侨原谅。雷士宝梳先生述对我侨之认识，继述菲利亚容对于国家社会之贡献，及

---

① 《我侨崇敬菲利亚容大会　夏湾拿市长光临参加》，《开明公报》，1955 年 1 月 18 日。

其获致华的打总统之信任，他坚信菲利亚容先生必不负我侨之期望。

又继之，请华裔当选众议员拉乌靓奴瓦李奴氏演讲。瓦李奴氏对于我侨虽是生面，但他那生成华人面容，一见可以知道他是“唐人仔”，听瓦李奴先生之措词，可以知道他确能传授华人率直的传统。他说：“吾父亦似你们一样，他虽然仙逝已久，但是，他在生存至最后刹那，不忘他的祖国及他的同胞。”瓦李奴氏于演词中，述及市长，称他是夏湾拿市长有史以来最廉洁之市长（众鼓掌）。继之，又感谢菲利亚容氏协助他竞选之盛意。最后，他向我侨许愿：你们在参议院有一议员，你们现下也应知道，在众议院也有一议员，其意亦表示为我侨谋利益也。

从这则报道可以看出，古巴华侨特设宴会，邀请华裔参议员菲利亚容（Flex Ayon）先生、哈瓦那市长雷士宝梳、华裔众议员拉乌靓奴瓦李奴氏出席，希望他们能维护华侨权益，使华侨能享受与其他侨民同等待遇。菲利亚容曾任哈瓦那市参议会议长。

国民外交的另一重要表现形式，是利用入籍华人与侨眷的选举权，通过帮助对华人友好人士当选，来保障华侨华人的权益。在古巴大选期间，华文报纸上登载众多的候选人广告，介绍人多为该候选人的华侨华人朋友。如 1942 年 2 月 16 日，《民声日报》登载《介绍 Dr. Francisco Lorie Bertot 候选连任古巴国会议员》的竞选广告，文中称：“东省会著名法律大家花冷色咕罗李役朵博士、前国民政府驻古巴代办朱世全先生朋友、两任古巴国会议员，现居选举国会议员之期（三月十五日），再出而竞选，以求连任。博士隶自由党籍、名列第一号候选人，与我侨胞服务多年，有相当之友谊，如荷花户十年前之陈案，汕爹咕巴数年前之吴文翰案，两年前马省亚麻李边之苏案，概由博士负责办理，将凶徒治以无期徒刑。又如近数年来在下议院对于我侨权益，均能作公道上之主张。弟等知之最深，故乐为之介绍，望隶古巴籍民之侨胞及我侨胞眷属有选举权者，请毋忘罗李役朵博士，惠友利群，善莫大焉。”文后列出伍炳璋、蒋赐福等 49 名介绍人，均系古巴华侨华人。

随着入籍古巴的华人增多，古巴政界人士也愈加重视有选举权的华人和侨眷的选票。1954 年 1 月，中华总商会会长李崑玉在总商会董事会上称：“此地政府已决定今年举行大选，各政党纷向吾侨拉拢，自在意料中。”① 果然，在当年大选前期，华文报纸刊登了众多竞选广告。以《开明公报》（不完全统计）为例：

---

① 李崑玉：《四三　四四年董事会开会辞》，《开明公报》，1954 年 1 月 7 日。

8 月 14 日

地李沙女博士乃侨商黄君砵川夫人，她在进步党中具相当功劳，故能在夏湾拿省获得候选众议员资格。她是侨商黄君之内助，就等于旅古华侨社会之一分子。吾侨的眷属能获致此种荣耀以黄夫人为第一人，将来在众议院中必能为我侨谋利益。请夏湾拿省入籍之侨胞及有选举权之侨眷一致选举，为我侨之利益保障。介绍人蒋赐福、朱家兆等 88 人

8 月 18 日

何西 · R. 间的玉先生（Jose R. Cantillo Porras）是现任政府高级政员，又是前任财政部总税务科长。他平日对华侨甚为优待，有求必应，确是我侨良友。在于十一月一日大选，请侨胞及眷属有选举权者投他一票。他是联进党第九号候选众议员。介绍人潘焯均谨启

8 月 18 日

蓝美路 · L. 明那沙博士（Dr. Ramiro L de Mendoza）在马凌挠市行医二十余年，施医赠药素有贫苦大众义务医生之美誉，因此得到市民爱戴……他对于我侨常量力乐助，不愧为吾侨之良友，他是联进党第十六号候选众议员。请侨胞及家眷于十一月一日大选时投票选之。介绍人陈一鸣、刘尊谋谨启

9 月 21 日

急进党推出市政厅候选人华鲁夏（Baluja）系本湾大熨绒店之少东，热心社会公益慈善，对我侨尤其好感，将来竞选成功出任市政参议，对于我侨事业尤其衣馆行业，必能尽其维护利益之友谊责任，请各侨胞之有选举权者投设一票，助其竞选成功，可获无尽之利便。介绍人朱仕彩、陈天申

9 月 24 日

请投押左嚇一票，拜衣西报文学栏主任、咨询委会委员、公证律师、法律检事兼著名记者 Angel C. Artola Valdes 为人和蔼可亲……对吾侨素具好感，常在西报著论宣扬我国文化及吾侨美德，诚为吾侨之良友……请……将来在众议院当多得一位吾侨仗义执言之良友也。

1954 年 10 月，古巴侨界重要人物蒋赐福专门就选举事宜发表意见，重点推荐 3 位候选人。[①] 第一位是团进党之第二号候选参议员菲利亚容氏。“此人是我侨遗裔，从来不忘其本身之所自来，凡我侨对他有所求，他莫不悉力以赴，他能置身于参议院之中，有损于我侨之立法，他必能挺身反对，有裨于我侨之立法，他必尽力提出与附议。”第二位是团进党之第六号候选众议员黄伯川夫人——地

① 蒋赐福：《关于来月一日大选　向我侨胞侨眷贡献一点意见》，《开明公报》，1954 年 10 月 29 日。

李沙亚呢维野加女博士。“她是一位良妻贤母，于艰难困苦中完成她的法学博士学业，以侨眷获得此竞选资格，是我古巴华侨有史以来之第一人，此是她与黄伯川君之光荣。亦是我旅古华侨之光荣，她能当选，亦当然似菲利亚容先生一样，为我侨之利益作保障。”第三位是团进党之第二十号候选众议员刘多夫刘李基氏。“此人乃现任移民局署理局长，执行一切移民局事务，一向对我侨素具好感，数月来对我们的子弟亲眷来古，曾给我们以极大之方便，他能在众议院中获得一席位，当然对于我们旅古侨胞也有裨益。”

国民外交成为古巴华侨华人与古巴政府沟通、表达利益诉求、维护自身权益的重要途径。1954 年，为“交涉”新客来古、外侨登记证年费、旧客抵埠留难等事件，古巴华侨就采用国民外交，与主管上述事务的内政部长进行了沟通，反映了情况。“中华总商会向以卫护侨益为前提，对上述三事，曾经考虑周详，采用国民外交方式，接近内长侧面交涉途径。嗣悉，吴君卓彰与现任内长有很好友谊，内长在未执政权时，已在某播音台因宣传业务关系中认识，建立友谊，因此特托请吴君预向内长先容，约定谒候时间，乃于前由李崑玉、李仲诺、容煜康、岑心田暨吴卓彰君一行，按指定时间，联赴内政部谒见内长，蒙以礼貌接见。”据古巴华侨朱家兆记载，国民外交确实起到了作用：“我们华侨因找寻生活问题，离乡背井，漂流海外。以外侨身份，寄人篱下讨生活，环境是相当困难与艰苦的。在那些最初移民来居古巴的侨胞，他们因言语不通和知识水准低下，多数做苦役工作，又因与西人社会隔离，情感隔阂，致每因种族歧视而发生仇华与排华的风潮。后来一群比较聪明的侨胞，知道国民外交的重要，于是设法沟通中古情感，常与西人社会接触，打成一片。因之困难逐渐减少，环境逐渐改善，外交上的一切困难，容易进行解决。只因为中古情感交流，日形活跃，所以现在西人对华人的傲慢态度逐渐改变为互相尊重。此种事实，就证明国民外交的重要性。所以您们青年侨胞，必须认清楚这一个事实，在工商余暇，学习他人文化，深入他人社会，联络感情，把中古文化打成一片，展开国民外交运动。此对于自己本身，固然有利，而对于华侨社会亦有无限的裨益，所以您们青年人应注意这一点事实，在平日要身体力行，以期推进这种国民外交计划，而利于种种困难问题的解决。”①

三、加强对外宣传、沟通与交流

20 世纪 20 年代，古巴排华风潮出现，使领交涉的无力，使得华侨华人成立

① 《朱主席家兆训词——在二月十九日本党驻夏湾拿分部职员就职典礼大会上》，《开明公报》，1956 年 2 月 1 日。

外交协进会，大力推行国民外交。20 世纪 30 年代，古巴华侨华人在遭遇排华风潮后逐渐认识到：缺乏对外宣传与交流的渠道，由此招致的外人对华侨华人的隔膜与误会，亦是古巴人排华的一个重要因素。为此，1934 年，古巴华侨杂货行公会创办中西文双语的《联合月刊》（*Fraternidad*），担负起对外宣传的责任。

“联合月刊之创设，是因一九三三年古巴革命迭兴、政局动荡、经济恐慌、工会蜂起、国家主义者积极排外、风潮汹涌的时候，于总领事为应付危局，指导经营杂货之侨胞组织华侨杂货联合会。当日会中执事如笔者及杨华炼、利恂恂、杨洄、吴泽勳、杨濂等皆身受西工会（笔者注：古巴的工会组织）之压迫与非分的苛求，同时亦洞悉有土人排华的心理渊源所在：实因我侨欠缺对外发言之机关，是以全无解释误会及宣扬美德之机会，欲求消除病根，还要按症施药。众佥谓创刊西报，实为时势之急需，既知治本之方法，乃立定目标，不顾力量之薄弱与责任之艰巨，发起创设中西文月刊。”① 这里反映出《联合月刊》创办的历史背景和诱因，表明古巴华侨华人逐渐意识到：互相不了解、相互隔膜是古巴人排华的因素之一。

《联合月刊》的使命是对外宣传，其宣传内容广泛。“祖国高尚之文化，先侨赞助古巴独立战争之功绩，我侨有利于古巴国计民生之事实，与乎华侨爱好和平守法之美德，尽量宣扬。因此消除土人因言语隔膜而发生之误会，潜移默化，歧视华侨心理者之偏见，于是本刊二十年来，成为中西文化交流之孔道，联络中古人士情感之桥梁。尤其是在抗战期间，为国宣劳，不遗余力，揭发日贼在大陆之暴行，纠正袒护帝国主义者之谬论，争取国际友谊之同情，收国民外交胜利之伟绩。”②

作为非营利的刊物，《联合月刊》采取赠阅的方式，其赠阅范围极广，除古巴外，还寄赠至中国和美洲等。“欲求对外宣传的力量增强，对于西人团体、机关、图书馆、学校、报馆、军政、名流等等，每期寄赠，不收分文。至于吾侨方面亦然，凡对本刊之同情索取者一概赠阅，计每期西人方面赠阅数百卷，吾侨方面赠阅者数亦几相同，又国内及美洲英属各国赠阅者又达百余卷。”③

由于系免费赠阅，刊物的维持经费主要依靠筹款。“惟是本刊既非营业性质，少数告白收入极微，工作人员虽可义务从公，但印刷及纸张等费，势难减免。”刊物主要通过影戏和发售名誉券等方式筹款，每年举行一次。1959 年 6 月，《联合月刊》在新大陆影院影戏筹款，同时古巴华侨华人也踊跃购买名誉券。“昨日购名誉券者，又有华侨餐馆总公会、中国银行每十元，东亚商店、陈福田、陈来

---

①② 林润三：《为联合月刊影戏筹款告侨胞书》，《华文商报》，1954 年 11 月 18 日。

③ 林润三：《联合月刊影戏筹印刷费对侨胞一言》，《华文商报》，1942 年 6 月 6 日。

英每五元，关崇镜、余风采堂、陈苏民商店、蒋胡公司每三元，梁启邦、朱秋垣每二元五毫，李逢彦、恒安隆、谭庚屏、许荣暖、东省会民治党分部、东省会陈颍川分堂、方岳凡、东方餐馆、位育堂、陈京梅房、钟培生、彼得眉登咕华侨团体会、绍贞公司每二元，一元者极众云。”①

20 世纪 30 年代，在反思排华事件发生的原因时，古巴侨商发现，由于同行间竞争激烈以及相互隔膜、缺乏沟通，极易产生误会，并由小事而引致处境恶化。为此，加入行业协会，加强与同行之间的沟通与协商成为必要。1936 年，古巴中华总商会加入古巴全国经济联合会及全国零沽商人联合会之中。1948 年，李仲诺接任中华总商会会长。李崑玉卸任时特别交代：“零沽商联总会系古巴各行商会之集合体，势力甚雄，本会为该总联会会员之一。查自加入联络合作以来，则西班牙商人，不敢作如前之鼓动以排于我者，此皆本会与商联会合作之效。本席甚望继续合作，以融和敌人而安吾侨之商业。”② 加入全国性行业组织之后，侨商与同行彼此沟通，由于同行竞争而导致的排华事件不再发生。1953 年，由于杂货同业侨商贬价竞争，“数月来为湾城两间零沽商会及上等什货行公会促请中华总商会关注”③，为解决此问题，中华总商会召请中西同业，共同协商解决。

除了中华总商会加入全国性组织外，地方也筹组中西杂货商联合会。1942 年 2 月，比那尔德里奥省会筹组中西杂货商联合会，当场推选西商 3 名、华商林辅君 1 名为办事人，以联络商情、发展商务。

第七节　20 世纪上半期古巴华侨华人与当地社会的关系

随着老一代契约华工和加利福尼亚（华）人的逐渐衰老离世、中国自由移民的大规模进入，20 世纪的古巴华侨华人社会逐渐演变为一个以第一代新移民为主的社会。与此同时，古巴还存在大量土生华裔，既包括契约华工和加利福尼亚（华）人的后代，也包括 20 世纪新移民与古巴女子婚后所育子女。为方便下文论述，笔者将前者称为老一辈土生华裔，后者称为新一代土生华裔。但土生华裔与以新移民为主的 20 世纪的古巴华侨华人社会比较疏远。活跃在 20 世纪的古巴华侨华人社会中央以及对华侨华人社会起主导作用的是新移民。因此，本章前

① 《联合月刊影戏筹款成绩》，《华文商报》，1959 年 6 月 17 日。
② 《总商会前任会长李崑玉先生在交代时致词》，《华文商报》，1948 年 1 月 6 日。
③ 《商会明天举行同业会议　讨论遏止贬价竞争问题》，《开明公报》，1953 年 10 月 22 日。

六节主要考察的是以新移民为主的华侨华人社会。

就与古巴社会的关系来看，这 3 个生活背景和经历截然不同的群体，因处于不同的融入阶段而呈现出不同特征。

老一辈土生华裔延续契约华工时期的融入进程，顺利地融入古巴社会。由于他们的母亲多为古巴人，大多数的老一辈土生华裔为混血儿。与黑人、白人、穆拉托人的混血儿一样，他们被归类为混血种人（mestizo）。他们拥有古巴国籍以及公民权，已经成为古巴人。从笔者见到的资料来看，老一辈土生华裔与以新移民为主的 20 世纪古巴华侨华人社会保持着一定距离。尽管如前文所述，在 20 世纪 20 年代，恰法特曾经担任侨团职务，但随着新移民的增多，老一辈土生华裔从侨团中逐渐淡出。由于血缘上的关系以及其他原因，20 世纪古巴华侨华人社会的侨领与活跃在政界的老一辈土生华裔有所往来，如前文提到的参议员菲利亚容以及众议员拉乌靓奴瓦李奴氏等。但普通的老一辈土生华裔与 20 世纪古巴华侨华人社会的互动与来往似乎不多。

新一代土生华裔正在顺利融入过程中。他们多不会汉语，西班牙语成为其母语，也有的因母亲为华人或是被送回中国接受教育，掌握了两种语言。陈匡民曾提到："古巴政府严限华侨妻子入口，故大半侨胞与古巴女子结婚，且能造成美满之家庭。华侨眷顾妻子，富有家庭责任心，较诸古巴人民优胜一筹，故近来古巴女子乐于与华侨结婚。惟所生儿女，多受母教影响，而侨胞终日勤劳工作，少有余暇亲授中国语文，故古巴土生侨童，大多不晓讲中国话。"[①] 同时，新一代土生华裔多接受高等教育，成为专门人才。"现在这一代的华侨儿女，多数受过高等教育，有的荣任国会议员，任职政府各机关与参加社会种种服务。"[②] "惟侨胞颇重视儿女教育，故土生青年，受古巴高等教育，早就成为专门人才者，颇不乏人。"[③] 与老一辈土生华裔一样，新一代土生华裔也积极谋求政治权利。1948 年 3 月 22 日，《华文商报》刊登《大沙华埠侨生　黄飞咕博士竞选国会议员》的新闻，称黄飞咕博士为殷商黄明先生之公子及中国民治党律师，亦为古巴民主党著名的领袖。[④] 尽管一些成为专门人才的新一代土生华裔与华侨华人社会关系紧密，尤其是法律和医学类专业人才与华侨华人社会联系较为紧密，服务于华侨华人，如在 20 世纪中期，苏民治博士[⑤]、方日满博士等开设商业法律服务社，受

① 陈匡民：《美洲华侨通鉴》，纽约：美洲华侨文化社，1950 年，第 649 页。

② 《朱主席家兆训词——在二月十九日本党驻夏湾拿分部职员就职典礼大会上》，《开明公报》，1956 年 2 月 1 日。

③ 陈匡民：《美洲华侨通鉴》，纽约：美洲华侨文化社，1950 年，第 649 页。

④ 《大沙华埠侨生　黄飞咕博士竞选国会议员》，《华文商报》，1948 年 3 月 22 日。

⑤ 古巴华侨苏星波之子，西班牙名为 Napoleón Seuc，古巴革命之后移民美国，著有 *La Colonia China de Cuba*（*1930 - 1960*）：*Antecedentes*，*Memorias y Vivencias*，Miami：Ahora Printing，1998.

理有关古巴律例、旅游事务等；陈月梅博士①、谭淑玲医学博士分别在华区开设医务所；陈镰生博士②开设慈善医院。但由于古巴华侨教育的不发达以及古巴对华侨华人的不平等待遇和歧视，总体来看，新一代土生华裔与以新移民为主的20世纪古巴华侨华人社会也存在着疏离。1956年，古巴洪门民治党主席朱家兆在该党驻哈瓦那分部职员就职典礼大会上特别提到："对于那些与古巴人结婚而生下儿女的华侨，在从前因为他们大都不知道教育这一群侨童的重要，任由他们自由发展，后来长大了，发生无数数典忘祖的怪现象，以致中国人后裔不独羞辱于承认自己是中国人，反而和一般西人同样具有讨厌中国人的心理。因此一般华侨都骂他们为排华友了。说起来，真是令人痛心。"③ 笔者在古巴华文报纸上多次读到类似言论。但有的地方华裔青年与华侨华人社会联系紧密。1959年，奥连特省帕尔马索里亚诺（Palma Soriano，古巴华侨称"巴麻素靓埠"）的华裔青年曾组织活动，积极为筹建中华会馆募款，华文报纸多次报道该地华裔青年的各种活动。④

构成20世纪古巴华侨华人社会主体的新移民，与前两个群体截然不同，他们属于第一代移民，与中国的联系紧密，但同时渴望在古巴立足并适应当地社会。他们与古巴社会的关系处于极其复杂的状态。尽管古巴华侨华人遍布古巴全境大小城市，同时有一个不小群体与古巴人通婚，与古巴人的关系也比较融洽，但20世纪上半期的华侨华人与古巴社会之间似乎横亘着一种隐约的疏离感。笔者认为，这种疏离是双向的，同时互为因果。

一方面是华侨华人感受到古巴的排斥。1902年，古巴开始严格限制中国人入境。此后，除"一战"期间一度放开外，古巴长期实行禁止中国人入境的政策。同时，20世纪上半期的古巴社会处于政治转型和社会剧变中，劳工运动日益活跃，反复怂恿制定反移民措施。五十工例的实行，亦让华侨华人感受到排挤。而每年征收的外侨登记费，则不时提醒着古巴华侨的外侨身份。

除了法律政策上的歧视和排挤，亲身经历的排华事件对华侨华人心理上的影响更甚。20世纪20年代，由于侨商与西班牙商人的竞争，1922—1923年，保守的西班牙文报纸《马利拉日报》发表了一系列反对中国人的文章。⑤ 1923—1924

① 陈月梅博士曾在古巴卫生部及哈瓦那市立儿童医院任职，并曾兼任数间侨团义务医生。

② 后来曾担任古巴华侨医院总医生。

③ 《朱主席家兆训词——在二月十九日本党驻夏湾拿分部职员就职典礼大会上》，《开明公报》，1956年2月1日。

④ 《巴埠华裔青年热心公益》，《华文商报》，1959年7月10日；《巴埠华裔青年社近讯》，《华文商报》，1959年6月26日；《巴埠华裔青年社举行跳舞会筹款成绩》，《华文商报》，1959年7月21日。

⑤ Kathleen Maria López, The Chinese in Cuban history, in Walton Look Lai ed., *Essays on the Chinese in the Caribean*, 2006, p. 118.

年的排华风暴使经济成就卓然的华侨华人猛然意识到自己的生命财产正随时遭受着威胁。虽然排华浪潮一度平息，但到 20 世纪 30 年代世界经济危机爆发后再次兴起。1933 年古巴排华组织“阴影”活动，号召抵制中国商人。同时古巴发生政变，时局不宁，多名侨胞遇害。在 1930—1933 年，被害的华侨华人至少达 20 人。[①] 1933 年 9 月 12 日，《申报》刊登《驻古巴公使电请归国》一文，称：“古巴排挤华侨，封锁财产，并驱逐出境，凌公使提出交涉，古巴政府拒不晤面，凌电请汇二万元为侨民归国川资，政府未允。”[②] 1933 年 9 月，古巴华侨商店被劫的新闻传回国内。“据三地阿哥中国领事之报告，该地有华人商店六处，被武装之青年强行抢劫云。”[③] 到 20 世纪 40 年代，华侨华人与古巴人之间的紧张与冲突再次体现出来。1944 年，古巴人闯入华侨餐馆、杂货店等，指责侨商未严格执行五十工例，要求雇佣当地人。连续 30 年的排华事件，反映出华侨华人与古巴人的冲突并未得到缓解。

相比契约华工的悲惨遭遇，20 世纪上半期的古巴华侨华人境遇好出许多，但仍然遭受古巴人的歧视和偏见。在古巴媒体、官方政府和警察的报告以及学术和民众著作中，中国移民被描述为自成一帮（clannish）、腐败（corrupt）、非公平竞争（unfair competition）和不长进的（incapable of progress）。[④] 20 世纪 30 年代在古巴生活和工作的杜冯·科比特坚信古巴社会存在对华侨华人的偏见。他在 1971 年写道：“总体来说，古巴人在两件事上反对他们的中国人邻居：一是在 30 年代的大萧条中，中国人以及其他外国人都被视为古巴工人的竞争者；二是他们是中国人。”[⑤]

为改善在古巴的境遇，20 世纪上半期的华侨华人采取的策略是团结起来并求助于中国。古巴华侨华人建立众多的侨团组织，增强群体凝聚力，同时通过强化自己的侨民身份，深度参与祖国事务，以及维持与使领的良好关系，求助于使领交涉，来化解在古巴的不利局面。

另一方面是古巴人越来越感觉华侨华人是外国人，进而感到疏离。出于就业上的压力，古巴工人认为华侨华人挤占了自己的工作岗位，进而对华侨华人产生不满，导致古巴长期限制中国人入境，并实行五十工例，要求增加雇佣古巴人的

① Miriam Herrera Jerez y Mario Castillo Santana, *De la memoria a la vida Pública: Identidades, espacios y jerarquias de los Chinos en la Habana Republicana (1902 – 1968)*, p. 109.

② 《驻古巴公使电请归国》，《申报》，1933 年 9 月 12 日。

③ 《古巴时局骚乱不宁　华侨商店被劫》，《申报》，1933 年 9 月 29 日。

④ Kathleen Maria López, The Chinese in Cuban history, in Walton Look Lai ed., *Essays on the Chinese in the Caribean*, 2006, p. 118.

⑤ Duvon Clough Corbitt, *A Study of the Chinese in Cuba: 1847 – 1947*, Wilmore: Asbury College, 1971, p. 114.

比例。同时，华侨华人为适应在古巴生存和发展建起的侨团，成为封闭的小社会，不时回国探亲并寄送侨汇，以及自我认同为中国人，强化自己的侨民身份，参与中国事务，进一步加重了古巴人认为华侨华人是外国人的意识。因此，较后契约华工时代华侨华人与古巴社会的亲密关系，20 世纪上半期古巴华侨华人社会与古巴社会则体现出彼此间的隐约疏离。

这种疏离是客观存在的，谈不上对与错。洛佩斯认为，一些古巴媒体的作者将华人视为“寄居者”，认为他们收割了古巴经济的利益，去支持在后方的家庭，并拒绝被当地社会同化。但是，从一个中国移民的观点来看，寄居和定居并不必然是两个不同的过程。考虑到前后相继数十年的跨国移民，20 世纪 20 年代和 20 世纪 30 年代的中国人，保持与家乡的联系并不是与融入古巴社会不相容的。相反，促进与家乡联系的制度同样能产生集体的力量来反抗古巴的反华情绪，并促进与古巴人的关系。① 事实上，古巴华侨华人想尽办法，化解排斥与敌意，试图获得古巴社会的接纳和认可。古巴受灾后，华侨华人踊跃捐款捐物。1944 年，古巴发生风灾，中华总商会参加风灾善后紧急会议，首倡捐款，现场捐款 3 000 元。古巴在西班牙统治时就每年举行嘉年华狂欢节，华侨华人很早就参与其中。据华侨华人的记述如下：

古巴之有嘉年华节，非自今始。六十年前即班人主政时代，已有之。其时只有马车，并无汽车。土人亦以马车载其选出之皇后皇妃巡游，各御西班牙式之长裙，上穿百褶衣，胸前满悬西国风尚之宗教饰物，头戴圆扁之花冠。记者童龄时，吾祖父经商古岛，在他生前寄回之照片中，曾一见之。其时旅古侨胞甚众，凡数万人，每届嘉年华节大巡游，为联络土人感情计，例必集议筹款，组队参加。当时湾城有华人戏院开演粤剧。小武周瑜利，花旦西施伦，皆当时鼎鼎有名之佬倌。各穿戏服参加巡游。华裔姑娘，则扮作挑色、马色，及步行提灯队，并有舞龙舞狮殿后。届时古岛各国侨团，各大企业公司，靡不列队参加，争奇斗丽，踵事增华。此风亘数十年而不替。自一九一五年而后，渐渐有汽车面世，及电器装饰之日新月异，此举国若狂之嘉年华节巡游大会，一年媲一年摩登，一年媲一年扩大。而我侨方面，由于其时中华音乐研究社，国光、国声、钧天乐等剧团次第成立，历年由此四大艺术团体担任布置花车，无不金碧辉煌，灿烂悦目，

① Kathleen Maria López, *Migrants between Empires and Nations: The Chinese in Cuba, 1874 - 1959*, PhD. Dissertation: University of Michigan, 2005, p. 274.

而民治党与体育会之瑞狮，及国民党之银乐队，亦均出动，一并参加巡游，获得土人好评。①

小　结

本章对 20 世纪上半期的古巴华侨华人社会进行了全面考察。20 世纪上半期古巴华侨华人依靠务工和经商立足，其中工人约占 60%，商人约占 40%。华侨经济成为当地经济的有机组成部分，但明显体现出族裔经济的集中化特征，即主要集中在杂货店、生果店、洗衣店等少数领域。20 世纪到古巴的中国新移民主要是单个的男性移民，他们要么是单身汉，要么是家庭在中国。大量跨国家庭的存在，决定了他们与中国的联系必然十分紧密。为因应和便利在古巴的生存和发展，他们建立诸多侨团组织，包括公共团体、同乡团体、姓氏团体、职业团体、政治团体以及业余爱好团体，应有尽有，各司其职，形成一个功能完善的小社会。这个小社会并非完全内向封闭，而是在维系社会内部运转的同时，游刃于中国与古巴之间，既保持与中国的紧密联系，同时希望被古巴社会接纳，目的在于营造良好的侨居环境。但大部分 20 世纪古巴华侨华人家庭和事业难以两全。他们在古巴的娱乐生活，主要是进中国戏院观看粤剧或看香港电影，推崇中华传统文化。由于纯中华血统的土生华裔人数不多，且多进入古巴当地学校，古巴华侨教育不甚发达。古巴华侨华人主要通过回国探亲和寄送侨汇的方式，维系与家乡亲人的联系。同时，他们积极参与到中国事务中。在侨居地古巴，他们与古巴人总体相处融洽，但由于经济和就业竞争等原因，华侨华人在古巴遭受着歧视和排斥。他们采取的应对措施是强化自己的侨民身份，并积极团结起来，一方面通过使领外交进行交涉，另一方面实行国民外交，同时积极对外宣传、加强沟通和交流。

从与古巴社会的关系来看，华侨华人的 3 个群体——老一辈土生华裔、20 世纪新移民、新一代土生华裔体现出不同特征。其中，老一辈土生华裔顺利融入古巴社会，新一代土生华裔也正在顺利融入过程中，而 20 世纪新移民与古巴社会的关系较为复杂。笔者认为，以新移民为主导的 20 世纪古巴华侨华人社会与

① 宪孙：《吾侨宜慷慨解囊力助总会馆参加狂欢节大巡游》，《开明公报》，1959 年 4 月 2 日。

古巴社会存在着某种疏离感。这种疏离一方面源于中国的拉力，另一方面古巴的推力因素亦起着重要作用。中国的拉力主要体现在：①跨国家庭大量存在，古巴华侨华人梦想着叶落归根；②古巴国民党以及驻古巴使领馆对华侨华人的引导和吸引力。因此，从认同上看，古巴华侨华人认为自己是中国人。古巴的推力因素则主要是古巴的排斥性政策以及排华风暴，除在入境政策上严格加以限制外，古巴政府没有将华侨纳入古巴社会中的打算和措施，而是任由其自由发展。因此，古巴华侨华人不仅处于古巴社会的边缘，而且不时面临着歧视与排斥。来自中国的拉力和古巴的推力，使20世纪上半期的新移民处于中国和古巴之间，但他们渴望被古巴社会接纳。

第四章　被整合与融入：1959年古巴革命后的华侨华人

1959年古巴革命胜利后，革命政府随即在古巴启动了全面改革。1961年4月16日，卡斯特罗宣布古巴革命是社会主义革命，自此古巴成为西半球唯一的社会主义国家。古巴社会主义革命将古巴国民以及外侨均裹挟在内，从事私营小工商业的华侨华人更是首当其冲受到巨大冲击。在突如其来的巨大变革之下，一些华侨华人离开古巴，回国或再移民他国；更多的古巴华侨华人继续留居古巴，被社会主义改革整合进古巴社会之中。

第一节　古巴华侨华人对1959年古巴革命的认识与初步反应

1959年，卡斯特罗领导的古巴革命取得成功，世界为之瞩目。古巴华侨华人身处古巴革命漩涡的中心，他们对1959年古巴革命有何认识？古巴革命成功后，他们作何反应？由于认识与反应是主观产物，因个人处境与立场的不同而各不相同。但笔者认为，古巴华侨华人作为一个群体，有着共同的利益与特征，因此，他们对古巴革命与改革也有着占主流的认识与反应，而这种主流认识与反应最直观的体现就反映在古巴华文报纸的时评类文章里。

古巴革命胜利后，《华文商报》、《开明公报》等华文报纸所登载的围绕古巴革命及改革的来论、时评类文章剧增。撰写这些评论性质文章的多是古巴侨界的重要人物，如曾担任中华民国驻古巴哈瓦那总领事的袁道丰。袁道丰毕业于厦门大学，因其在担任驻哈瓦那总领事期间为入籍的古巴华人争取到家眷入境权利，以及与古巴政府高层间亲密的私人关系，而在古巴侨界威望甚高。① 古巴革命胜利后，袁道丰在《华文商报》上发表的时评类文章非常之多，表达他对古巴革命的看法，谈论他认为华侨华人面对古巴改革宜采取的应对措施等。笔者认为，一方面，这些来论、时评性质的文章是当时古巴侨界对古巴革命及改革看法的直

① 袁道丰在拉蒙·格劳·圣马丁第二次出任古巴总统时期，常出入古巴总统府。同时，为古巴颐侨院和九江侨商公医院各争取到古巴总统夫人的1万元捐款。

观反映；另一方面，这些发表评论的“意见领袖”也引导着古巴侨群对革命和改革的认识和应对措施。

1959年之前，古巴华侨华人对卡斯特罗领导的革命并未多加注意，这从华文报纸的报道中可以反映出来。1959年前，古巴华文报纸鲜有关于卡斯特罗的报道。1959年元旦，巴蒂斯塔逃离古巴，卡斯特罗领导的革命取得胜利，华侨华人社会才开始对此加以关注。此后，关于卡斯特罗及其领导的革命运动的报道剧增。

1959年1月3日，古巴中华总会馆召集紧急会议。随后，中华总商会代表全体侨商修函，恭贺“七·二六”革命成功。该函译意如下：

夏湾拿七廿六革命运动司令部，诸位先生示鉴。中华总商会在此革命成功之际，特别表大（笔者注：可能为“达”）其赞同及欢欣之意，并特向革命领袖Dr. Fidel Castro Ruz及新任临时大总统Dr. Manuel Urrutia……恭贺并致敬意，自由古巴万岁。

中华总商会会长朱秋垣敬上

一九五九年元月三日①

1959年1月8日，卡斯特罗率领革命军队进入哈瓦那。中华总商会请全体侨商闭门停止营业以示庆祝，增加中古两国感情；同时在西文报纸上表达对卡斯特罗的欢迎之意。② 1月21日，古巴举行拥护革命政府大巡行，以庆祝革命胜利。中华总商会再次请侨商休业。“七月廿六革命运动总机关，发动于明天（星期五）下午二时齐集总统府前举行大巡行，以示庆祝革命胜利，并拥护革命政府措施，请求工商界协助，并号召民众参加。总商会有鉴于此特请本湾全体华商于是日下午由一时至六时闭门停止营业，以示华侨拥护革命政府政策，并与古巴人民合作云。”③ 中华总会馆和中华总商会参加了此次巡行。④

华侨华人除对古巴革命的胜利表示祝贺外，还逐渐认识到此次革命与古巴20世纪上半期的几次政变不同。“古巴这次革命确是一种大革命，具有军事、政治、经济与社会的意义，与一九三三年推翻独裁总统马乍多的革命大不相同。过去的革命只是换换总统、部长和若干官员而已，这次则较激烈彻底，对旧政府的人员举行大清算，并解散军警，重新改编，匪仅没收其舞弊所得的财产，对杀人

① 《总商会函贺古革命成功》，《华文商报》，1959年1月6日。

② 《请侨商停业欢迎吉士杜露》，《华文商报》，1959年1月8日；《总商会在西报发表欢迎革军总司令吉士杜露》，《华文商报》，1959年1月8日。

③ 《我侨表示拥护革命政府　总商会请侨商明日下午休业》，《华文商报》，1959年1月20日。

④ 《总会馆总商会参加拥护革命政府巡行》，《华文商报》，1959年1月22日。

犯及政治犯甚至处以死刑或无期徒刑。”[①] 同时，华侨华人对卡斯特罗的一言一行给予特别关注。“近来古巴内阁总理吉士杜露（笔者注：卡斯特罗）又发表了好几次演讲，其中有些是老生常谈，有些却是新的主张。现在是他的世界，所以他的一言一语都可以影响古巴全国人民及外侨的生活。”[②]

古巴临时政府成立后，华侨华人对自身处境有所担心。“古巴临时政府之组成，俱是国家主义的中坚份子。这等份子，对于一切措施，当然以福国利民为前提。对于外侨，可能有些不利。我侨为未雨绸缪及应付将来可能发生的某些事态起见，最好的办法，为取得居留国的国籍，其次则为取得居留证。”[③] 为应对新政府可能带给外侨的不确定性，入籍和取得合法居留权成为华侨华人的首要选择。

古巴革命政府随即颁行了一系列新法例与政策。部分法例与政策直接影响着古巴华侨华人，使他们产生了强烈的危机感。“这几天，相信大家都看过报纸，新政府的法例，对我们中国人，大大小小，连日都有所打击，如严禁华人入境，禁止万金油等药品进口……这些总是对我们有所不利。现在古巴革命胜利了，一切都得到自由，因而各行工会也相继重组。无可思议，于不久期内，五十工例相信一定会重现，这是多么可怕的一回事呵！第正如颜任侠先生前在其著《古巴风光》一书中之五十工例说明，第一句话：‘外侨的致命伤——五十工例。’从这句话里，便可以了解到五十工例的真面目是怎么样。旅古巴较久远的侨胞们，更已是亲历其境。那时候工例所带来的，赐给的，是什么，相信大家尚记忆犹新，真有谈虎色变之慨，令人不寒而栗呢。”[④] 从 20 世纪 30 年代起，古巴华侨华人对于“五十工例”的担心从未消失。古巴革命胜利后，他们更加担心古巴推行极端民族主义政策，进一步排斥外侨。

对于侨界可能存在的潜在危机，一位古巴华侨分析了种种原因：“①由于战后所为列强之一的我国政府（笔者注：台湾当局），失去大陆而退居台湾，国势突变，给人以蔑视轻侮之机；②由于东亚新兴诸国，排华相继而起，我政府未能作强有力交涉，而制止其对侨民资产之强夺霸占，给人以见猎心喜之机；③由于吾侨生活简陋，个性悭俭，不喜交际，酷嗜烟赌，具诸恶习的三十年前之华区动态，至今多数难以改良大非昔比，惟与我侨素无交谊之土人，犹存鄙视积旧观念，随时可能作藉口排挤之机；④由于世界上国家主义者的政策，无不以其国家及民众自身之利益为前提，对外可能不顾一切，古巴自不能例外，即不积极施行，亦必作相当之实现。就古巴之外资而论，美西两国与他有特殊关系，对其侨

① 袁道丰：《古巴新政府与侨胞》，《华文商报》，1959 年 1 月 29 日。

② 袁道丰：《吉士杜露最近的政见》，《华文商报》，1959 年 3 月 17 日。

③ 尘：《未雨绸缪》，《华文商报》，1959 年 1 月 26 日。

④ 国俊：《我侨筹款赈济古巴战区灾民义不容辞》，《开明公报》，1959 年 1 月 29 日。

商，自然投鼠忌器，有所顾虑，此外居于第三者地位之我侨，实为无可逃避之对象，有成为射场立的之机；⑤由于古巴为西繁衍之国家，西侨素来与我作商业竞争之敌视，积不相能，彼以与土人血胤关系的优越地位，每为乘瑕蹈隙，煽动排华，潜伏因风纵火之机；⑥由于我侨多数属小本营业，商店星罗棋布，遍于城市农村，与土人接触紧密，对顾客未能尽量有求必应，自不免有因佘借不遂之徒，酝酿捣乱，诱挟盲从，蒙蔽当局，求遂其挟嫌寻衅之机。"[①]

最初的危机感，使得华侨华人异常小心从事。长期以来，古巴华侨华人保持着清明节祭祀先人的习俗。"我国数千年来，每逢清明时节，家家户户，男男女女，或三三两两，或成群结队，旅行荒郊，行清扫墓，携带三牲酒醴，祭奠坟前，以表哀思，此乃我民族人伦之传统孝思，慎移追远之固有道德，此为欧西各国所不能比及。……我旅古巴华侨，乃是黄帝子孙，当不能数典忘祖，而行清致祭，习俗相沿，所以每到清明时节，少不免又是具备金猪酒醴，到先人坟前祭奠一番。"[②] 但是，鉴于革命后的局势，古巴华侨华人担心带着祭品到坟场致祭，恐招致古巴人认为不卫生，引起执政者的反感。1959 年 3 月 20 日，《华文商报》刊登关创汉的来件《清祭应注意的问题》一文，作者写道："古巴政变之后，社会政局仍未安定，执政者对任何国家侨民的举动，随时都有抨击的可能。我们对于过去行清用烧猪生果食物，前往义山致祭的举动，其实在西人的心目中，是一件很不卫生的事。我们要知道义山园内的空气污浊不清，是不适宜携带任何食物。假如我们这番仍固执如往，可能引起执政者的反感，而给我们的不良印象，或加以扩大抨击，何等可怕，这是应该提防注意的，故而还希望侨胞互相合作，消除这不良的习惯。"[③] 此文发表后，立即得到了其他古巴侨胞的响应。3 月 21 日，《华文商报》发表署名为"长人"的《读清祭应注意的问题后》以及署名为"客怀"的《对于清祭希我侨有所抉择——读〈清祭应注意的问题〉后而作》两篇文章，两文均建议侨胞改变延续几十年的带食品布于坟前的习惯，建议用鲜花一束或是花圈一个来表达祭祀之意。

清祭习俗的改变，只是华侨华人在革命后谨慎行事的一个侧面反映。古巴革命后，时局动荡，有寄人篱下之感的华侨华人更显得战战兢兢。1959 年 11 月 24 日，《华文商报》登载社论《时局动荡中　我侨宜注意数点》，作者写道："古巴自革命政府成立之后，大局依然在动荡中，而尤以近月为甚，破坏反革命组织，拘捕反动分子，时有所闻。此不独内埠如是，即夏湾拿首都亦然。且在此当中，

① 公：《欲弭危机从救难始》，《开明公报》，1959 年 1 月 30 日。

② 客怀：《对于清祭希我侨有所抉择——读〈清祭应注意的问题〉后而作》，《华文商报》，1959 年 3 月 21 日。

③ 关创汉：《清祭应注意的问题》，《华文商报》，1959 年 3 月 20 日。

谣言满天飞。吾人寄人篱下，际此时会，不独要应付得宜，随机应变，而且要头脑清醒，观察时局，判断是非，勿为谣言所惑，引致政府疑忌。”同时，作者提醒同胞“行街务宜小心、切勿慢藏诲盗、切勿轻信谣言、勿对西人批评政治”。①

一方面，革命后的古巴华侨华人小心谨慎行事；另一方面，他们与大多数普通古巴人民一样，对古巴革命和改革采取“听其言，观其行”的观望态度，同时对革命的远景抱有美好的希望。这从袁道丰的多篇文章中反映出来。在《古巴新政府与侨胞》一文中，他认为：“革命政府如能真诚推行其政纲，古巴的远景是美好的，如果经济繁荣，秩序安定，外侨实受惠无穷。比方一位杂货侨商在过去内战时，商业凋零，每月只做三五千元生意，今后如能做一万元生意，所得利润必增的，其他小困难是不足计较的。现在我们既然面临大革命的新局面，当然要用新头脑和新方法去应付，不可墨守成规。临机应变原是商人的特长。今天以高价购进的猪油，明天便以高价售出；反之，如以廉价购进，也得以廉价售出，因此我相信在法律范围内，侨商必知应变，不必恐慌。”② 尽管随着古巴经济形势的恶化，侨商经营日渐感到困难，但袁道丰仍然认为：“侨商的困难是很令我同情，但也不应气馁。一九二九年世界经济不景气及一九三三年古巴革命均曾使我侨工商界遭受困难，但后来获得复苏的机会，欣欣向荣。当然，这次革命的性质与过去大不相同。古巴现处在革命的过渡时期中，旧的毁灭，新的远只有头绪，尚未完全建设起来，任何国家的革命都免不了会发生这种困难的过程。”③另一位古巴侨胞亦认为：“谁都不能否认，早几个月各行的商业，似略有逊色，这现象，不用说是为着它的因素。我们要明了，这是任何一个国家经过一次革命的过渡出现的必然现象，古巴也不能例外。然而古巴经过这次民族独立的革命后，与其他的国家有着不同的地方。这些不同的地方，值得欣慰的，就是独立后建筑物绝对完整，金融稳定，物价不飞涨。这些足以反映了民生安定，对于商业方面，也受不着多大的影响！”④

在观望和期待的同时，华侨华人对革命政府表示友好并积极合作。古巴临时政府成立不久，中华总商会即发表《请我侨商注意与新政府合作》一文，希望侨商“戒除赌博，待人要有礼貌，军警买物照价收款不得馈赠”⑤。同时，华侨华人积极参与革命政府倡导的各项活动，以表示友好。

古巴革命胜利后，有些地区因受战争摧毁，难民数众，新政府为了抚恤救济

① 尘：《时局动荡中　我侨宜注意数点》，《华文商报》，1959 年 11 月 24 日。

② 袁道丰：《古巴新政府与侨胞》，《华文商报》，1959 年 1 月 29 日。

③ 袁道丰：《侨胞工商业前途的展望》，《华文商报》，1960 年 5 月 31 日。

④ 《华侨商业的前途（一）》，《开明公报》，1960 年 12 月 16 日。

⑤ 《请我侨商注意与新政府合作》，《开明公报》，1959 年 1 月 20 日。

战区难民，特发起“救援献捐运动”。古巴华侨华人为此特别召开了一个全侨性的社团商庄暨理监事联席会议，成立古巴华侨福利会，专门负责为救灾筹款。与此同时，古巴中华总会馆立即从中国银行借款1万元，捐给战区难民，随后组织华侨华人积极进行捐款。

除积极捐款救济战区难民外，为联络中古感情、增进中古友谊，华侨华人积极筹备并参加古巴每年一度的狂欢节花车巡游。由于处于敏感时期，古巴华侨华人对此次狂欢节尤为重视。当时，参加巡游费用需要3 000余元，超过往年3倍，但古巴侨界依然决定参加，并向全侨募集资金。1959年4月2日，《开明公报》发表社论《吾侨宜慷慨解囊力助总会馆参加狂欢节大巡游》，希望广大侨胞积极捐款，并特别提到：“侨胞乎——现在古巴法令繁兴，前途无限荆棘。吾人欲获安居乐业，必须联络中古好感情增进中古友谊，始能达到吾人之期望。然则对于中华总会馆是次发起筹募参加巡游的费用之举，可不慷慨解囊，热烈输将也哉！”[①]

古巴革命胜利后不久，即进行了第一次土改。华侨华人积极支持古巴土改。1959年4月，古巴华侨华人赠送3部拖拉机给古巴土改局，价值4 000余元。[②]在哈瓦那侨商的积极支持下，中华总会馆还举行义卖活动，筹款赞助古巴土改。

侨商热烈赞助土改　踊跃报效卖物亭今日义卖食物[③]

（总会馆讯）中华总会馆自响应民房建设委员会今明两日在嗱打冷彩票局举行之赞助土改义卖大会，即行筹备义卖亭。经各委员理事及理事长林润三，蒋伟生、陈北浓等昨日分队亲至华区商庄，各区之餐馆请予响应送物资赞助义卖，报效成绩甚为可观。兹将热心侨商捐赠物品名单如下：

新万和古劳茶叶一打，恒安隆绣花拖鞋及胶鞋共一打，万草堂茶叶一打，位育堂檀香扇一打，广生隆白骨扇一打，美丰白骨筷子一打，广德隆红茶一打，中和号白巾仔一打，振兴源手巾仔一打，广安隆袖珍扇一打，永兴隆袖珍扇檀香扇各一打，广生荣白骨扇四十把，协和中国木屐半打，永发木屐二打，同发原子扇一打。工商酒家炸云吞一千件，大中华炒饭一大箱，周吴公司餐馆炒饭一大箱，金陵酒家炒饭一大箱，胜利公司炒饭一大箱，金星餐馆正店及支店各炒饭一大箱（以上今日报效），豪华酒家炸云吞六百件，华锦马餐馆、亚美利加餐馆炒饭□□□，桃园酒家鹅蛋散三百件，沙笼牙靓三文治二百件，长城鹅蛋糕四笼，太平洋酒家炒饭五十碗（以下明日报效）。如有侨商赞助自动报效，电话通知，即派员前往领取。

---

① 宪孙：《吾侨宜慷慨解囊力助总会馆参加狂欢节大巡游》，《开明公报》，1959年4月2日。

② 《华侨福利会赠拖拉机与古巴土改》，《开明公报》，1959年4月15日。

③ 《侨商热烈赞助土改　踊跃报效卖物亭今日义卖食物》，《华文商报》，1959年7月4日。

又昨日总会馆召开之联席会议，通过议案，各商庄努力报效物品赞助外，故规定各社团每单位负担捐助先进五元，以备响应，办理义卖，将余剩款项，□收拨送土改局云。

古巴的土改很快在全国推广开来，除中华总会馆积极支持土改外，散居各地的华侨华人也积极赞助土改，有的筹集款项，有的捐赠磨粉机等。[①]

1959 年 7 月 26 日，古巴举行“七·二六”革命纪念活动，上百万农民从各地赶赴哈瓦那参加。古巴华侨华人参与接待工作，如中华总会馆除招待住食外，还赠送礼物给农民，包括汗衫 300 件，毛巾 200 条；[②] 华侨华人在哈瓦那的餐馆为农民提供饮食；中华基督教长老会也招待农民食宿。[③]

第二节　古巴革命政府的改革对华侨华人的影响

为巩固新政权，古巴革命政府执政后，即进行了大刀阔斧的改革。到 1959 年 6 月，半年时间内，古巴就实行了一系列重大改革，主要包括：①实行土地改革；②修改屋租法，裁减屋租，减轻一般租屋民众的负担；③平抑物价；④改良赋税，增加税源，充实国库；⑤统制外汇，防止资金外流，以求稳定国家基金。上述措施关系国计民生，对古巴国民以及外侨都产生了重大影响。华侨华人自然难以超脱其外，尤其因华侨华人主要集中于与“衣食”等相关的、关系民生的行业，故而首当其冲受到较大冲击。

一、古巴改革对华侨华人的影响

（一）土改与华侨华人

1959 年 5 月 17 日，古巴革命政府颁布土地改革法，实行第一次土改。土改法规定废除大庄园制度和禁止外国人占有古巴土地，并对每个自然人或法人占有

① 《云埠侨胞热心赞助土改》，《华文商报》，1959 年 4 月 7 日；《巴埠会馆热心赞助土改》，《华文商报》，1959 年 4 月 14 日；《汕埠侨团捐款赞助土改》，《华文商报》，1959 年 4 月 25 日；《舍咕埠侨胞捐助土改》，《华文商报》，1959 年 4 月 25 日；《边埠会馆筹款赞助土改》，《华文商报》，1959 年 5 月 5 日；《舍咕埠侨胞捐赠磨粉机已送交土改委员会收用》，《华文商报》，1959 年 5 月 5 日；《介埠侨胞热心赞助土改》，《华文商报》，1959 年 5 月 9 日；《加埠我侨捐款赞助土改》，《华文商报》，1959 年 7 月 3 日。

② 《总会馆招待来湾农民》，《华文商报》，1959 年 7 月 22 日；《总会馆已送礼物与农民》，《华文商报》，1959 年 7 月 25 日。

③ 《长老会招待农民食宿》，《华文商报》，1959 年 7 月 25 日。

30卡瓦耶里亚[①]以上的土地予以征收。一方面，政府将土改征得的大庄园和美国人占有的土地分给无地、少地的农民。10余万无地、少地的个体农民获得土地。每户可无偿获得两卡土地，最多可拥有五卡，超出两卡的部分需要农民自行出资，可以分期购买。另一方面，大部分征收的庄园直接改组成国营人民农场和农牧业生产合作社，而非将庄园土地分配给庄园农民。

由于古巴最肥沃的土地一半以上在美国人手里，土改对美国人影响巨大。古巴华侨华人主要务工和经商，拥有土地者极少。种植瓜菜的华侨华人基本是租地种植，因此征收土地本身对绝大部分华侨华人影响不大。

但古巴土地改革局指导农民组成的合作社，日渐影响华侨华人的经营。古巴的农业合作社为农民提供物资所需，包括农具、贷款、公共建筑、各种设备、水利灌溉，并负责出售与保藏农产品以及副产品工业化，以及其他有利于合作社的事项。此外，合作社还向农民出售一切日用必需品及食物等。卡斯特罗曾称，合作社的售价较普通商店便宜85%，所赚利润的15%完全用之于皮费（笔者注：成本）。[②] 1959年6月3日，袁道丰专门就“合作社与侨商”问题发表时评，并提到合作社对侨商的影响。在他看来：“合作社对侨商影响如何？这需视侨商所营商业及其地区而定。如果所营者不是杂货，并不受影响；反之，如果是杂货，顾客尽是农民，而其商店又是临近合作社，当然受害必大。因为农民向合作社购货，付价既廉，而且又因为是社员，享受该社其他的好处，良心也不许他向私人商店购买。侨商如杂货店在新开垦的地带师母山下的平原，汕打格拉省第一战区或糖厂临近（糖业工人已要求开办合作社），必须小心谨慎，提高警觉，为未雨绸缪之计，急来抱佛脚，是会遭受重大损害的。”[③]可见农业合作社的创建，对在合作社附近经营杂货的侨商有较大冲击。

“合作社又替农民售卖其产品，就是说合作社是农民与消费者的中间人”[④]，因此农产品的购销须经合作社之手。这对经营生果摊的华侨华人的经营方式也产生了一定影响。1961年6月，经营生果的侨商等被召集起来开会，提出“由街市派植品与生果往生果店，包括□档口或推车仔上街贩卖者亦在其列。不需深夜到街市买货品，随□街市先将腐烂植品或生果弃之，同时洁净染有泥质与青草□□后送往商人，秤量足够，使生果商人能依照规定公价发沽［此项措施不独维护农民，且商人与消耗者亦得维护，因街市往时发行家（中间人）已消灭，已无抬高货价之理］。”[⑤] 这里反映出，经营生果店的华侨华人无须到批发地点购

① 简称卡，1卡等于13.43公顷，30卡合402公顷。

②③④ 袁道丰：《合作社与侨商》，《华文商报》，1959年6月3日。

⑤ 《街市管理处负责人昨晚在总会馆对业生果侨商解释送货上门及登记事》，《华文商报》，1961年6月23日。

货，而由街市管理处直接派人送货上门，减少了中间环节。

（二）修改屋租与华侨华人

1959 年前夕，古巴 60% 的家庭没有属于自己的房产，长期租住。在哈瓦那，75% 的家庭租房住。[①] 革命政府上台后，即实行降低房租政策，根据月租金的高低减少 35% ~50% 不等。每月租金 100 元以内者减一半，200 元以内者减 40%，200 元以上者减 30%。[②] 1960 年 10 月 14 日，古巴颁布“城市改革法”，规定每户居民只准拥有一所住宅，租房者以每月的房租分期偿还房价，根据房屋建筑时间的不同，只需再支付 5 ~20 年的房租，便可成为所住房屋的主人。[③]

修改“屋租法”和随后颁布的“城市改革法”，对华侨华人的影响是多方面的。一方面，依靠会馆楼宇出租来维持运营的侨团，租金减少甚至失去收租的权利。如前文所述，古巴华侨团体往往集资购楼或建楼。在 20 世纪 50 年代，除中华总会馆建筑四层新馆舍外，余风采堂、安定堂等各大姓氏团体也纷纷募集资金建楼或购楼作为新馆舍，楼宇的租金成为会馆的重要经费来源，以中华总会馆为例，其经费的重要来源即是会馆大楼的楼租。1960 年 11 月，中华总会馆举行座谈会，提及会馆收租问题。“关于会馆收租事，因政府颁布城市屋租法，目前会馆已损失该项收租权力。但正与政府商量交涉中，希望能得到例外。”[④] 从 1964 年 8 月中华总会馆的进支数目看，该月收得楼租 457. 8 元。因此，中华总会馆经过交涉后获得了例外。但并非所有侨团都如此幸运。从 1961 年入埠登记专员的报告看，“案律打埠……有会馆，是自置楼宇，在两年前，因经常费无法维持，积欠税项太多，故间隔几间房间，租给西人作为住宅，现因城市改革法例颁布，此一物业已属于住客了”[⑤]。

同时，根据租客有权购买所住房屋的规定，租住房屋的华侨华人也有权购买物业。1960 年 12 月，古巴中华总会馆曾协助侨胞办理购屋手续。

中华总会馆协助侨胞办理购屋手续[⑥]

古巴革命政府所公布的城市改革法，规定现时租屋居住房客，有权购买所住房屋。只须按照其房屋之建筑年度，再缴纳租金五年至廿年，作为买价。但房客必须填具一项声请表格。报告其姓名、住址、现时缴纳屋租数额、房东有无其他

① 《总商会报导政府新法令》，《华文商报》，1959 年 1 月 30 日。
② 袁道丰：《再谈房屋减租》，《华文商报》，1959 年 3 月 12 日。
③ 《内阁会议通过租屋新法例》，《华文商报》，1960 年 10 月 15 日。
④ 《中华总会馆昨晚座谈会经过情形》，《开明公报》，1960 年 11 月 8 日。
⑤ 《总会馆登记专员行踪》，《华文商报》，1961 年 6 月 28 日。
⑥ 《中华总会馆协助侨胞办理购屋手续》，《华文商报》，1960 年 12 月 3 日。

房产等项。中华总会馆因为有些侨胞不明了此项手续，延未声请，坐失买产机会，为此特决定免费襄助侨胞填具此项表格。现吕主席已从古巴政府机关领得是项表格多份。凡侨胞愿意得到此项帮助者，请于每日上午九时至十一时、下午三时至六时前往会馆接洽。

古巴华侨华人贫富分化较大。富有的侨商往往购地建筑两层独栋楼宇，更多的贫苦华侨则租住，由于很多古巴华侨有叶落归根的想法，并未在古巴购置住房。因此，从理论上说，租房的华侨华人也是房屋减租法的受益者。

（三）平抑物价与华侨华人

1957 年，哈瓦那的食品等日用品价格大幅上涨，其中，马铃薯的价格上涨 37%，黑豆的价格上涨 31%，大米的价格上涨 28%。到 1958 年，在 1957 年基础上，马铃薯的价格再涨 52%，黑豆再涨 88%，大米再涨 30%。古巴革命胜利后，粮食价格进一步上涨。

为平抑物价，革命政府开始运用行政手段，限定价格。1959 年 1 月，首先对大米的配给和价格进行了限定，要求商店只能赚 12% 的利润，并明码标出米价。[①] 此后，古巴商务部进一步对粮食及主要日用品价格和赚取利润的额度作出规定，要求日用品的溢利不得超过 20%。[②] 1959 年 5 月，为帮助侨商了解政府定价，中华总商会对粮食及日用品现行价目进行了整理，并登载在华文报纸上。《粮食及日用品之现行价目》[③] 对酒、米、牛肉、三角豆、煤气、冰块、鹅蛋、牛奶、粟米、咸牛肉等的批发价格、零售价格以及批发商和零售商各自赚取利润的额度均作了详细规定。如规定大米的批发商可以赚 10% 的利润，零售商可以赚取 20% 的利润；火酒的价格为：批发商卖给零售商为 10. 25 仙，零售商卖给顾客为 12 仙。政府对粮食及日用品进行定价，使华侨华人经营的杂货店受到影响。同时，古巴政府不断发布命令，调整价目，且谣言四起，常令华侨华人不知所措。随着古巴社会主义革命的推进，革命政府对服务行业价格也进行限定。1963 年，革命政府规定洗熨衣服的价目，使得洗衣业侨胞的经营活动也受到干预。[④]

（四）改良赋税与华侨华人

古巴革命政府接手政权时，国库里现钞只留 50 万，公债是 10 亿以上。[⑤] 为

---

① 《总商会报导政府新法令》，《华文商报》，1959 年 1 月 30 日。
② 《商长下令规定　零沽日用品之溢利不得过百分之二十》，《华文商报》，1959 年 5 月 22 日。
③ 中华总商会：《粮食及日用品之现行价目》，《华文商报》，1959 年 5 月 18 日。
④ 《请业衣馆侨胞注意》，《开明公报》，1963 年 1 月 26 日。
⑤ 袁道丰：《革命政府半年的结算（一）》，《华文商报》，1959 年 7 月 4 日。

充实国库，增加税收成为选择之一。革命政府一方面颁布 40 号法律，追缴以前的欠税；另一方面，增加税种。1959 年 7 月 14 日，古巴颁布第 447 号改税法。1960 年 8 月 17 日，颁布第 863 号税法，尤其对溢利税加重征收。据华文报纸的报道："为修订去年七月十四日颁行之第四四七号改税法，增收数种税，其中以溢利税为最□。此税之加收，以百分之四十为最低，依溢利多而加收，直至可为百分之六十七。"[①] 同时，增加买卖税、啤酒税和运输税等税种。

增税主要针对商业等中间环节，这使侨商负担加重。1961 年，在古巴开杂货店的黄宝世先生曾在家信中提到："尤其向商人种种抽税，损失甚巨。"

此外，为保护本国工业，古巴大幅提高关税。古巴革命之后，关税提高了 30% ~50%，这使从事华货进口和售卖的大办庄受到巨大影响。

（五）统制外汇与华侨华人

古巴对外汇的统制，使得古巴华侨华人汇寄侨汇受到极大影响，后文将详述。同时，对外汇的控制，亦殃及从事华货购销的华人办庄以及中药店和中医生。

1960 年 10 月，古巴商务部下令，一切外来货产与原料，均由古巴海外银行为唯一办庄，以往寻常办庄，已无继续营运之权。[②] 为此，华侨华人开设的大办庄失去了自由营运权，加之高关税，几乎难以为继。20 世纪中期，哈瓦那的华货大办庄主要有永发办庄、恒安隆、同发办庄、东亚商店、永兴隆、广安隆、广生荣等数家。这些大办庄的经营者都是古巴华侨华人社会的重要人物，其中，永发办庄的总经理林润三，曾任中华总会馆理事长；恒安隆的 3 位合伙人为关能创、许荣暖、谭赓屏，许荣暖曾任国大代表、中华总会馆名誉董事；同发办庄的主人为关洸元，曾任中华总会馆常务理事；东亚商店由朱秋垣和梁启邦合伙经营，朱秋垣曾任中华总商会主席，梁启邦曾为中华总会馆正财政；永兴隆的总经理为朱家兆，其曾连任中华总会馆主席；广安隆由邝贺和方富慎经营，邝贺曾任中华总会馆名誉董事；广生荣的 3 位合伙人为余侠中、李道遗、司徒俊怡，余侠中曾任中华总会馆正董事。这些人都是侨界举足轻重的人物，要么控制着中华总会馆，要么与国民党保持着亲密关系。

古巴对进口货物营运权的收回，使得华货入口十分困难。1960 年 11 月，中华总会馆召集座谈会，对侨商办理国货问题进行讨论。会议提到："关于侨商办国货的情形，因现在革命政府严密统制外汇，私人办国货入口，相信非常艰难，

① 《政府增加税项　九月一日实行》，《华文商报》，1960 年 8 月 31 日。

② 《向外办货由国家统一办理　各办庄没有营运采购之权》，《华文商报》，1960 年 10 月 21 日。

所以这个问题，曾与我驻古政府人员商讨过，据指示，现在中古已有贸易协定，依据该协定可能订定细则，将来当可解决一切的困难。”①

1961年，鉴于中古友好关系，古巴革命政府给予华侨50万元古币的自由购买权。“古革命政府对外贸易政策是统一采购，但我国政府为了保障华侨的利益，几经同有关当局交涉，古巴政府亦站在友好立场，给予我们特别便利，在每年约五十万元古币的数字内，可以自由采购，只要在原则内与古巴贸易银行购办的没有冲突，和不影响古巴工业的原则下都可自由采购。”②

1961年9月，第一批华货抵达，中华总商会举行集会，讨论分配及售价问题。该批货物主要为食品和日用品。“最近抵埠的货品中有一部分是丝绸织品，包括男女装的衬衣、睡衣和浴衣等，款式美丽，价钱便宜，已到达的食品中有红烧猪肉……荔枝、酸黄瓜、杨桃、豆豉鲮鱼、竹笋，以上均属罐头食品。生抽王、鲜虾油、豆豉、绿豆粉、橙汁、腐竹……价值十多万元。”③ 同时，中华总会馆专门成立国货收发处，任命苏子伦为该处负责人。

1961年12月，中华总会馆购办国货委员会颁布“订购国货办法”。

购办国货委员会为订购国货办法（通告）④

关于华侨商庄购办中国货品，中华总会馆购办国货委员会，纯是中介人性质，代为侨商服务，并不是批发货品机构，而只是协助侨商向有关方面接洽联系，现经委员会觉得各项办法如下：

华侨商庄购办中国货品，可按照经藏购销的品种订购，除若干特殊种类为古巴政府所禁止外，均可购办进口。

凭单品种，请附注以前在香港采购时的成本，以作参考。

订单最低货值须在一千元以上。

商庄订货，可到中华总会馆领取表格填写，须中西文名称表明，每一表格须填二份。

按照商业惯例，订货时先交按金照货单估值百分之二十，此款将来在货款下扣回。

货物抵达后，先缴纳全部所值货款及税项，方能提货。

出通知之日起计，限期一个月内，款货两讫。如逾期不交款提货，该批货物则由总会馆负责拍卖，卖价比原值高时，利润归原办货商号所得，若卖价比原值

① 《中华总会馆昨晚座谈会经过情形》，《开明公报》，1960年11月8日。
② 《总会馆购办国货委员会集议纪闻》，《开明公报》，1961年2月14日。
③ 《华商购办国货续有抵湾　总商会举行集会　讨论分配及售价》，《华文商报》，1961年9月9日。
④ 《购办国货委员会为订购国货办法（通告）》，《开明公报》，1961年12月14日。

低时，亏损数目，仍须由原办货商号填补，先行在按金项下扣除，如不足数，仍须由该商号负责清偿，而一切仓租费用，仍由原办商号负责。

购办国货委员会，得按照货价所值收取百分之十，该款除付应要开支外，余款拨为补助中华中会馆及颐侨院经费之用。

第一次订货，限期在十二月廿五日前止截。

除了华货大办庄受到影响外，古巴的中药店和中医生也受到影响。长期以来，古巴华侨华人十分信赖中医，中医在古巴人中也有市场，而古巴中医生所需的中药材主要依靠从中国进口。1962 年，古巴国货收发处对中药药材进行了统一分配。

国货收发处通告①

最近收到由祖国运来一部分药材，内有当归头、杞子、杏仁、百合、牛□、厚仲、苍术、防风、冬花、炮大雄、西北草、枣仁、川贝、槐米、大芸淡、川贡、茅根、桑白、羽箭、川乌、半下、布楂叶、雅□、蒲公英、木贼、麦冬、远志、北岸西莲、川故芷、熟地、川木瓜、夏枯草、土茯苓、薄荷叶、杭荆芥、地骨皮、苍耳子、瓜□、仁萸肉、草乌、元胡等药。

以上各种药材，重量有多有少，为着公平分配，凡属经营配药业者，不论远近，请于本月卅日以前前来报名或来信订购，以便按量配给，但订单必须注明商号名称、地址及订货人姓名，为妥。

国货收发处告

尽管国货收发处对运到的中药材进行了分配，但仍不敷使用。1962 年 2 月，中华总会馆邀请中医生及熟药店店主开会，提出药材缺乏问题，建议最好就地发掘，以代替当前祖国来源暂时的缺乏。②

（六）国有化政策与华侨华人

1959 年后，古巴政府通过颁布石油法和矿业法，废除一切租让地，并开始对外国企业实行国有化。古巴华侨华人经营的工厂也被收归国有。

华侨面线制造厂启事③

根据古巴革命政府的革命措施，凡属经营面线制造厂一律收为国营。本厂乃

① 《国货收发处通告》，《开明公报》，1962 年 1 月 3 日。

② 《总会馆中医药谈会录》，《开明公报》，1962 年 2 月 22 日。

③ 《华侨面线制造厂启事》，《开明公报》，1962 年 1 月 3 日。

属私营之一，当不能例外，因此，古巴国家工业改革局已于十二月十八日派员来厂接收。所有本厂之楼宇机器、用具、汽车、存货及未收账项、银行存款和现金，概已点存接管，发回临时签据，统计全盘所值，扣除本厂负欠一切债项，不论所余多少，分期发还业主，所有厂内现有职工人员，一概留在受薪。本厂业务，至此结束。一俟革命政府发回正式点收总数所值，再行公布，将来如收到发还本厂所余资金时，然后按股分派，所有股票，仍需保留，幸勿毁弃为盼。

华侨面线制造厂董事会启

十二月廿七日

从华侨面线制造厂的启事看，该厂于1961年12月18日被古巴国家工业改革局接收，厂内所有的楼宇机器、用具、汽车、存货及未收账项、银行存款和现金全部收归国有。

另外，从1961年入埠登记专员发回的报告看，在古巴麻尔加拉哗的华资亚生号烟厂也被收归国有。该厂为关永成老先生所有。“据说烟厂设备机器与物产，价值在四十余万元。现在全部收为国有。”[①]

除工厂外，华侨华人经营的杂货店也逐渐被收归国有。据1965年黄宝世先生的家信：“今年七月份本埠什货行没收了十八间，华侨占三间，但我未被其没收，想不久亦同一命运。”[②]

同时，革命政府接管部分街市，导致在街市从事小商业的部分华侨华人失业。

唯一街市数名失业侨胞已获解决[③]

唯一街市自归政府接管后，锐意整顿，在改设摊位、拆除障碍进程中，我侨原有售卖蔬菜者，因受影响而致失业。昨有陈群烈偕夫人到总经理处，面向加西亚氏泣陈苦况；同时还有冼群乐有家庭有儿女的担负，也到请求，设法处置。后总理与利怡怡商量，得利君从旁斡旋已获解决。连场的数位侨胞如赵光、冼福贵、黄旋祥、陈添进、尹文修、黄□，经利君帮助，亦得到工作，前三位已发给委任证，后三位的委任证留在总理办公室，希陈、尹、黄三位见报前往领取。

1967年7月13日，中华义山（笔者注：哈瓦那的华人公共墓地）被收归国

① 《总会馆登记专员行踪》，《华文商报》，1961年6月29日。

② 黄宝世先生家信（1965年9月）。家信全文可见于黄卓才：《鸿雁飞越加勒比——古巴华侨家书纪事》，广州：暨南大学出版社，2011年，第113页。

③ 《唯一街市数名失业侨胞已获解决》，《开明公报》，1961年7月19日。

有，但仍由中华总会馆管理。[1]

1968 年，古巴实行“革命攻势”，进一步将小商业收归国有，更多的华侨华人受到影响。由于资料的欠缺，无法展开论述。

二、古巴改革对侨汇的影响

20 世纪古巴华侨华人社会的一大重要特点即是跨国家庭的持续存在，因此侨汇对古巴华侨华人意义十分重大。为此，下文专论古巴革命之后的侨汇问题。

长期以来，古巴华侨与家乡亲人的联系主要是通过侨汇这一重要纽带。随着新政府日益加强对外汇的统制，华侨汇款接济家属愈加困难。1959 年 6 月 3 日，《开明公报》发表来论《古巴统制外汇对侨汇的影响》，作者的急切反映了侨汇对于古巴华侨的特殊重要性。“我侨离乡别井，抛弃可爱之家庭，远涉重洋，而谋生于陌生之异国，无非以劳力博取几个血汗钱来维持家属生活，处在祖国的侨眷们大多数是靠侨汇来求生存。以我们的劳力换来的金钱而用于接济我们的家属，这本来是一件天公地道的事。而目前古巴政府颁行统制外汇法令，无异专对我侨汇款出口加以严厉限制。本来这法令不是单指我侨方面而行，而是包括整个古巴人民及所有之外侨。但外国人出国外谋生，多数是携带眷属，所以其接济家属当无问题，而无须汇款出口。惟我侨则恰是相反，占百分之九十是单身汉，换言之即大多数侨胞的家属均在祖国（或居于港澳等地）。而这些侨眷们除了靠侨汇来维持生活之外，在此乱世之中实无以聊生，苟若断绝侨汇，则无异断绝他们的生机。基于此，故统制侨汇对我侨实有切身之关系，其重要性莫有甚于此也。”[2] 由于古巴华侨华人的家属多不在古巴，因而古巴统制外汇对华侨华人的影响最为巨大。

事实上，在巴蒂斯塔任总统时期，古巴已经对华侨汇款至香港进行了限制。古巴政府曾规定，华侨携款出口须在机场报告。古巴革命政府成立之后，进一步扩大范围，将统制外汇的政策施诸于古巴人民以及一切外侨。革命政府一上台就颁布“统制外汇法令”，主要是由于古巴外汇储备剧减。在巴蒂斯塔于 1952 年 3 月 10 日夺取政权的时候，古巴的外汇储备达 5 亿多美元，远远超过法定限额。但到革命政府执掌政权时，外汇储备已减少至 7 000 万元，远不及法定限额。同时，古巴革命政府上台后，很多中上阶层的古巴人离开古巴，如若不加统制，这笔外汇储备也将耗尽。事实上，在 1958 年 1 月，古巴的外汇储备仍有 25 000 万

① Mauro García Triana and Pedro Eng Herrera, *The Chinese in Cuba, 1847 – now*, p. 122.

② 《古巴统制外汇对侨汇之影响》，《开明公报》，1959 年 6 月 3 日。

元，减去入超的3 500万元，在1958年1年内，古巴前政府官员就将21 500万元汇至国外存储。最初颁布的“统制外汇法令”比较温和，规定每人每月只准汇250美金出口，事先由汇款人提前一星期办理申请手续。即便如此，华侨华人也很难申请得到。

1959年5月，古巴进一步收紧外汇统制政策。“新政府限制外汇，起初尚相当宽和，但至今愈来愈烈。所以然者，其因有三：①元旦以来糖价跌落，损失之外汇收入约一亿元；②原来期望的外国投资，因革命法律颁布之故，已变为可望而不可即，美金入境当然减少；③游客生意太坏，在承平时期，这种收入年达美金五千余万。本年因革命政局不安之故，这种收入几等于零。此外，最近数月来外汇准备金虽加了二千余万元，但仍嫌不够，何况土地改革及新兴工业均需大量美金，购买机器。”[①] 古巴新颁布的“限制外汇法令”，令华侨华人汇款接济家眷更加困难。

就侨胞汇款而言，新颁法律给予的困难实至复杂而不易妥办：①须以信实文件，证明在别国收银人之居留权，这种手续看来简单，而实至繁难。比如，侨胞取得香港政府文件或香港公证律师证书，古巴当局不知其是真是假，法定手续时须先向古巴驻港领事馆申请证明此种文件，这些文件到古后，又须送到古外交部申请证明其领事的签字是否合法。虽说是一劳可以永逸，但就办理一次而言，便够你头晕脑花，费时费钱。②以誓书声明申请人（汇款人）与收银人亲属关系的程度，如是嫡系亲属（父母、妻、子女）问题比较简单，旁系亲属可能发生困难。在革命政府严刑峻法之下，古巴的公证律师不会像从前那样随便接受宣誓，对入籍华侨，他们也许要取阅入籍时向法庭登记的父母妻子女等，如果登记的西文姓名与香港收银人的西文姓名不符合，问题就发生了。据作者在领馆的经验，莫说是亲属，侨胞就连自己的姓名的拼法也往往不同，有些是因为不谙西文，任人乱写；有些是懂得西文，因为疏忽，不当场要求改正。对于未入籍的华侨，公证律师也可以要求领事部的证明书，当然，我希望他们不吹毛求疵，但是我知道他们自己现在的处境相当危险，就是新政府想改革公证律师的法规，打破他们的饭碗。③每年汇款次数及所汇多少，据实填写，并非难事。问题是另外还有一个条文，要汇款人说明其缴纳所得税的数目，如果汇款多过其收入，这不是瞒税，便是夺取外汇赚钱，核对起来，容易查出，任何人是逃不了法律的惩处的。[②]

尽管手续繁难，但此时古巴华侨华人尚可每月汇款250元接济家属。1959年

① 袁道丰：《侨汇问题》，《华文商报》，1959年5月30日。
② 袁道丰：《侨汇问题》，《华文商报》，1959年5月30日。

12 月 9 日，古巴币制稳定基金局再次发出严厉的统制外汇法规。与华侨相关的包括：①接济家庭的汇款过去为每月 250 元，现在减为每月 150 元。②每年只许申请 1 次旅费，不得超过 150 元（不含飞机票或船票火车票），过去每年可以申请 500 元。③如果不是居民（指未领取居留证的外侨），必须用美金，才准购飞机票。④飞机票或船票每次由古巴起程者不得超过 500 元，如超过此额，须向币制基金局请求特准。⑤人民在外国居住，而在古巴有屋租收入或股票利润者，每月只准申请外汇 250 元；但如在 1 年内总额不超过 750 元，则准加汇；另外一些事项也准许申请外汇，但必须送呈证件，如果证件不齐，不易领得。“法律对本国人与外侨在表面是一视同仁的。但在事实上却否，比方我们华侨，姑无论是否入籍，很少人曾经申请。而领到赴港的船票的（按飞机票超过五百元，但船票则在五百元以内）合法居留古巴（普通称为居民）的西侨，过去如离古外出旅行，任何银行准立即售给他们美金旅行支票一百五十元，毋须在事先向国家银行请领准照。但对华人则否，必须先请准照，如果是返港澳，连这区区一百五十元亦很难领到。”[①] 此次古巴再次严厉控制外汇，与其外汇储备进一步减少有关。在 1959 年 1 月 1 日革命政府成立时，古巴外汇储备曾只有 7 000 万元，后来增加到 11 000 万元，这是应有的最低限额的储备金。但到 1959 年 11 月 25 日，这笔外汇又有所减少。古巴的外汇收入主要依靠售糖、外国投资以及旅游业 3 项，但由于糖价下跌，古巴外汇收入锐减。由于古巴逐渐没收美国在古巴的投资，外国投资停滞，到古巴旅游的游客 90% 都是来自美国，但随着美古邦交恶化，到古巴的游客也极少。

1960 年 9 月 17 日，古巴政府颁布第 431 号令，再次加强对外汇的管理。飞机票和船票从每年 500 元减至 250 元；汇款接济家属，起初每月准汇 100 元，现在减至每 3 个月 100 元。过去，古巴人及外侨居民可以毋须先向国家银行申请准照，每年一次得向任何银行兑取美金 150 元出国旅行，现在却须先向国家银行请求是否准许。换言之，土人与其他外侨亦将与华人受同样的待遇，此外，申请人还须填申请表格，其中有 8 点须妥善填具，如果有 1 点填得不够合格，申请便有不得要领之虞。[②]

古巴侨界深感汇款接济家属的痛苦与困难。1960 年，中华人民共和国与古巴缔结商约，这给了华侨华人在侨汇问题上新的希望。“自从与中华人民共和国建交以来，对于华侨的待遇特别宽舒。在此种过程中已经彰彰表现。而今特别批准许可华侨每年汇款五百元，回家赡养眷属，此是对华侨的特别优待。别国侨民

① 袁道丰：《古巴严厉统制外汇》，《华文商报》，1960 年 10 月 7 日。
② 袁道丰：《古巴严厉统制外汇》，《华文商报》，1960 年 10 月 7 日。

没有这种权利。"[①] 中古建交之后，特别就华侨华人关心的侨汇问题进行了交涉，对华侨华人作了优待。中华总会馆成立侨汇部，专门处理侨汇问题，在古巴允许的外汇限额内，在华侨华人中进行分配。1962 年 11 月 5 日登载在《开明公报》的《中华总会馆近讯》披露了侨汇部的一些情况。据该则报道："十日前汇款人数一二三四六，汇出款额：二一七一六二八〇〇，收手续费：四三四三二七八，支出费用：三四五三八五七，结存：八八九四一九。十月份汇款人数：一〇三七，汇出款额：八八三八零〇零，手续费：一七六七。六月支费用：七九五六二。实存：九七一九八，前后汇款人数：一二三八二，共汇出款额：二二六〇〇一八〇〇，共收手续费：四五二〇〇三六，共支出费用：三五三三四一九（包括总会馆扩建颐侨院提支之数），除支实存款额：九八六六一七。"[②]

随着古巴经济形势的恶化、外汇储备的减少以及中古关系的变化，古巴对华侨华人的侨汇控制越来越严厉。1964 年，黄宝世先生写道："今年侨汇比较去年更加审慎，事因有许多侨胞借用别人（名义）登记，或起用经已去世的登记证来冒充汇款。今年办法不同，需要附属社团函信证明属实，方能汇寄。旧日侨胞每每借用汇款的办法，今后失掉效力了。"[③] 同时，由于政策的变动以及侨胞数量的变化，每名侨胞每年的汇款额都处于变化之中。1966 年，侨汇处规定，直系亲属如父母、子女、夫妻可汇 130 元，其他亲属可汇 110 元。1967 年规定，凡属父母、子女、夫妻关系的可汇 140 元；凡属兄弟、姊妹、祖孙关系的可汇 120 元；凡属伯叔、侄（子女）、兄嫂、弟妇关系的可汇 80 元。1968 年又规定，凡属父母、子女、夫妻关系的可汇 140 元；凡属兄弟、姊妹、祖孙关系的可汇 120 元；凡属伯叔、侄（子女）、兄嫂、弟妇关系的可汇 100 元。1969 年，侨汇处规定，凡属父母、子女、夫妻关系的可汇 150 元；凡属兄弟、姊妹、祖孙关系的可汇 120 元；凡属伯叔、侄（子女）、兄嫂、弟妇关系的可汇 100 元。[④] 1970 年，"今年侨汇父母妻子一百五十元，其余百三十元或一百元"[⑤]。1973 年，"今年比较去年能够寄多二十元，即一百七十元"[⑥]。1974 年，"今年侨汇特别改变，不同往时分等级寄付，每一侨胞一律限寄二百七十元。死亡与及老侨回国者完全无权

① 叶焕棠：《沟通侨汇感言》，《开明公报》，1961 年 3 月 16 日。

② 《中华总会馆近讯》，《开明公报》，1962 年 11 月 5 日。

③ 黄宝世先生家信（1964 年 4 月）。家信全文可见于黄卓才：《鸿雁飞越加勒比——古巴华侨家书纪事》，广州：暨南大学出版社，2011 年，第 82 页。

④ 《侨汇处通告》，《光华报》，1969 年 4 月 22 日。

⑤ 黄宝世先生家信（1970 年 9 月）。家信全文可见于黄卓才：《鸿雁飞越加勒比——古巴华侨家书纪事》，广州：暨南大学出版社，2011 年，第 241 页。

⑥ 黄宝世先生家信（1973 年 9 月）。家信全文可见于黄卓才：《鸿雁飞越加勒比——古巴华侨家书纪事》，广州：暨南大学出版社，2011 年，第 300 页。

汇寄”①。

由上可见，古巴革命之后，革命政府施行的各项改革，对华侨华人的经营和生活产生了重大影响。古巴华侨华人原有的经营方式和生活模式受到了巨大冲击。尤其是古巴政府对外汇的严厉控制，使得华侨华人汇款接济家属产生重大困难。

第三节　离开与留居：华侨华人的不同选择

1959 年古巴革命之后，出于不同的原因，部分古巴华侨华人离开古巴，回国或再移民他国。但绝大部分华侨华人继续留在古巴，逐渐被整合进古巴国家与社会中。

一、离开：回国或再移民他国

1959 年古巴革命之后，大批古巴人离开古巴，主要前往美国。据估计，从 1959 年到 1960 年 10 月间，约有 25 万古巴人离开古巴，多数为古巴社会的中上层。② 一部分古巴华侨华人也选择离开古巴。尽管离开古巴的原因各不相同，但大环境的变化无疑是重要的背景。笔者认为，古巴经济的不景气、日用品缺乏导致的生活水平下降以及古巴与中华人民共和国建交导致亲台湾当局的华侨华人的担心，是其中最为重要的因素。

从 19 世纪后期开始，古巴经济就建立在出口农业产品和蔗糖之上。蔗糖对古巴至关重要，古巴 80% 的外汇收入来自于蔗糖出口。所以世界市场蔗糖价格的细微变化都能严重影响古巴经济。“二战”之后，世界各国竞相增加糖产量，使得世界市场的糖逐渐供过于求。受此影响，到 1952 年，古巴经济已面临停滞状态。在 1952—1954 年间，古巴的人均收入下降了 18%。古巴经济的不景气，使古巴侨商的经营和华侨工人的就业和生活均受到不同程度的影响。1953 年，一位署名“朱英”的古巴华侨发表《与梓里谈古巴世情》的来论，称：“近几月来，我碰到了做生意的梓里谈世情，不论做那一行，都说比前下跌，很少的说上升，尤其山埠生意，据说跌得更犀利，世情越来越困难了。于此可见到古巴经

① 黄宝世先生家信（1974 年 12 月）。家信全文可见于黄卓才：《鸿雁飞越加勒比——古巴华侨家书纪事》，广州：暨南大学出版社，2011 年，第 333 页。

② Clifford L. Staten, *The History of Cuba*, p. 100.

济，走向不景道路上。”[①] 1954 年，袁道丰发表专论《为旅古侨胞进一言》，称：“近来常闻中西商人埋怨生意冷淡，侨商每月营业收入减少四分之一者已属常事，甚者减少至三十四十，如只减少十分之一的可说是幸运商人。”[②]

到 1955 年，古巴过去数年未售出的糖积存多达 170 万吨，糖价也顺势跌落。伦敦国际糖协曾规定最低糖价不能低过每磅 3. 25 分。但 1955 年古巴售予苏联的 20 万吨糖，价格贬至每磅 3. 05 分。1955 年巴蒂斯塔上台时，由于糖产减少，糖价跌落，古巴经济面临紧缩难题。是年，糖厂工人收入减少近 10%，失业人群在 50 万以上。古巴商业凋零，经济紧缩，由此也使得华侨华人的经营惨淡，生活受到影响。“去年侨商的利润，一般的说，都较前年少，甚或只能勉强维持而已。”[③] 鉴于古巴经济走下坡路的成分多，袁道丰曾提醒侨界：“旅古侨商面临当前环境最要小心翼翼，稳打稳扎，万不要轻率从事，冒险投资，赊账卖货在可能范围内宜力求避免，守成是上策。”[④]

经济的紧缩还伴随着粮食及日用品价格的上升。1957 年，哈瓦那的马铃薯价格上涨 37%，黑豆价格上涨 31%，大米价格上涨 28%。到 1958 年，在 1957 年基础上马铃薯的价格再涨 52%，黑豆再涨 88%，大米再涨 30%。所有古巴人都面临生活水平下降的情况。1959 年古巴革命胜利后，由于革命政府的改革触犯了美国的利益，导致古美关系恶化，古巴经济形势更加严峻。长期以来，古巴经济对美国的依存度极高，古巴 80% 的进口物资来自美国，其中食物进口占到进口总量的 22%。随着美国对古巴实行经济封锁，古巴的粮食和日用品供应日趋紧张。随着美国封锁的加剧，古巴只能对有限的粮食和日用品实行配给制，并限定价格。

如前文所述，由于历史的原因，古巴华侨华人社会与国民党关系紧密。即便在蒋介石逃到台湾之后，国民党对古巴华侨华人社会仍起着重要影响。古巴侨界重要人物、曾担任国民党中央委员的蒋赐福时常往返于台湾和古巴之间。[⑤] 古巴各侨团纷纷加入华侨救国联合总会，“最早加入者：中华总商会、九江公会、龙冈亲义总公所、蒋乐安堂、中山自治所、民声日报社……最近加入者：黄云山公所、李陇西总公所、李凤仪自治所、至德总堂、华侨衣馆总公会、国声剧团、甘马隈中华会馆、善灰咕中华会馆、城北同乡会等”[⑥]。

① 朱英：《与梓里谈古巴世情》，《开明公报》，1953 年 7 月 9 日。
② 袁道丰：《为旅古侨胞进一言》，《华文商报》，1954 年 3 月 20 日。
③ 袁道丰：《古巴新政府与华侨工商业（二）》，《华文商报》，1955 年 3 月 21 日。
④ 袁道丰：《古巴新政府与华侨工商业（二）》，《华文商报》，1955 年 3 月 21 日。
⑤ 《蒋总统召见蒋赐福先生》，《华文商报》，1956 年 12 月 21 日。
⑥ 《各侨团纷纷加入华侨救国联合总会》，《华文商报》，1958 年 7 月 1 日。

历史上延续下来的亲国民党传统，在遭遇古巴与中华人民共和国建交事件的冲击时，使得亲国民党的古巴华侨华人对未来担心加剧。1960 年 9 月，古巴与台湾当局断交，中国银行被古巴国家银行接收。随后，台湾当局驻古巴使领馆及中国银行人员离开古巴。古巴与中华人民共和国建交，引起古巴华侨华人社会不小的震动，哈瓦那的中国银行一度发生挤兑潮。据古巴侨胞的记载："本月二日下午古巴全国人民大会通过与中华人民共和国建立邦交以后，在星期六和星期日两天银行休假的期间，便有许多侨胞到本京中国银行的门外逡巡。星期一上午，银行一开门，便有排着长队的侨胞，涌进取款。"①

古巴与中华人民共和国建交之后，古巴华侨华人社会谣言四起。"最近几天，侨胞间传说祖国不久将有轮船开到古巴运载所有的反共侨胞回国惩办，这传说可能是本月初纽约时报本京电讯所载《华侨大起恐慌》的消息的引申。"② 由于历史的原因，不少古巴华侨华人支持台湾当局。1960 年 12 月，美国《纽约时报》注意到，古巴和中华人民共和国的接近，使得台北的支持者对未来的不确定性增加。③

古巴华侨华人的恐慌还曾引起卡斯特罗的注意。卡斯特罗到哈瓦那华区用餐时，曾力劝华侨镇静。

吉士杜露劝华侨镇静　革命政府必尽力维护④

访者前晚在华区太平洋酒楼，适遇内阁总理吉士杜露偕数僚属驾临该楼叙餐。访者与吉总理原是旧识，因他常到该楼叙餐，必任由访者为之拍照，故此友谊颇笃。前晚他对访者说，近日中古邦交虽存转变，但是不必惊扰，可转语全体华侨，各宜镇静，安分守己，革命政府必尽力维护云。总理态度诚恳，溢于言表，同时嘱访者代向各界华侨致候。（周坚觉）

由于侨居环境的巨大变化，部分华侨华人离开古巴。根据洛佩斯的数据，3 000个古巴华商家庭在古巴革命后离开。1968 年，中华总会馆的记录显示，142 名成员回到中国或再移民到其他地方。在这些人中，有 19 名店主、74 名工人、49 名失业者，那些移往他国的都在 50 岁以下。⑤

---

① 倩英：《中国银行的挤兑潮》，《华文商报》，1960 年 9 月 12 日。

② 倩英：《不要轻信谣言！（一）》，《华文商报》，1960 年 9 月 29 日。

③ Chinese in Cuba gripped by fear: Castro' s links to Peiping make future uncertain for Taipei supporters, *New York Times*, *Sep* 5, 1960.

④ 《吉士杜露劝华侨镇静　革命政府必尽力维护》，《华文商报》，1960 年 9 月 6 日。

⑤ Kathleen Maria López, *The revitalization of Havana' s Chinatown: Invoking Chinese Cuban history*, Journal of Chinese overseas, No. 5, 2009, p. 221.

由于古巴限制外汇，同时加强对出境人员的监管，华侨华人要离开古巴并非易事，无论是回国还是再移民到其他国家都十分困难。据 1959 年 2 月 7 日的《华文商报》，古巴规定，无论古巴人还是外侨人民出国，请发准照时须有重要官员的函件。1961 年 9 月 14 日，古巴内政部加强出境管理，规定此前“已订船机位一律取消，出境证必须重新申请”①。

除了古巴加强对出境的管理外，古巴华侨华人回国还得考虑其他因素，其中之一即是古巴严厉控制外汇，华侨华人的财产难以带走。1961 年，黄宝世先生在信中写道：“古巴政府禁绝外汇，虽用黑市，亦甚难寄出，尤其向商人种种抽税，损失甚巨。目前生意出卖，甚难找得人承受。现在有许多侨胞欲返回祖国或香港居住，但因财产不能出口，是成问题。”② 同时，由古巴回国的费用巨大，据黄宝世先生的家信：“由古巴回国的费用，统计用一千二百元”。③ 到 1974 年，黄宝世先生提到：“有小部分亲人由香港或美国付来美金、飞机票，返国事情亦不容易，起码要候二三年，然后轮到。”④

《鸿雁飞越加勒比——古巴华侨家书故事》真切地反映了古巴革命后华侨华人回国的困难。从黄宝世先生和其子黄卓才往来的书信看，尽管他们想尽各种办法，力图接黄宝世先生回国，但依然失败。这表明古巴革命之后华侨回国是很难的。黄卓才先生曾向一位古巴归侨何晃钊先生咨询回国事宜，何先生去信作详细解答。从该封书信里，可以了解古巴受美国封锁后华侨回国的困难。

何晃钊先生的回信⑤

古巴国因受美帝国封锁，旅客对外交通只剩航空线三条：一条系欧洲西班牙，一条系莫斯科，另一条往墨西哥。通常华侨回国，系乘古苏航线，经莫斯科转北京，旅费系收美币。而古巴政府外汇奇绌，对外汇统制极严，一般旅客申请购票，极难获得批准。我侨近几年搭机回国的只有借五一及十一两个节日回国庆祝。因系一个人回华的旅费双程计一千五百余元，耗了古巴国千余担糖的外汇价值。

除此线外，华侨回国尚可乘搭自祖国载货去古巴的货船。但是每艘货轮只得

① 《内政部颁布新令今起实行》，《华文商报》，1961 年 9 月 14 日。

② 黄宝世先生家信（1961 年 5 月）。家信全文可见于黄卓才：《鸿雁飞越加勒比——古巴华侨家书纪事》，广州：暨南大学出版社，2011 年，第 47 页。

③ 黄宝世先生家信（1959 年 4 月）。家信全文可见于黄卓才：《鸿雁飞越加勒比——古巴华侨家书纪事》，广州：暨南大学出版社，2011 年，第 27 页。

④ 黄宝世先生家信（1974 年 3 月）。家信全文可见于黄卓才：《鸿雁飞越加勒比——古巴华侨家书纪事》，广州：暨南大学出版社，2011 年，第 306 页。

⑤ 黄卓才：《鸿雁飞越加勒比——古巴华侨家书纪事》，广州：暨南大学出版社，2011 年，第 152 页。

几个客位，而申请回国者多，粥少僧多，有的候了两三年不是奇事。

至于出口待遇，衣物手表等则无限制。不过乘机的行李不能超过廿公斤，旅行费用则有一千元，到祖国收二千余元。搭货船的行李可带多的，重量无限制，但旅行费用至多不能超过三百元，一般系二百元。

至讲资格，搭机的多数借观光名目，故此似系严格的。要有工作表现好，在社会上有声望等不切实际的规定。虽然如此，申请者亦要候幸运到来。令尊连任大沙华会馆主席，论声望地位胜过许多人，最合此条路，不过内里不是如此简单。

搭货船比较容易申请，时声明回到祖国生活有倚靠，不负累政府。而在内地的亲属求工作单位证明以有固定的薪资收入，保证能负担老人家生活费，无虞缺乏。将证明挂号寄Habana中华会馆吕戈子主席，同时通知申请人亲向中华总会馆接洽，双方并进，能早成行。……至于退休金一层，则过了65岁可以退休，退休金照原人以前纳税额为标准，但至低每月不能少于四十元。照计可以够一个人的生活费，不购高价货的话。

1968年6月28日

长期以来，古巴华侨回国绝大多数是从美国中转，但受到封锁后，古巴旅客对外交通只剩航空线3条：一条为欧洲西班牙，一条为莫斯科，另一条往墨西哥。由于古巴严控外汇，一般旅客申请购票，很难获得批准。因此，乘飞机回国的只有借“五一”、“十一”回国观光的机会。1963年9月，古巴华侨一行19人曾乘机回国参加国庆十四周年庆祝活动。[1] 但到1969年，“目前关于回国观光事，业经古巴政府限制了，每年只许二三个人回国”[2]。此外，华侨回国还可搭乘从中国载货去古巴的货轮回国，但客位极少，只有几个。黄宝世先生曾在信中提及：“关于我申请回国情形，直到目前还未有把握。系因古巴老侨申请回国者不下六七百人，每次只得五六人搭载货船回国。”[3] 1968年2月，一位名叫陈章林的古巴华侨就搭货轮返国。在临离开古巴时，与其他返国华侨一样，他在华文报纸上登载启事。

① 《参加国庆十四周年庆祝活动　古巴华侨观光团昨乘机前往北京》，《光华报》，1963年9月23日。

② 黄宝世先生家信（1969年1月）。家信全文可见于黄卓才：《鸿雁飞越加勒比——古巴华侨家书纪事》，广州：暨南大学出版社，2011年，第166页。

③ 黄宝世先生家信（1970年5月）。家信全文可见于黄卓才：《鸿雁飞越加勒比——古巴华侨家书纪事》，广州：暨南大学出版社，2011年，第235页。

陈章林返国启事[1]

章林来古多年，近因叠接家信催归，今定于日间附轮返国，行期匆忙，恕未克踵门与各亲友话别，谨志数言，用作辞行，诸希原谅为幸。此颂群祺。

李章林谨启

一九六八年二月三日

随着中古关系的恶化，华侨回国愈加困难。1975 年，黄宝世先生写道："近来老侨回国的消息甚少，亦因中国货物来古不似往时多，如大米、电器配件、针线等几乎绝迹。关于老侨回祖事，我经给信本堂主席文兢先生询问，据报中国来古船只少，而且手续多。"[2]

除了回国外，另有部分古巴华侨华人去到美国、加拿大及拉丁美洲其他国家或地区。一般说来，再移民他国的古巴华侨华人一般年纪较轻，且在美国、加拿大等地有亲属等。

美国是古巴华侨华人再移民的重要移居地之一，但移民美国并非易事。1959 年 10 月 12 日，袁道丰在《华文商报》发表时论《入籍华侨赴美问题》，从中可见当时华侨华人赴美的难度，即便是入籍古巴的华人亦十分困难。有古巴护照的华人可以赴美游历，但赴美定居十分困难。"有了古巴护照侨胞，是否可以以移民资格赴美国居留呢？换言之，是否可以到美国去做'居民'呢？纯粹的古巴人是毫无疑问的，就是黑人也可以。说到此点实在黄不如黑了。依照美国移民律，中国人姑无论是入籍或土生，还是以中国人看待，只须土生侨胞或入籍华侨的血液里有百分之五十是中国血，便不准移居美国。说清楚些，如果一位土生侨胞或入籍华侨的父亲是中国人，母亲是纯古巴人，他便有百分之五十的中国血，不能移民美国，必须连他的祖母也是纯古巴人，他的中国血□能降低至百分之廿五，可以赴美长期居留。世界上真有这样种族歧视的法律，可恨之至！"[3] "那末，入籍华侨是不是根本没有赴美居留的可能呢？可能性是有的，但希望不大：①美国每年准给中国移民额一百〇五人。入籍或土生侨胞可以申请此额，但因此额施之于全世界的中国人，因此可能等到魂归西山，还轮不到他。②科学家及技术人才为美国所需要者，并且有美国大学或大公司介绍保证。③在古巴相一美国妇女结婚，这等于想吃天鹅肉。"[4]

从袁道丰的此文可见，当时古巴华侨华人要赴美定居十分困难。1966 年，

---

① 《陈章林返国启事》，《光华报》，1968 年 2 月 5 日。

② 黄宝世先生家信（1975 年 4 月）。家信全文可见于黄卓才：《鸿雁飞越加勒比——古巴华侨家书纪事》，广州：暨南大学出版社，2011 年，第 342 页。

③④ 袁道丰：《入籍华侨赴美问题》，《华文商报》，1959 年 10 月 12 日。

黄宝世先生写给家里的信也提到："对于古巴政府与美国协议，每月可放出三千人过美。侨胞方面，除私自偷渡外，尚未有正式手续过美。"①

尽管如此，仍有不少华侨华人通过各种渠道到美国。一部分是通过正规途径赴美，古巴华侨子女在美国工作并定居后，将家人接到美国。1958年，古巴圣地亚哥侨商吴英凯之公子吴荣志博士，在美国芝加哥大学毕业后，荣获博士学位并被该校聘任为助教。② 1959年古巴革命之后，吴荣志将家眷接到美国。③

由于缺乏正当的途径，一些华侨采用假签证赴美。1961年2月，《开明公报》登载《古巴华侨前往美国被扣留经过情形》的系列报道，从中可以管窥当时华侨赴美情形。

古巴华侨前往美国被扣留经过情形④

领事交涉释放社团捐款济助

纽约民治日报二月□日讯，旅古巴华侨五十一人，内有妇女八名，小孩四名，日前来美国，因手续上不合格，被移民局拘禁，送往忑撤士省麦亚崙拘留所看管。该批难侨致函此间中华公所，申述彼等逃难经过，并请予以援助，联同署名之难胞名单如下：

邝英群、陈沃祥、黄宝林、周在适、周在较、张冰鸿、余炳彝、胡仰新、李翘琛、陈湛祥、岑略、黄均焕、陈炎权、余炳均、李重煖、陈煦、李培、李中兴、蒋现明、郭华、方良基、方振枢、关创汉、钟振乾、余汝棠、朱焕柏、骆士廉、余锦柱、余仲贤、吴焯、黄勳、刘有祥、余梋威、张荣、方良参、甄耀、冯焕基、周溢源、刘荣富、张春濯、刘维沛、黄北斗、吴立国。

关于护照签证发生问题一事，现在业经大部分解决，若干应行补办之手续，亦在补办中。

四十八人释出二人尚待调查

美国移民局对此事之办理，原则上系采宽大政策，但在技术上则查询极端严密。五十一名侨胞在忑撤士省之麦亚崙拘留所中，曾被分别作隔离式之详细询问，对每人之家庭背景、生活历史，一一询问笔录。结果其中之四十八名，认为答词满意，一律恢复自由。

至于另外之三人，则因彼等系于中国变政后始由大陆赴古巴者，认为尚须详

① 黄宝世先生家信（1966年1月）。家信全文可见于黄卓才：《鸿雁飞越加勒比——古巴华侨家书纪事》，广州：暨南大学出版社，2011年，第120页。

② 《吴荣志博士欢宴亲友》，《华文商报》，1958年7月25日。

③ 《汕埠吴荣志家眷往美国》，《华文商报》，1959年5月5日。

④ 《古巴华侨前往美国被扣留经过情形》，《开明公报》，1961年2月25日。

细调查，故仍在扣留之中。

十八人来纽约三十人赴大埠

此四十八位已恢复自由之侨胞，其中三十位决定前往三藩市，十八位则决定来纽约。良以彼等在该两地之亲友较多，在生活之照顾上，较为方便，而于职业之寻求上，亦机会较多也。

惟彼等以身无分文，生活尚属发生问题，旅费且更难于筹措，故二日下午，曾由驻纽约中华公所，洽商由中华公所转向华埠各侨团筹措部分，大致系各负担一半，希望能于一两日内汇出，至赴大埠之三十人，亦由大埠方面负责。

至该等侨胞到纽约之后，生活及工作问题，亦均希望各方能鼎力协助，代为安排照顾。

旅古巴侨胞抵美亚美后，以所携出之款项，仅限每人五元，故目下已囊空如洗，生活甚为艰苦。本市一部分侨领聆讯之后，爰发起筹募救济金之举，以资济助。

侨胞生活费最低每日八十元

查该批侨胞，总数五十一人，现尚集居美南，纵舍宿费不论，每人每日伙食费最低限度平均以一元五角计，即已需七十六元五角。此一数目，既非难侨本身所可负担，亦非经商该地之小数侨胞能筹措，目前纯赖东拉西扯，以资勉强维持，情形甚为艰苦。

从这则新闻报道中可见，古巴华侨赴美因手续不合格而被扣留。由于每人仅可带5美元离开古巴，到美国时他们已身无分文，美国侨团发起募捐予以救济。从后续的报道[①]看，这一波古巴侨胞共62人，其中男51人，妇孺11人。他们到美国后，陆续被在美国的亲友接走。

1963年8月7日，据美国《纽约时报》报道，两名古巴华侨去到牙买加后辗转到美国，最后获得在美国的居留权。据报道，两名中国人Lam Ping Quan Li（29岁）和Fermin Fong Hong（24岁），在卡斯特罗掌权后逃到牙买加的金斯顿。由于在牙买加没有找到工作，他们在天主教救助中心（Catholic Relief Services）的帮助下来到美国。7月26日，在被遣返前一小时，他们接到联邦法院命令，准许他们下船。后来，美国移民局给予他们与其他古巴难民同等的权利。[②]

古巴革命之后，古巴华侨华人赴美的人数难以统计。根据洛佩斯的研究，20世纪90年代在美国佛罗里达的戴德县（Dade county）有近3 000名华裔古巴人，

① 《古巴华侨往美国被扣留经过情形（续二）》，《开明公报》，1961年2月27日；《古巴华侨往美国被扣留经过情形（续三）》，《开明公报》，1961年2月28日。

② 2 Chinese who fled Cuba win right to stay in U. S. , *New York Times*, Aug 7, 1963.

古巴华人在美国定居的主要城市为纽约、迈阿密，并建起了自己的社团。[①]

二、留居古巴

（一）古巴华侨取得合法居留权

如前文所述，古巴长期实行禁止中国人入境的政策。由于缺乏正规的入境途径，很多古巴华侨持学生、游客签证入境。同时，因部分古巴政府官员腐败，另有少数用黑钱换取入境资格的华侨。据古巴华侨自己的估计，1954 年时，“数万华侨之中，入境手续不甚完备的、不甚确定的估计大约有一二千人”[②]。这部分持不正规签证入境的古巴华侨，长期以来战战兢兢生活，担心稽查员的检查。长期以来，古巴对华侨的合法居留权问题并未加以解决，只是每年收取外侨登记证年费。

根据古巴宪法，凡曾以居民资格居留古巴 5 年以上者可以申请加入古巴国籍。但是，“过去，古巴当局对此没有严格执行。一位外侨只须在外侨登记局缴过五年登记费，而又居留过五年，不管他有否居民资格，便发给籍民证”。同时，加入古巴国籍有一些好处，比如：①每年无须付外侨登记费。如果生意做得大，这笔费用也很可观。②可以自由出入古巴。③可以做工经商及操任何职业。④选举时有权投票。[③] 尽管如此，古巴革命之前，大部分古巴华侨华人仍然保持着中国国籍，仅有少量华侨华人因古巴五十工例的实施以及收取外侨登记费，而选择加入古巴国籍。根据古巴中华总会馆的华侨总登记统计，到 1961 年，在参加总登记的 9 002 人中，入古巴籍者占 1 955 人。

1955 年 9 月 15 日，古巴政府曾颁布 2816 号令，要求外侨一律必须申请居留证，获得居留证即获得永久居留权。据分析，当时的目的有二：一是借以清理已经入境的外侨，使其地位合法化；二是借以增加收入，充实国库。但由于须缴纳 50 元费用，同时手续烦琐，包括华侨在内的外侨办理者为数不多。

古巴革命之后，华侨华人对入籍和取得合法居留权问题开始重视起来。“我侨为未雨绸缪及为应付将来可能发生的某些事态起见，最好的办法，为取得居留国的国籍，其次则为取得居留证。”[④] 恰在此时，古巴新任移民局局长上台，提出外侨必须领取居留证方为合法。[⑤] 但因手续繁复，纳费极高，古巴华侨曾要求

---

① Kathleen López, *The revitalization of Havana's Chinatown: Invoking Chinese Cuban history*, p. 221.

② 《外侨居留问题》，《开明公报》，1954 年 5 月 4 日。

③ 袁道丰：《入籍华侨赴美问题》，《华文商报》，1959 年 10 月 12 日。

④ 尘：《未雨绸缪》，《华文商报》，1959 年 1 月 26 日。

⑤ 《新任移民局长发表重要谈话》，《华文商报》，1959 年 1 月 26 日。

使领馆代为交涉。“对于这个‘居留证’的问题，手续时很繁复。手续繁复，极大是耗费些时间，那是另一回事。但纳费五十元，和办理各证件极成问题。如Acta Notarial的公证书，申请人要宣誓说明抵古的日期、所乘轮船或客机所属公司的名称和历来的地址，又要向司法部领取之未曾犯过法律的证书，又要向所在区域之警区地保官领取良善证，又须证明经济来源充足之函件一封。此函件须由商庄或社团出具，并须以西文缮写，及申请人之半身相片四张。如申请人未满廿一岁（未成年的人）更须有亲属或叔伯兄长代签等等。这一大堆的证件，未必不要第二者的人事帮忙。若要第二者的帮忙，人情上，都要酬答些少得代劳。又加以居留证公定收费五十元。这样，起码至少要七十元，才可勉强将该‘居留证’办妥。如此偌大的费用，一般贫苦失业的侨胞，相信很难担当得起，就是有工做的侨胞，恐亦不易筹措。……希望使领向古巴当局婉请豁免高龄老侨的领证，或以领取人的年龄为限（六十岁或六十五岁的），或以抵古巴已有廿五年或卅年的为合法免领，以情理而舒侨胞们的困苦，和婉请减低五十元的公定领证费。”①

1959年11月20日，革命政府为整顿外侨情形，及使其取得合法居留权利，国务会议通过外国人法，其要点包括：①任何外人，曾以游客、传教士的移民、伶人、运动家的身份，及其他带有临时性质的来古签证，而在古巴居住者，将来不得起案，企图改变其身份。②重申禁止中国人与非中国人的亚洲人入境。③准许曾在古巴居留两年以上的外国人，须在6个月内申请居留证（亦可称居民证），但必须证明不患传染病，领有外侨登记证，没有犯法，及据有产业、工商业、收入或谋生方法。移民局长可以向申请人要求提供其他任何证件。④外国人与古巴妇女结婚者可以要求居留权，但得有居留证后两年内，如宣告离婚，便丧失其居留权。但有土生古巴子女者不在此例。⑤在古巴非法居留，而又不遵守本法律的外国人，应在准许申请居留证的6个月后的90天内离开古巴。⑥在古巴非法居留，而又不享受本法律所赐权利的外国人，及无国可归，或因其他任何事故而不能返归其祖国的外国人，将归内政部管理。该部可以将该外人羁留于国家主管的医院、慈善机关或工作地方。

1960年1月22日，古巴政府公报公布第698号法令，命令外侨申请居留证。该法律使得入境纸有问题的外侨从此获得合法的居留权，出入古境亦比较自由。同时规定，在1937年以前曾向外侨登记局登记的人，只须花数元，便可取得居留证。1937年以后登记的外侨，须缴纳50元费用。

1960年1月26日，古巴政府公报公布外侨申请居留证实施细则。《开明公

① 郭世英：《关于居留证的问题》，《开明公报》，1959年2月23日。

报》登载《华侨申请居留证细则》，公布有关要求和规定。

华侨申请居留证细则

旅古华侨无论其过去入境身份为游客、学生、传教士，在古巴境内居留满期二年，如拟申请永久居留（Residencia）证者，均得依照本年一月二十六日政府公报公布之第六九八号法令于六个月内申请之。

申请人缮具申请书一份，致书内政部移民局长，表示依法要求变为居留身份之意愿，于申请书内填明申请人之姓名、出生地、国籍、年龄、职业、外侨登记证号码、现居城镇地址街名号码、抵古年月日、所乘飞机或轮船名称或号码、来自何处，并附寄下列证件各一份：

一　未犯刑法证明书。向司法部进门处索取……收费连印花税在内约古币一元二角。

二　外侨登记证明书。向内政部外侨登记局请领……收费连印花税在内约古币三元。

三　古币五十元之邮政汇票一纸，……此五十元系移民局用作医生检验身体，验血或 X 光等费用。

四　申请人四寸见方正面半身相片二张。

五　印有司法大厦之印花税票二角五分一枚。

陆　维持生计之证件。例如：纳税证书、商业注册证明书、生意股份合同、租金收权、财政部唯一税证书、税务执照、市政府营业执照、其他等等。

古巴革命之后，华侨华人正式获得居留权。到 1960 年 9 月，袁道丰曾提到，但就华侨而言，没有居留证的人现在恐怕少之又少了。[①]

（二）古巴中华总会馆的改组

1960 年 10 月，古巴哈瓦那革命省政府以是届中华总会馆选举手续不合法、纠纷迭起等为由，接管中华总会馆。同时，成立中华总会馆整理委员会，任命吕戈子为主席，梁普航为总书记，黄传丁为司库，胡有添、李钜芝、潘楚基、林竞生为委员。随后又增聘黄仕超为中文副书记，黄成之为交际。哈瓦那省政府还派出 1 名古巴人律师，义务负责总会馆的西文书记。

① 袁道丰：《外侨居留证与登记证》，《华文商报》，1960 年 9 月 22 日。

省政府委派中华总会馆整理委员①

古巴夏湾拿政府因本届中华总会馆选举手续不合法，且纠纷叠出，曾派员停止其开票，嗣因中华总会馆主持人，在古巴国庆日违反一向惯例及夏湾拿宣言精神，拒绝悬挂中国国旗志庆，又经民兵寻获该馆职员反革命证件，乃派高级职员珊勒第维拉博士接管中华总会馆，负责整顿中华总会馆，筹备最公正选举，兹将省府接管员决议全文译载如次：

古巴共和国夏湾拿革命省政府决议

根据夏湾拿革命省政府委员先生一九六零年之决议，罢免曾在夏湾拿省政府注册（案卷号数六七六）之中华总会馆之所有职员。

上述同一决议规定必须委派人员代表省委员先生并以其名义接管上述会馆，具有下述权力：调查全部会社生活，改组会馆以结合革命进程与充分履行其社会目标，有权委派指导机构，以管理中华总会馆；签字于支票、偿付命令、票据；向银行存取款项，收取与偿付账项；签署为实现所指定任务向必须签用我名之各项文件，全部具有最充足之权力。

考虑到，为实现夏湾拿革命省政府有关此机构所拟之目的，必须获得其广大社群之协助与合作，委派其若干成员以组织指导机构，以临时性质管理中华总会馆，其活动与安排必须事先得到我之授权与同意：

因此

行使夏湾拿革命省政府委员先生一九六零年十月十三日第一四五二号决议，委派我为中华总会馆接管员之权力；

决定

（1）成立一整理委员会，内设主席、书记、司库各一人，委员四人，律师书记一人以代替中华总会馆之指导机构。

（2）此整理委员会有依照上述会馆章程、细则或决议所规定之各项权力，以及我以夏湾拿革命省政府名义凭此文件所授予之所有在此有关或其他必要行使的权力，但必须以事先得到我之授权与同意为条件。

（3）兹委派下列诸人为整理委员会委员：主席吕戈子，总书记梁普航，司库黄传丁，委员胡有添、李钜芝、潘楚基、林竞生以及律师书记由我在将来适当时期委派。上述各人在接事时起开始行使权力。

（4）在本日起即决议全部发生效力，应通知所有有义务遵守之自然人，或法人，以及一切对此决议有兴趣知道之人。

一九六零年十月十九日于夏湾拿

夏湾拿革命省政府中华总会馆接管员奥斯卡阿尔伯·脱珊勒第维拉博士

① 《省政府委派中华总会馆整理委员》，《开明公报》，1960 年 10 月 21 日。

10 月 19 日下午，中华总会馆接管员奥斯卡阿尔伯·脱珊勒第维拉博士召集整理委员会委员 7 人，宣读省府决议后，随即举行了就职仪式。

古巴革命胜利后不久，古巴华侨华人成立了华侨新民主同盟和黄淘白民兵队。1960 年 10 月 10 日为古巴国庆纪念日，华侨新民主同盟[①]前往总会馆升中华人民共和国国旗和古巴国旗。华侨黄淘白民兵队协助敌产接收部接收了国民党楼宇及民声日报社两机关。10 月 23 日，黄淘白民兵队还前往中华颐侨院升中古两国国旗。[②]

中华总会馆整理委员会成立后，面临的首要问题即是颐侨院老侨的生活维持问题。"因总会馆前任负责人蒋伟生在逃，秘书赵士奇又因不法的行为被捕，我们自接收会馆多日，旧任未能清楚交代，所有最近的捐款不知何去，将来一定查究，故此白手兴家，为免不感艰难，但不能因此而停止一切的进行。尤其颐侨院必须在任何的艰难的情况中，亦尽力要解决。"[③] 随着华侨华人经济衰落，华侨华人像从前一样自我维持颐侨院渐趋困难，不得不求助于古巴政府的福利部门。"总会馆急需的工作，是维持有二百八十三名老侨的颐侨院，整理委会接任后，以旧任负责颐侨院募捐的款项及其他的数目尚未交代，只在会馆的夹寓内点收存款四百零三元二毫，而颐侨院的经费浩大。为使老侨不致断炊，已特得古巴社会福利部暂行负责供给晚餐一个月，早餐则由总会馆担负。"[④]

为解决颐侨院问题，总会馆发起"白米运动"救济颐侨院福食。"白米运动"得到社团及个人的积极支持。截至 1960 年 12 月 21 日，收到白米 83 包，米款 5 146.7 元。[⑤] 但随着贫苦老侨增多，颐侨院的维持一直是个难题。1962 年，古巴卫生部多次捐赠食品、药品、生活日用品等给颐侨院。[⑥] 从 1964 年 1 月起，古巴卫生部每月补助颐侨院经费 2 500 元。1964 年 3 月，"哈瓦那卫生部又送诊症室西药一批，及新衣服十五箱，计有长裤二百条，内衫二百件，内裤二百条，笠衫二百件，长袜二百对，抵寒冷衫二百件，睡衫五十九套，毛巾一百条，洋毯五十张，被单五十张，枕袋五十个……"[⑦] 但随着中古关系的变化，颐侨院老侨的生活似乎也受到中古关系恶化的影响。从中华总会馆公布的 1967 年 8 月进支

---

① 后改称华侨社会主义同盟。

② 《华侨新民主同盟　淘白民兵团等访候颐院》，《华文商报》，1960 年 10 月 25 日。

③ 《中华总会馆整理委员会展开工作（二）》，《华文商报》，1960 年 10 月 25 日。

④ 《中华总会馆整理委员会展开工作（一）》，《华文商报》，1960 年 10 月 25 日。

⑤ 《中华总会馆昨晚座谈会经过情形》，《开明公报》，1960 年 11 月 9 日。

⑥ 《卫生部赠药品颐侨院》，《开明公报》，1962 年 3 月 20 日；《古政府赠物品颐侨院》，《开明公报》，1962 年 3 月 29 日。

⑦ 《哈瓦那卫生部拨物资一批赠送颐侨院》，《光华报》，1964 年 3 月 14 日。

数目看，已无古巴卫生部拨付的 2 500 元经费。

（三）古巴华侨华人的就业及转业问题

古巴革命之后，华侨华人的生活和工作均受到较大影响。1960 年 5 月，袁道丰提到："我在本人主持的顾问会里曾接见各省及各地的侨胞。他们告诉我的大都不是商业兴盛的消息，他们对现况着急、前途忧虑。临近如有人民商店，侨商所受打击更大。原来人民商店售价既廉，放债亦易。在此情形之下，竞争实至困难。有些侨商对私营商店将来能否存在，怀抱怀疑态度。至目前为止，政府并没有取缔私商的法令，但许多生产及进口货品均由政府包办。从事输入生意的办庄确实感到万分困难，申请外汇购办货品，很难得到批准。比方中国食品瓷器及绣花等是很难进口的。银行因收款难，放债亦少，有些进口商非付现款不售货，就对银行支票亦不放心，因怕是空头支票。此外，富者日渐减少，而贫者未必即刻变富，或少穷，结果商业乃陷于停滞状态中。有些侨商的处境实在不令人羡慕，因缺货，门市固少。而且负债累累，简直喘不过气。"①

随着古巴改革的推进，华侨经营的洗衣店、餐馆、咖啡店等逐渐被改为合作社，杂货店等也面临被收归国有的境遇。因形势的变化，古巴中华总商会于 1963 年奉令改名为古巴华商总会，原来其会员以商店为单位，由于商店被收归国有古巴华商总会修改章程，可以以个人名义为会员单位。

古巴将小工商业收归国有是一个渐进的过程。1966 年，一位叫胡任寅的古巴华侨曾登载广告，欲出卖洗衣馆。

衣馆出卖②

现有洗衣馆一间在"到景度"街八五六号，夹"边也威"街与"沙巴"街之间，装有熨被单机器一架。现准备出让与人，如有意者请到来面议。

胡任寅启

一九六六年六月六日

在侨商的商店被收归国有的过程中，越来越多的华侨华人失业，但华侨华人欲从事个体服务，亦需要政府的准许。1966 年 5 月，古巴华侨潘楚基刊登启事，称："弟昨日在本报刊登启事，言失业已三年余，愿意代侨胞每日制造鸡蛋面两磅，略收工资，以勉维生活。顷间友人言，除接受私人朋友委托代制可得宽容外，如向公众提供此项服务，按照古巴法令，必须请得准照。弟现正积极办理此

① 袁道丰：《侨胞工商业前途的展望》，《华文商报》，1960 年 5 月 31 日。
② 《衣馆出卖》，《光华报》，1966 年 6 月 10 日。

项手续，在请得准照前，恕不承接代制，敬乞原谅！”[①]

1968 年，古巴实行“革命攻势”，进一步扩大国有化的范围。华侨华人的小商店亦被收归国有。据黄宝世先生的家信：“须知自从一九六八年所有大小商业收归国有，甚至瓜菜园没收。我们侨胞除小部分年青的在政府商店做工外，其余倚赖六十元退休金维持生活，还有一部分侨胞旧时没有正当商业，无权领取退休金者大不乏人，后来政府给回廿元为养老费。”[②]

在古巴改革推进过程中，侨商的经营受到严重冲击，侨工被解雇，使得华侨华人不得不面临转业的问题。1962 年 1 月 21 日，中华总会馆召开第十八次整委会议时提出：“在古巴革命政府领导国民跑向社会主义的道路上前进，已是必然的趋势。我们侨居古巴，无论是工是商，必要准备接受这一局势的降临，换一句话讲，即是我们转业的问题。本馆是全体华侨最高领导的机构，必要未雨绸缪，利用现有的侨汇、国货两部门的资金收入，举办一个集体农场，开一个技术练习所，培养一辈年轻华侨练习电学、机械技术，将来为祖国或古巴出力。以上两点，是我们在今年为侨胞服务的计划之一，尚有其他的问题，则因时制宜决定之。”[③] 中华总会馆是否开办有技术练习所，未见相关资料提及。但古巴华侨华人成功创办了华侨农场。为适应新形势，部分古巴华侨由商转农。

“（由于在）古巴革命政府施行企业国营、土地收归国有的政策下，找寻一块不大不小的土地来做华侨生产种植，殊非易事。经过数月的四方出动，远近找寻，终未得到适当的地点。后来经人介绍，卒与边省国营农场第一生产组达成协定，让出一块土地，容纳华侨前往学习，割分四个部门为养猪、养牛、养鸡、种植等。此举虽然与本来租地自耕的理想未相符合，但为安置失业华侨就业的初意是一样的。现在该国营农场主管负责人，通知中华总会馆，‘华侨生产队在种植方面，工作不日开始’，需要华侨前往工作，每日劳动工资是二元九毫六仙。中华总会馆根据国营农场华侨生产队在种植方面人力的需求，已在华字报章上刊登通告，招请仍有生产劳动力的失业华侨，前往中华总会馆报名登记，投入农业生产。”[④] 到 1962 年下半年，古巴华侨华人几经周折，终于找到创办华侨农场的地点。

1962 年 8 月 4 日，古巴中华总会馆召开侨团代表座谈会，决定在总会馆直辖下成立古巴国营农场华侨生产队小组办事处，并刊登公告，劝导华侨参加农业生

① 《潘楚基紧急启事》，《光华报》，1966 年 5 月 14 日。

② 黄宝世先生家信（1973 年 7 月）。家信全文可见于黄卓才：《鸿雁飞越加勒比——古巴华侨家书纪事》，广州：暨南大学出版社，2011 年，第 291 页。

③ 《总会馆一年侨务公告》，《开明公报》，1962 年 1 月 22 日。

④ 展群：《失业华侨一个好机会》，《开明公报》，1962 年 8 月 10 日。

产。“古巴革命政府，倡行社会主义，注重农工发展，以期打破帝国主义者经济封锁的扼杀阴谋，这是居留国的最高决策。在政制改革及时代转捩的过程中，吾侨谋生此地，亟应未雨绸缪，及早打算，□合时事需要，以求出路，才是上策。须知私人商场经营，认为居间剥削，将来必归淘汰之例，一向的转折图利生活，已不适合目前环境，必要改变习惯，离开城市，下放农村，转换空气，披蓑戴笠，荷锄负来，从事耕耘，才有噉饭之地。况且我祖国政府早已昭告我们谓：在古巴艰苦建设期间，能热爱及协助古巴，即是能热爱及协助祖国。明白这点意思，我们为公为私，已不容徘徊反顾，应大家互相鼓励，落田做工，方有新生希望！”①

8 月 15 日，古巴国营农场华侨生产队办事处召开第一次会议，一致通过选出利怡怡为生产领队负责人，主管生产队一切事宜；并决定聘请一位农植经验丰富的侨胞，负责种植指导，以期收获实效；同时，议定由吕戈子担任生产队主任，龚辉文担任书记，黄成之任交际。② 华侨生产队首批招收 50 人前往农场工作，以有劳动力、身体健康及有恒心为主要条件。

除了去古巴国营农场从事农业生产，还有一些华侨参加农场的养殖业。1962 年以来，古巴松树农场接收了一批华侨在农场中从事养猪、养牛的生产活动。③ 1963 年，20 多名华侨前往参加养鸭工作。④

到 1963 年 9 月之前，华侨农业生产队办事处已先后组织两批华侨进入边省第二国营农场在各部门参加生产。⑤ 过去因原有的工人宿舍狭小，未能大量容纳华侨。1964 年，新农场的宿舍建成，种植部门开始扩大生产，华侨农业生产队再次招收队员。

华侨农业生产队办事处启事⑥

启者：华侨农业生产队种植部门自从迁往边省第二国营农场生产队新宿舍以后，工作日趋开展，队员也有增加的必要。因此，本办事处在近日准备再派一批队员前往农场参加工作，希望已向中华总会馆报名申请参加生产队农业工作的华侨来馆报到，如一般未经申请者，若志愿参加农业生产工作者，也可来馆申请，俾在月内整队前往参加工作可也。

中华总会馆整理委员会
一九六四年元月廿九日

① 《侨事略说》，《开明公报》，1962 年 8 月 11 日。
② 《古巴国营农场组织华侨办事处昨会议》，《开明公报》，1962 年 8 月 16 日。
③ 《国营农场华侨组织召开首次协理会议》，《开明公报》，1962 年 8 月 24 日。
④ 《华侨生产队召开会议》，《光华报》，1963 年 2 月 15 日。
⑤ 《中华总会馆华侨农业生产队办事处通告》，《光华报》，1963 年 9 月 8 日。
⑥ 《华侨农业生产队办事处启事》，《光华报》，1964 年 2 月 5 日。

华侨生产队在古巴国营农场的经营最初并不顺利，第一年的经营亏本。1964 年，华侨生产队办事处召开全体委员会议，生产队负责人利怡怡在会上谈到："一年多来，我们华侨生产队在古巴国营农场进行生产，取得不少经验，为今后华侨在农业生产上找到出路，打下了良好的基础。虽然我们在经营上有所亏本，但这是由于自然条件和本身经验不足造成。我们当时生产计划，预计生产支出三万多元，收入可能有四万多元，但因生产计划有些盲目性，如生产的椰菜，有一千多担，找不到销路，就损失了四千多元。同时该场的水利条件不好，土质也有问题，种下的番茄和甜椒，眼看将有收成却被旱死了，结果仅得二万多元的收入。虽然是这样，但领导方面对我们的工作是满意的，当地的农民对我们说：'你们种的东西很好，生产具有本领，过去这地方所种东西是不生长的。'的确，我们一年来在生产上费了不少的劲，也取得了不少的经验。"[①] 从这里可见，收成不好，主要是由于场地不适宜，不适合农业生产。

华侨生产队随后向古巴农业部领导申请，在离哈瓦那市车程不到一个小时的地方批得一块土地。"领导部门十分支持我们的计划，给我们三部拖拉机，四个半卡华椰里土地，生产可以机械化，生活上也给我们照顾，除了发工资外，还供应伙食。要我们组织一百人，扩大生产，这是一个良好的机会，希望我们大家协力来完成，也是侨胞们一件光荣美好的事业。"[②]华侨农场迁新址后，再次增召华侨参加农场生产。

1965 年是古巴农业年，参加华侨生产队的华侨华人积极投入生产。到 1965 年 3 月，"我们生产队今年播种面积比去年扩大了一点五倍，作物仍以蔬菜为主，去冬种下的生菜、红萝卜等蔬菜，已完成收获，基本上达到了生产指标。今年首季，已播种移植：甜菜二十五万棵，甜椒十万棵，生菜十万棵，红萝卜六十市亩，还有其它季节性的什菜分别在计划进行播种中[③]"。1966 年，国营农场华侨生产队继续招聘人手。

除在华侨生产队召集下参加农业生产外，华侨生产队还组织华侨参加义务劳动。1965 年，原来决定 19 个社团，每个团派出 1 名代表参加义务劳动，但昨日连自动参加的有 50 多人。[④]

除创办华侨农场外，还有的古巴华侨华人成为小农。据《光华报》的报道："小农余剑峰和他的父亲，在湾城近郊，共同经营园圃，事业大有进展，更加突

①② 《利怡怡邝乐平谈农场情况　另择场地扩大发展容纳更多侨胞》，《光华报》，1964 年 9 月 21 日。

③ 《宝塔华侨生产队在前进》，《光华报》，1965 年 3 月 24 日。

④ 段克诚：《愉快的劳动，丰富的收获——参加华侨生产队义务劳动小记》，《光华报》，1965 年 2 月 23 日。

出的是种植鳄梨（Aguacate）共有一百多株，是由一九六〇年开始种植，现每株平均结果二三十枚，陆续收获，供应市场……”①

古巴革命之后，除小部分华侨华人回国或再移民到其他国家外，大部分华侨华人继续留居古巴。由于古巴中华总会馆长期由国民党或亲国民党人士把持，中华人民共和国与古巴建交后，中华总会馆进行了改组，亲共产党华侨华人担任会馆领导。为适应革命后的新形势，部分古巴华侨入籍古巴，更多华侨仍然保持侨民身份，但取得了在古巴的合法居留权。同时，由于原有职业受到革命政府改革的影响，不少华侨华人面临转业问题。在中华总会馆的领导下，古巴华侨华人创办了华侨农场，为急需谋生的华侨华人提供了栖身之处。

三、古巴革命后华侨华人情形管窥：1961 年登记专员报告

1961 年，古巴中华总会馆举行全侨总登记，派出两名登记专员李巨之、钟波平深入古巴大小城市，开展华侨登记工作。入埠登记专员时常向总会馆发回行踪报告，登载在《开明公报》、《华文商报》等报纸上。这些报告生动地反映和刻画了当时古巴华侨华人的思想、生活状况。为真实再现当时的实际情形，下文多节录原文。

登记专员从古巴东部的奥连特省开始登记，但一开始就遇到有的华侨华人不愿意参加登记。“汕城约有华侨八百余人，登记的已过半数，其尚未登记的，并非为着经济问题，原因是对世界的局势、古巴的情形的睇法不同，故持观望的态度；另个原因，是该埠中华总会馆的主持人吴克廓不在，其他的人又不肯精诚合作，只是敷衍。”② 参加中华总会馆的登记，一般都需缴纳登记费。有的华侨华人不愿意缴费，故而不愿意登记。但古巴圣地亚哥（汕城）华侨不登记的原因却不在于此，而是因“对世界的局势、古巴的情形的睇法不同”，所以选择观望。另外，吴克廓曾是国民党驻古巴支部的重要成员之一，因此该埠侨胞多亲国民党，对亲中华人民共和国的总会馆的登记并不配合。在登记过程中，入埠登记专员曾多次遇到此类抵触情形。但大多数侨胞仍然参加登记，有的地方侨胞对登记专员十分配合。6 月 19 日，入埠专员发回第十三号报告，反映出两种截然不同的态度。“在芙罗李拉埠时，蒙团体会开会欢迎，参加侨胞非常踊跃，情况热闹，登记者有六十七人。……昨日我们分路出发，我去噎眉拉拿埠，那里有一间团体会，过去有三百多位华侨，接近车站最繁盛的街道中，多是华侨的商业，但

① 《种植鳄梨能手余剑峰》，《光华报》，1964 年 7 月 23 日。
② 《总会馆专员报告办理登记情形》，《开明公报》，1961 年 5 月 6 日。

现已今非昔比，视觉凋零冷落，团体会共有会员二十八人，经常费实感维持不易，……在这里登记了三十人，喜基埠埠上有华侨三人……罗委有埠有侨胞五人……至于波平去湿庇里埠工作所得的情形，适得其反，他去团体会拜访，不得其门而入，他去拜见团体会的主席陈孔璇，一见面便推有事马上离埠，既不登记，亦不招呼，竟尔掉首而去，气概万分。”①

随着古巴革命政府各项改革的推进，侨商的生意受到严重影响。“中华总会馆入埠专员第十六号通讯……在汕爹必列度……我们在摸摸索索，冷冷落落中，共登记了四十人。工作做完后，我们跑了三个埠仔，如介□横、怀育、打华咕等，每埠华侨三几人，反应良好，但生意在退落中，尤其是打华咕，铺中货架空空洞洞，没有点缀。但他们都在热诚尽责登记，我亦道经华市妈而出端拿尔沙沙，每埠有华侨两三人，均皆登记……廿一日到巴拉矢打埠，埠上会馆主席黄详礼、书记曹剑辉，竭诚帮助。侨胞登记三十人。后到案律打埠，这里华侨情况太衰落了，只有一位姓黄的侨胞，做了一件餐馆不似餐馆、酒吧不像酒吧的小亭子生意。一个沿街卖‘麻尔左斗加连地’，一个在西人杂货铺做工，其余尚有九位老侨，已失了工作能力，可以说是颐侨院的第三分店，以视湾城颐侨院内的老侨们，有的是身壮力健，年纪比他们还青春得很。有会馆，是自置楼宇，在两年前，因经常费无法维持，积欠税项太多，故间隔几间房间，租给西人作为住宅，现因城市改革法例颁布，此一物业已属于住客了，纵使我是愿意代他们免费登记，登了又如何？不禁相对嗒然。廿二日我去科缅度，那里会馆主席，正是前些时曾到总会馆委托办理保险箱问题的青年关松年先生。关先生早已料透我之到来，预备了他的私家车，亲自驾驶，陪我沿门登记，远入舍拉噎甘拉禁区之官纽尔眉兰□埠……”② 登记专员的此份报告反映出，因货物的缺乏，个体经营难以为继，古巴华侨的生意普遍处于衰落当中。同时因城市改革法例的实施，由华侨购买作会馆的物业，已经属于租客了。

到 1961 年，古巴已经将一些私营小商店改造为合作社，华侨华人的洗衣馆、餐馆、咖啡馆等也被改为合作社。“尔加罗埠，有餐馆一、咖啡馆一、洗衣馆一、生菜铺一，共有侨胞十二人。……侨胞目前的生活颇觉困难，洗衣馆成为合作社，每人每个星期只领十□块钱伙食费，餐馆也改为合作社。原有的华侨股东，均已离去，只留下一位华侨在处当职，咖啡馆亦复如是。据说，过去在那里原有侨胞三十余人，因未能适应环境，逐渐被受淘汰……（介育华委）有侨胞十八，

① 《中华总会馆入埠登记专员之行踪》，《开明公报》，1961 年 6 月 19 日。

② 《总会馆登记专员行踪》，《华文商报》，1961 年 6 月 28 日。

四位在糖厂做工，一位做小餐馆，其他几位，都在半失业的状态中……”[①] 这里反映出，古巴华侨华人的生活已受到古巴革命政府改革的影响。华侨洗衣馆被改为合作社，每位华侨每个星期只领少许伙食费。华侨餐馆也被改为合作社。

到1961年时，古巴华侨华人的失业状况更加严重，尤其是失去工作能力的老侨境况悲惨。“耶稣，眉年地糖厂，这里共有侨胞二十名，俨如第二个颐侨院，正式有工做者五人，有八位每星期只做工一天，工金三元□毫六仙，其他均是多年的失业者，也是Grac时代五十工例的牺牲者，年岁多在七十岁以上，已丧失了工作能力，简直是坐以待毙，营养固然不足，衣服也破烂到难以蔽体，境况堪怜，中华总会馆用什么办法来安置他们，想想吧！”[②] 这里的20名侨胞中，仅有5人有正式工作，8位每周只工作1天，其他则是多年的失业者。贫苦老侨的基本生活都难以保障，这种悲惨境遇让登记专员十分感慨。

随着古巴华侨华人社会的衰落，地方中华会馆也难以为继。在甘马隈省，“中华会馆也在岌岌可危之中，闻说埠上约有华侨三百八十余人，加入会员的只有一百二十八，经费分四毫、七毫，没有其他收入，经济感受到极度困难。上月曾开大会表决募捐，但大多数表示冷淡，不愿合作支持，此次该会主持人对我们的到来，虽竭诚协助，大力推进，但为羡‘美’爱‘蒋’的‘忠贞志士’的消极漠视”[③]。由于会馆会员不愿合作，该地的中华会馆缺乏经费，经济极度困难。

舍咕[④]曾是古巴华侨华人重要的定居地，但1961年情形剧变。“在舍咕，一位老舍咕的华侨说，该埠在一九二六与二七年中，约有华侨二千多人，餐馆六十多间。衣馆数目也不相上下，菜园四十余间，有一酒楼，名一洞天，包办酒席，随意小酌，鼓乐喧天，彻夜不停。现在人事沧桑，有二百余人尚居这里，以前的盛景，已不复现。……”[⑤]

入埠登记专员的行踪也反映出古巴华侨分布范围极广，十分分散。中华总会馆入埠专员第十五号报告：“……途径夏地窝你咕埠，那里有侨胞三人全数登记，又得陈振猷先生帮助，雇车同往亚罗育冷咕埠，那里有侨胞三人，亦全体登记。做完工作后……我们同去向以古迹来号召游客的进你你拉埠……埠上有一间团体会，主席是伍于洛先生，共有华侨二十九人，登记者二十五人。现在返转头来谈谈磨杠埠的情形，该埠有侨胞九十余人，登记者七十五，有几位已在湾城登了。埠上的中华会馆主席黄冠宸，对于登记，不感兴趣，他本人虽则登记，但只在敷

① 《中华总会馆入埠登记专员之行踪》，《开明公报》，1961年5月19日。
② 《总会馆登记专员报告行踪经过》，《开明公报》，1961年5月23日。
③ 《总会馆登记专员报告行踪经过》，《开明公报》，1961年5月27日。
④ 谢戈德阿维拉（Ciego de Avila），古巴华侨华人称该地为舍咕。
⑤ 《中华总会馆入埠登记专员之行踪》，《开明公报》，1961年6月19日。

衍塞责。……快耶埠……有六位侨胞在糖厂做工，有五位登记。由糖厂到搬打生横约乘车十分钟便达，有会馆，有侨胞一十九人，登记者一十七人。会馆已凋敝零落，是自置产业……由搬打压力基利转至斩巴，登记了六人。在夜间返回快野工作，登记了八人。……椰埠登记十二人，麻埠登记七人，下午到麻鲁吓埠，有侨胞四人，登记了。……波平下午去了幼列打糖厂，登记了七人。"①

古巴华侨华人内部贫富分化较大，有的华侨已经有了私家车；有的贫苦老侨生活尚不能自理，只能住进颐侨院。"中华总会馆入埠专员行踪第十七号报告，阅报知有登记表格付来……汕打加拉的工作，相当迟缓。据波平说，侨胞太过分散，有的已向总会馆直接登记，故做了三日，登记仅及八十人。相信还需两天才能完成工作。廿三日下午窝气噎卑冷沙埠，得遇华裔革命军官潘维新先生。他是土生，回国廿多年，饱受祖国教育，有自用车，他亲自驾驶，陪我沿门去登记，因有他同行，很顺利的全部完成。为入埠以来，没有一个侨胞对登记表示犹豫之色者，以此埠为创举。廿四日上午我去甘马横尔，埠上有侨胞十人，三个做小贩上街未返，两个去海浴，故登记只得半数。转路去浩打埠，有华侨三人，穷老，儿女多，不愿登记。廿四日下午，往□过姐□，埠上侨胞二人，一个出了埠。即转车往生汝咕尔华耶，那里有侨胞十人，有的出埠，只登了数人。廿五日往麻打哗、麻尔加拉哗、拉磨沙三处，在麻打哗有林氏昆季四人，全数登记；拉磨沙有两人乘架日去海滨游泳，只找着一人；麻尔加拉哗有侨胞九人，全部登记。在那里获识关永成老先生，他是华资亚生号烟厂的老东主，久闻他是孟尝好客，知道我系他的邻里，硬要留我食饭。我因时间与工作所关，迫要推却，不情之处，还望关老先生原谅。假若天缘有份，他日重临，自当领情。据说烟厂设备机器与物产，价值在四十余万元、现在全部收为国有。其儿子在烟厂充任技师之职。关先生生性旷达，言谈中，总不以为意，诚属难能可贵的。今天往丁故鲁矢蝦拉、加拉挖沙尔沙华、麻打三个小埠，工作还算顺利，虽每埠侨胞不多，一共登记了十八人。……"② 同时，华侨经营的烟厂被收归国有。

古巴华侨华人崇拜关公的历史悠久，到 1961 年仍然保持着这一传统。"中华总会馆入埠专员行踪第十八次报告……我以两天的时间，廿八、廿九完成了介华连与厘尾料两埠的工作。介埠有侨胞五十二人，登记者四十八；厘埠有侨胞十九人，登记者十六人，成绩堪称满意。介埠中华会馆昨晚开会欢迎……介埠中华会馆有一特点，为他处所无。一入门便见一长及十二尺，阔□三尺的绿底金字雕刻相当精巧的木牌匾额，刻上'佛法无边'四个大字，查询原委，原来这个会馆，

① 《总会馆登记专员行踪》，《华文商报》，1961 年 6 月 23 日。
② 《总会馆登记专员行踪》，《华文商报》，1961 年 6 月 29 日。

原属庙宇，借作为会馆的办事的机关。玻璃门之后，供奉着的西观音大士、关云长圣像，神台、香烛签筒，均皆设备，比较总会馆的关圣厅，还庄严得多。在谈话中，侨胞不说会馆，而口口声声说它是庙堂。可见这里的侨胞对于旧的信仰仍甚浓厚。每间商店，多数供奉着关公的圣像，燃插息香。置备大特号的通书□□□□，思想上仍停留在神权的阶段，但他们对中华总会馆极端拥护，大力支持，这是他们思想上的好处。在厘埠得刘希振先生帮助，在酷暑炎热的天气下，陪我四处奔跑，逐户登记，像这样热情为公的人，真令我万分感谢。……”①

尽管古巴华侨华人生活水平有所下降，但仍然保持尊老敬老的优良传统，照顾并抚恤贫苦老侨。“入埠专员行踪第二十二号报告……加连拿……晚间加埠中华会馆开会欢迎……到会者有十余位负责职员和侨胞，主席黄寿轩先生致开会词……这里会馆的领导人，感情相融洽，办事富有魄力。在近十年间，能够用中华会馆的钱，购置一座楼宇，是在整个古巴所仅见的。我们还极度关怀埠上的老侨，□年来把七位生活窘扼的老人家，送去这里的国立老人院。这几位老人家，获得他们关怀，解决衣食住三大问题，对他们不甚其歌颂。在老侨本身讲，免掉了捱饥挨饿，在总会馆也得减轻一部分的担负。此种善举，是值得各地中华会馆的效法。”②

1961 年时，国民党在古巴的产业被古巴革命政府接管。“入埠专员行踪第二十号报告……马丹砂。情形都好，除了几位出去湾城总会馆登记外，有九成登记了。个杠的情形就太差了，登记得十四人。穷老无力担负者，亦不愿登记十五人。这里正正经经，有一间小规模老人院，住在一所老旧颓蔽的、摇摇倾倾的古老屋内，屋前有一大段旷地，约长廿丈、阔六丈，据说是前辈购买用来建筑戏院之用，内中住有贫苦无依的老人家。埠上侨胞均称之为老人院，可谓名符其实。埠上尚有一间‘国民党’，亦是前辈所购置，内设关帝厅，‘国民党人’霸占了改作‘党部’，为一个时期，用来做赌馆，番摊、牛牌、字尾、麻雀，应有尽有。自古巴革命政府成立后，即被收管，改为劳工部办事处。现在劳工部办事处迁往别墅，该屋在关闭中。埠上侨胞，对‘国民党’人霸占公产，日前尚愤愤不平。今日去面结度。不料该埠中华会馆的办事人，已向总会馆领取登记表格回去代办了。……”③

1962 年，总会馆公布了 1961 年总登记的结果。参加是次总登记的共 9 002 人，其中男性 8 771 人，女性 231 人。年龄在 10 ~ 20 岁的 24 人，21 ~ 30 岁的

① 《总会馆登记专员行踪》，《华文商报》，1961 年 7 月 3 日。
② 《总会馆登记专员行踪》，《华文商报》，1961 年 7 月 28 日。
③ 《总会馆登记专员行踪》，《华文商报》，1961 年 7 月 21 日。

450 人，31～40 岁的 679 人，41～50 岁的 545 人，51～60 岁的 2 248 人，61～70 岁的 3 860 人，71～80 岁的 1 005 人。加入古巴籍的有 1 955 人，与古巴人结婚的有 954 人，[①] 土生子女 2 690 人。从职业来看，杂货 2 704 人，餐馆 1 162 人，洗衣 1 468 人，生果 945 人，种植 255 人，糖厂 328 人，洋货 52 人，理发 22 人，鸡铺 28 人，其他为职工。[②]

1961 年入埠登记专员发回的报道反映出，古巴华侨华人的经营和生活已经受到影响，尤其是侨商的经营，普遍处于衰落之中。同时，古巴华侨华人之间也存在着亲国民党和亲共产党的不同群体，体现在对总会馆登记的不同态度上。

第四节 古巴革命政府的改革与华侨华人融入古巴社会

古巴革命胜利之后，革命政府进行了全面的改革。改革将华侨华人裹挟在内，为此，华侨华人被更快地整合进古巴社会。

古巴革命后，华侨华人的危机意识使得他们更加主动地谋求在古巴的合法居留权。除了离开古巴的华侨华人，留居古巴的华侨华人几乎都获得了永久居留权。古巴也给予包括华侨在内的外侨申请居留权诸多便利。更多的古巴华侨认识到入籍的重要性。入籍的古巴华人拥有古巴公民权。但总体来看，入籍的古巴华人人数不多。1961 年参加古巴中华总会馆登记的 9 002 人中，入籍者为 1 955 人，约占总登记人数的 22%。

古巴革命政府成立之后，致力于消除种族歧视和差异，有居留权的外侨得以享有古巴的各项权利。如 1960 年的城市改革法，古巴内政部规定，外国侨民如已领取居留证者能享受城市改革法例之权益，如外侨是无居留权者则不能享受。由于美国的封锁，古巴粮食和日用品紧缺，1962 年 3 月，古巴开始实行分配粮食及日用品制度。华侨华人也领取配粮证，凭证件获得食物及日用品。长期以来，为保护古巴人的就业，古巴实施五十工例，古巴政府的劳工登记将华侨排除在外。但革命后华侨也能参加劳工登记，由政府分配工作。1962 年 8 月，为便利华侨登记，中华总会馆曾以“有小部分华侨对于言语上有所未明，深恐填报起来，或失正确”为由，请求古巴劳工部派人到中华总会馆办理登记工作，获得劳工部同意。

古巴华侨华人的族裔经济逐渐被古巴社会主义改革打破并强制改造。华侨华

① 原文称“此数不是正确，因有很多侨胞不愿填报”。

② 《总会馆一年侨务公告》，《开明公报》，1962 年 1 月 22 日。

人经营的公司、杂货店、洗衣馆、咖啡馆等逐渐被收归国有或改造成合作社。留在古巴的华侨华人同普通古巴人一样，要么在合作社或政府部门工作，要么领取国家发给的退休金或抚恤金。据黄宝世先生的家信："须知自从一九六八年所有大小商业收归国有，甚至瓜菜园没收，我们侨胞除小部分年青的在政府商店做工外，其余倚赖六十元退休金维持生活。而旧时没有正当商业，无权领取退休金者大不乏人，后来政府给回廿元为养老费。有许多老侨因廿元养老费不够用，食粮太劣，自动入了老人院颐养晚年。就领到六十元计算，每天只两元，有许多侨胞烟酒两瘾，当然不能够用。事因政府每星期配给烟仔一包，大烟一只。照官价收，烟仔每包二毛，大烟一毛五；另有种官价自由发卖，烟仔每包一元六，大烟每支八毛，烈酒每寸二十二元或卅元不等。"①

受经济上被整合的影响，古巴华侨的职业性侨团被改造或自行解散。由于华侨华人的商业被收归国有，中华总商会被奉令改为古巴华商总会。同时，华侨蔬菜同业会解散。

蔬菜生产联合会启事②

本会于一九六二年八月十六日晚，在八十八号园开会，经全体会员讨论，认为现由全国小农协会领导生产，对本会无存在必要，议决将会务结束，并将存款除首先发还会员基金外，余照经费收条（甲乙丙丁）四级发还会员收领，并即日结束会务，特通告。全体会员先生：

本会存款一千六百九十八元六毫，发还会员基金卅八份一百九十六；支回甲等会员九份，每份一百〇四；支回乙等会员九份，每份五十二元〇二，支回丙等会员二份，每份二十六元〇一；支回丁等会员四份，每份一十三元。

经手人陈瑞燕启

一九六二年八月廿日

随着合作社的推广，中华颐侨院也成立了合作社。由于华侨华人经济被古巴国家控制，华侨华人社会自行维持颐侨院已渐趋困难。最初，颐侨院靠华侨华人捐白米和古巴福利部门的支持，得以勉强维持。从 1964 年 1 月起，古巴卫生部每月补助颐侨院经费 2 500 元，同时多次拨发物资赠送给颐侨院。总体来说，古巴革命后，随着华侨华人经济被控制，华侨华人社会亦渐趋解体。

鉴于突变的形势，一部分华侨华人选择离开。留居古巴的华侨华人则与古巴

① 黄宝世先生家信（1973 年 7 月）。家信全文可见于黄卓才：《鸿雁飞越加勒比——古巴华侨家书纪事》，广州：暨南大学出版社，2011 年，第 291 页。

② 《蔬菜生产联合会启事》，《开明公报》，1962 年 8 月 24 日。

人一样，参加义务劳动、群众聚会游行等，参与到古巴社会主义革命中。1962 年，古巴开展民众下乡劳动，中华总会馆组成华侨义务劳动队参加工作。为保卫古巴革命，1962 年，古巴各地纷纷成立保卫革命委员会。哈瓦那华区也积极筹组保卫革命委员会，拟以在反巴蒂斯塔独裁斗争中牺牲的华裔尼度·陈命名。古巴各种全国性的活动，华侨华人参与度均极高。1959 年 7 月，中华基督教堂长老苏民治博士出席全古基督教代表大会。1959 年，古巴第二十五届零沽商人代表大会在奥连特省圣地亚哥市举行，中华总商会派代表朱秋垣、李崑玉、关鸣谦出席。1960 年古巴全国篮球赛事邀请华侨球队参加。1960 年 2 月 12 日，中华总会馆举行华侨花车皇后加冕礼，古巴 CMO 电视台播放。1960 年 3 月，古巴举行全国儿童庆会，中华学校师生参加。1964 年，古巴举行全国乒乓球比赛，华裔青年关健生获得冠军。

由于 1950 年代一批新侨入境，古巴华侨华人与华人妇女结婚的人数较前一时期有所增多。但是，华侨华人与古巴人结婚的依然为数不少，族际间的通婚仍十分普遍。由于很多古巴华侨为单身或家庭在中国家乡，他们为防老往往收土生华裔青年或古巴人为谊子或谊女。同时，华侨华人与古巴人的关系十分融洽。1959 年 6 月 4 日，开明公报刊登《押度女芋埠西人对我侨之大义》一文，内称：“有侨胞许悦，在埠上历有年所，不幸于今年正二月之交，其住屋被焚，无处居住。幸得中西人士怜其苦境，全部西人与侨胞倡议捐款，集得二百余元，交他赁回屋宇居住。又有侨胞苏信佳，其生意亦惨被烛融光顾，乃开庆会募款，每券一元，中西人士热心购销，立集一笔可观之款，恢复其营业，可见该埠西人与我侨之好感与其大义……”①

在社会习俗方面，古巴华侨华人逐渐向当地社会靠拢。自契约华工时代起，契约华工就被要求信奉天主教。华工要想获得自由和结婚，都需要接受洗礼。20 世纪 20 年代，中华基督教会和天主教会成立，许多土生华裔婴孩出生后即接受盥首，华文报纸对此有诸多报道。从婚俗来看，古巴华侨华人结婚几乎都采用西式婚礼，男士穿西装系领带，女士着白色婚纱，切蛋糕、度蜜月是婚礼的常规项目。但从婚礼贺礼看，有送礼金的，也有送中国传统物产的。

综上所述，古巴革命之后，华侨华人正式获得了合法居留权。有居留权的华侨华人享有各项权利。华侨华人在经济上被整合，职业性侨团逐渐改变或瓦解。从社会参与来看，华侨华人参与到古巴的各项活动中。与古巴人一样，华侨华人也领取国家分配的粮食，在合作社做工或领取国家发放的退休金或抚恤金。华侨华人与古巴人相处总体融洽，某些社会习俗也逐渐向西方靠拢。

---

① 《押度女芋埠西人对我侨之大义》，《开明公报》，1959 年 6 月 4 日。

但是，在身份认同上，古巴革命之后的大多数华侨华人仍认同自己为中国人。从古巴华文报纸的报道看，华侨华人自称为我侨，对古巴人则称呼为西人、土人等，明显还存在着认同上的隔阂。在政治认同上，第一代华侨华人移民仍然认同中国，亲国民党的认同台湾当局，亲共产党的认同中华人民共和国。但土生华裔则有分化，大部分认同古巴，小部分仍认同中国。尽管土生华裔已为数不少，但第一代移民仍在华侨华人社会中占主导。古巴革命之后，华侨跨国家庭仍然继续维系。尽管古巴严厉控制外汇，但在中古友好时期，华侨华人获得特殊照顾，古巴政府拨给华侨华人一定额度的外汇供侨汇所用。另一方面，来自祖籍国的拉力仍在。中华人民共和国驻古巴使领取代台湾当局驻古巴使领。

移民融入居留地社会是一个双向互动的过程。古巴革命之后，这种双向互动加强。在华侨华人主动融入古巴社会的同时，革命政府的改革和政策也将华侨华人纳入其中。李安山认为，华人融入居留地社会的过程分为三步：生存、适应和融合。五种相关因素影响着华人的融入：改变自己以适应新环境、异族通婚、华裔成为融合的桥梁、国家政策的引导、华侨华人以积极方式赢得主流社会的认同。[①] 从这几种因素看，古巴革命后的华侨华人正在积极融入当地社会。

小　结

由于古巴在20世纪上半期发生多起政变，政权更迭频繁，华侨华人最初对卡斯特罗领导的革命没有过多的关注。在古巴革命政府成立后，从卡斯特罗发表的讲话和新政府颁布的政纲中，华侨华人逐渐注意到此次革命与以往政变的不同之处。总体来看，与绝大多数古巴人民一样，大多数古巴华侨华人对革命后的改革持期盼态度，对革命的远景抱有美好的愿望。但革命造成的动荡与经济的凋零，以及改革措施对华侨华人的生活经营造成的直接影响，令他们也充满了焦虑和危机感。在革命的初期，他们在观望中以积极友好的态度与新政府开展合作。随着改革的深入，对华侨华人的影响日益增大。古巴1959年革命后进行的改革，主要是对价格的调整和改革。古巴逐渐取消市场经济，走向计划经济，逐步国有化，消灭私有工商业，这对从事小商业的侨商影响巨大。

古巴革命使华侨华人产生强烈的生存危机感，一部分人选择离开古巴，更多的人则继续留在古巴。就留居古巴的华侨华人而言，危机意识加速了他们主动融

① 李安山：《拉丁美洲华侨华人现状与发展趋势：定居、适应与融合》，国务院侨办项目2007—2008年课题研究调研报告。

入古巴社会的进程，一方面体现在积极取得永久居留权，另一方面则是较过去更为积极地参加到古巴的各种活动中。同时，与之前不同，革命政府实施外侨居留证法，开始将外侨也纳入整个国家之中。华侨华人与古巴政府和国家的联系，明显比革命前增多。

但值得注意的是，古巴革命之后华侨华人产生的危机意识，加速了他们主动融入当地社会的进程。革命政府随之实行的各项改革，强制性地将包括华侨华人在内的所有古巴居民纳入并整合进古巴社会。因此，古巴革命之后华侨华人的融入，并非完全是一个自然融合的进程，在融入进程中，突发事件和外力起了加速的作用。

余 论

第一节 结 语

本书以古巴华侨华人与当地社会的关系为主线，系统梳理了华侨华人在古巴的历史。在通盘审视华侨华人在古巴的历史后，笔者发现，总体来说，古巴华侨华人融入当地社会经历了一波三折的过程。19 世纪的契约华工和加利福尼亚（华）人在 1902 年古巴共和国成立后基本融入了当地社会。而在 20 世纪上半期，以新移民为主体的古巴华侨华人似乎与古巴社会有着隐约的疏离。1959 年古巴革命后，留居古巴的华侨华人加速了主动融入的步伐，在古巴革命政府的改革中被整合进古巴社会。

古巴华侨华人融入当地社会为何会经历如此曲折的历程？笔者认为，个中原因极其复杂。

首先，不同时期进入古巴的不同移民群体的巨大差异性是值得考量的因素之一。如前文所述，历史上的古巴华侨华人主要由 3 大群体构成：19 世纪的契约华工、加利福尼亚（华）人和 20 世纪的自由移民。这 3 个群体本身存在巨大的差异性。就 19 世纪中期开始大规模进入古巴的契约华工来说，他们并非严格意义上的移民，而是古巴应急性地为蔗糖经济发展补充劳动力而引进的外来劳工。各种资料显示，古巴契约华工很多是被坑蒙拐骗卖给招工所的，因此很多人是非自愿到古巴的。契约华工在古巴的命运普遍十分悲惨。有学者认为，契约华工在古巴的种族阶序中，处于白人和黑人之间的中间地位；也有学者认为，契约华工与同在蔗糖种植园中劳作的黑奴的遭遇并无差异，有时候甚至地位比黑人更低。尽管学界关于契约华工身份性质的争论至今仍无定论，但毋庸置疑的是，古巴契约华工的实际遭遇着实悲惨，单是其在古巴的高死亡率就足以说明一切。由美国转移到古巴的加利福尼亚（华）人完全迥异于契约华工，他们属于趋利避害的再移民群体。通过在美国的打拼和积累，到古巴的加利福尼亚（华）人普遍携有一些资财，具备在古巴进行商业投资和再定居的能力。不论从经济还是从社会地位来说，加利福尼亚（华）人较契约华工都要高出许多。有学者也因此提出，加利福尼亚（华）人的到来，重塑了中国人在古巴的形象。加利福尼亚（华）人来到古巴，不仅带来了资本，也带来了与美国华侨华人社会以及中国香港、广东的跨国联系。这种跨国联系，是导致自20世纪初中国新移民陆续从广东来到古巴的重要因素之一。20世纪到古巴的自由移民，主要是广东五邑地区的农民。从某种意义上说，他们是为寻求更好的生活而自愿到古巴的跨国劳工。他们往往保持着与家乡亲人的联系，绝大部分希望在古巴积累财富后衣锦还乡。这3大群体本身的差别，使得古巴华侨华人融入当地社会的总体进程呈现出断裂和波折的特征。

其次，不同移民群体进入侨居地社会的断续和渐次性也是引致古巴华侨华人融入当地社会曲折历程的重要因素。契约华工、加利福尼亚（华）人于19世纪中后期先后去到古巴，其中，契约华工主要集中在1847—1874年间，加利福尼亚（华）人主要集中在1860—1875年间。进入20世纪，中国自由移民大量进入古巴，尤其以"一战"前后的1917—1925年间为高峰。这3大群体进入古巴时都呈现出某一阶段人数陡涨至高峰的特点，反过来说这实际上体现出一种断续的非连贯性。这种断续使得不同移民群体处于"生存—适应—融合"的不同阶段。前文所述的不同群体的巨大差异性，加之进入古巴的非连贯性和渐次性，也使得古巴华侨华人融入当地社会体现出断续的曲折特征。

再次，从19世纪到20世纪，古巴国内形势的巨大变化对华侨华人的融入进程也产生着重要的影响。一般来说，外来移民与当地社会的互动关系是双向的。除了华侨华人本身自我调适，以适应并融入当地社会外，侨居社会对待外来移民的态度也对华侨华人的融入产生十分重要的影响。总体上说，19世纪的古巴对中国劳工是持欢迎态度的，所以他们主动积极到中国引进劳动力。对于加利福尼亚（华）人的到来，当时的古巴也并非排斥。而进入20世纪之后，尤其是在美国占领时期颁布第155号令限制中国人入境古巴之后，古巴基本上对中国移民持排斥和限制的态度。在20世纪二三十年代，古巴多次爆发排华风潮，反映出部分古巴人对中国移民的排斥态度。这种排斥态度是导致20世纪上半期古巴华侨华人与古巴社会疏离的因素之一。

笔者认为，总体上来说，前述3点是导致古巴华侨华人融入古巴社会的总体进程呈现曲折特征的重要因素。但不同时期，影响古巴华侨华人融入的具体因素各不相同，下文将作具体解析。

19世纪中后期，幸存下来并留在古巴的契约华工和加利福尼亚（华）人为何能顺利融入古巴社会？李安山曾以生存、适应与融合为主线，考察了牙买加华人在牙买加的生活和发展历史，描述了100多年来牙买加华人社区的起源、适应、融合与身份认同变化的过程。[①] 同样，古巴华侨华人也经历了一个生存、适应和融合的过程。无疑，能够幸存下来并继续留居古巴的契约华工的生存和适应能力是极强的。为继续在古巴生存和发展，获得自由的契约华工各显神通，主要靠出卖劳动力维生。根据洛佩斯的研究，工人帮伙在契约华工结束契约之后向自由劳工转型过程中起着重要作用。通过各种途径积累下资本后，一些前契约华工开始涉足小商业，开设小店，为后来的哈瓦那唐人街奠定了雏形。加利福尼亚（华）人到来后，带来的资本和跨国联系使得古巴华侨华人经济迅速发展。一部分获得自由的契约华工在获得经济地位和社会地位向上流动的同时，与古巴妇女的通婚率也有所增加。更重要的是，1868 年古巴独立战争爆发后，大量契约华工加入反抗西班牙殖民统治的战斗中，与参加战争的白人、黑人、印第安人一起浴血奋战，最终取得了古巴的独立。独立战争为古巴人民的联合打下了基础。而契约华工参加古巴独立战争，为他们被整合进古巴社会奠定了基础。独立战争之后，古巴面临着国民身份的重建和整合。契约华工和加利福尼亚（华）人在这次整合中，获得了新的社会地位和公民权利。因此，与美国的华侨华人不同，古巴华侨华人很早就曾获得了选举权和被选举权，这为老一辈土生华裔［契约华工和加利福尼亚（华）人的后代］顺利融入古巴社会奠定了良好基础。

在老一辈契约华工和加利福尼亚（华）人的后代逐渐融入古巴社会的同时，20 世纪初陆续来到古巴的自由新移民逐渐增多。尤其是到 20 世纪 20 年代，数万新移民到来，使得他们成为古巴华侨华人社会的主角。与拥有公民权利和政治权利的老一辈土生华裔不同，20 世纪新到古巴的自由新移民作为第一代移民，首先面对的是生存和适应问题。他们改组并复兴 19 世纪后期古巴先侨成立的各种侨团组织，并逐渐在小工商业领域立足，开设起数千家粮食杂货店、生果店、洗衣店、餐馆和菜园等，成为当地经济的重要组成部分。在社会文化生活方面，古巴华侨华人在继续保持中华传统文化之外，在婚俗和宗教信仰方面受古巴当地社会影响巨大。同时，华侨跨国家庭的大量存在，使得他们一直保持着与中国的联系。而 20 世纪上半期中国兴起的民族主义，也影响到古巴的华侨华人。来自中国的拉力，使得华侨华人与当地社会有着一定的疏离感。而这种疏离感，在古巴对华侨华人入境的限制和排华风潮之下加剧。为应对古巴的排斥性政策与活动，古巴华侨华人进一步团结起来，强化自己的侨民身份，寄希望于中国使领的交涉；同时实行国民外交，通过私人之间的感情这种非正规渠道，来改善不利处境；另外也注意加强对外沟通和宣传，希望得到侨居地社会的接纳。但古巴华侨

① 李安山：《生存、适应与融合：牙买加华人社区的形成与发展（1854—1962）》，载《华侨华人历史研究》2005 年第 1 期。

华人加强与中国的联系以力图改善在古巴的境遇的做法，使得古巴人进一步视华侨华人为外国人，这进一步加剧了双方的疏离。在20世纪上半期，来自中国的拉力和古巴的推力，使华侨华人未能顺利融入古巴社会，但他们渴望被古巴社会接纳。

1959年古巴革命后实施的改革，对古巴华侨华人影响巨大。在古巴革命胜利初期，与绝大多数古巴人民一样，大多数古巴华侨华人对革命后的改革持期盼态度，对革命的远景抱有美好的愿望。但革命造成的动荡与经济的凋敝，以及改革措施对华侨华人的生活经营造成的直接影响，也令他们充满着焦虑和危机感。在革命的初期，他们在观望中以积极友好的态度与新政府开展合作。古巴革命使华侨华人感到强烈的生存危机感，一部分人选择离开古巴，更多的人则继续留在古巴。就留居古巴的华侨华人而言，危机意识加速了他们主动融入古巴社会的进程，一方面体现在积极取得永久居留权，另一方面则是较过去更为积极地参加到古巴的各种活动中。同时，与之前不同，古巴革命政府实施外侨居留证法，开始将外侨也纳入并整合到整个国家和社会之中。华侨华人与古巴政府和国家的联系，明显比革命前增多。

古巴革命之后，华侨华人是否已经融入古巴社会？老一辈土生混血华裔及其后裔无疑早已顺利融入，他们是名副其实的古巴人，与华侨华人社会基本无甚往来。新一代土生华裔也顺利融入当地社会，尽管少数人仍与华侨华人社会有所往来。作为第一代移民的20世纪新移民则比较复杂。尽管被古巴革命和改革所整合，但他们在认同上尚未改变。如果说身份认同和政治认同才是更深层次和更彻底的融入，那么20世纪新移民尚未完全融入古巴社会。

第二节　对华侨华人与古巴性问题的思考

何谓古巴性（Qué es la cubanidad）?① 古巴著名历史人类学家费尔南多·奥尔蒂斯（Fernando Ortiz）在其《古巴性的人种因素》（Los factores humanos de la cubanidad）中提出，古巴性即是“古巴人的特质”，或者说是他们的性格、他们的特征、他们的性质、他们的特性、他们在宇宙中的个性。费尔南多·奥尔蒂斯

① 西班牙语 cubanidad、cubanía、cubaneo 都可以翻译成英语 Cubanness，笔者将其译为“古巴性”。三者的词义有所差别。cubanidad、cubanía 用于与国民身份有关的表达，强调的是政治实体；而 cubaneo 则指一个典型的古巴人的行为表达方式等，强调的是社会文化。其中最早和最广泛使用于表达古巴性的是 cubanidad。Fernando Ortiz 曾提到，Cubanía 是更高层次、更复杂的 cubanidad（una cubanidad plena，sentida，consciente y deseada）。但现在谈论古巴性时，cubanidad、Cubanía 常互换使用。

用古巴的一道名菜 ajiaco① 的做法，形象描绘了古巴民族的融合。他认为，不同时期进入古巴的不同族群，包括美洲土著印第安人、欧洲白人、非洲黑人和黄种亚洲人，共同融合并形成了古巴民族。② 其中，亚洲人的成分主要是指中国人。

致力于研究美国对古巴影响的著名美国学者路易斯·佩雷斯（Louis A. Pérez）认为，尽管美国对古巴国民性的影响很早，但这并不意味着没有其他的精神和物质因素影响古巴国民性的形成。相反，不同国家、种族和民族成分的融合共同形成了古巴民族。这些成分包括欧洲的，主要是西班牙，其次是法国和意大利，也包括非洲，最后是中国。所有这些因素在不同程度、不同时间、不同的人群中对最后形成的古巴民族性产生了一定影响。③

在长达 100 多年的移民史上，古巴华侨华人与白人、黑人、穆拉托人通婚，使古巴民族中融入了华人的血统与基因。而古巴性的本质即是混血（mestizaje）。因此，探讨古巴性的人种构成因素，无疑绕不开华侨华人。古巴学者、美国学者都承认，华人是古巴民族性的组成要素之一。

弗兰克·F. 舍雷尔提出："古巴的文学、诗歌、音乐、绘画以及与古巴人的谈话都清楚地表明，古巴性包括三种成分：西班牙的、非洲的、中国的。但这一看法明显有悖于古巴精英的观点。无论是过去还是现在，古巴的精英都拒绝将中国人的成分纳入古巴性的范畴之中。"他认为，费尔南多·奥尔蒂斯在其早期著作中只提到古巴性的 3 种成分：印第安的、西班牙的和非洲的，后来才扩展到 4～5 种，加上了大陆欧洲人（Ultrapirineic Europeans）和蒙古利亚黄种人（yellow mongoliods）。他虽然将黄种人视为古巴性人种要素的一部分，但将其放在最后的位置并只用了最短的篇幅来表述，这被舍雷尔看作是他对中国性的科学擦除（scientific erasure）。

班国瑞认为，舍雷尔的这种说法有失公允。费尔南多·奥尔蒂斯在谈论古巴性的人种因素时，确实提到了华人的因素。另一位古巴历史人类学家赫苏斯·关彻（Jesús Guanche），在 1983 年谈到古巴文化的构成时也提到中国文化的影响。他认为，古巴文化的多种来源包括印第安的、西班牙的、非洲的、法国的、海地的以及中国的成分。④ 洛佩斯也认为，古巴独立战争结束后，因为他们对独立运动作出的贡献，华人开始被纳入古巴性的概念中。但将中国人视为古巴国民性的基本成分的看法，受到另一种将中国人视为外人的看法的威胁。

---

① 古巴的国菜：乱炖，把所有的蔬菜和肉一起炖。

② Fernando Ortiz, Los factores humanos de la cubanidad, http://www.perfiles.cult.cu/articulos/factores_cubanidad.pdf

③ Louis A. Pérez, *on becoming Cuban: identity, nationality, and culture*, p. 9.

④ Mauro García Triana and Pedro Eng Herrera, *The Chinese in Cuba, 1847－now*, p. xxxiv.

洛佩斯的看法比较符合历史。由于古巴契约华工对古巴的经济发展、独立运动作出巨大贡献，并在后契约华工时代逐渐融入古巴社会，因此，在古巴共和国时期，华人被视为古巴国民性的基本成分。但随着20世纪上半期自由新移民的进入，尽管他们努力适应在古巴的生活，但其言行强烈地反映出其认同中国，并体现出“暂居者”的特质，彼此间的疏离令古巴人开始重新审视中国人，由此也导致古巴人对中国人的看法出现新的变化。

笔者认为，古巴学者在谈论古巴性时确实谈到华人因素，但一般放在最后的位置，其可能的原因包括：①古巴华侨华人的人数规模较小。从古巴的人口统计数据看，1899年华侨华人人数占古巴总人口的0.9%，到1981年，华侨华人人数占古巴总人口的比例下降至0.1%。20世纪20年代之后，古巴华侨华人人数从6万下降至3万。[①] ②尽管古巴华侨华人为古巴作出了不容忽视的贡献，对古巴的经济、文化等都有所影响，但20世纪上半期华侨华人新移民的认同、他们的暂居者特质，也令古巴学者在论述时难以拿捏和把握。③尽管古巴学者对古巴华侨华人的研究，紧随中古关系的变化，经历了一个“热—冷—热”的过程。但总体来说，学术界对古巴华侨华人的研究依然不够多，也不够深入，使得华侨华人在古巴历史上的地位和贡献鲜为人知。

第三节　古巴华侨华人的现状

自1959年古巴革命之后，鲜有中国新移民到古巴。随着部分古巴华侨华人再移民到美国、加拿大和其他拉美国家，加之老一辈古巴华侨华人逐渐年老逝世，古巴华侨华人人数急剧下降。据古巴官方1999年统计，当年在古华侨华人不足1 000人，混血华裔约20 000人。[②] 2002年在古巴中华总会馆登记的2 866名会员中，只有314人出生在中国。[③] 据古巴中华总会馆书记周卓明介绍，目前出生在中国的古巴华侨华人特别少，全古巴只有200人左右，而且平均年龄在70岁以上；第二代古巴土生华裔有4 000人左右，平均年龄在40岁以上，有部分懂中文；第三代和第四代华裔估计有1万~2万人，已经不懂中文。

① Mauro García Triana and Pedro Eng Herrera, *The Chinese in Cuba*, 1847 – *now*, p. xiv.

② 周莉：《古巴华社掠影》，《侨务工作研究》2004年第5期。可见于 http://qwgzyj.gqb.gov.cn/hwzh/120/475.shtml。关于古巴混血华裔的人数有不同说法，有的说有10万，也有的说有50万。

③ Yanet Jiménez Rojas, “Casino Chung Wah.” In Las sociedades Chinas: Pasado y presente, Cátedra de Estudios sobre la Inmigración China en Cuba, Casa de Altos Estudios Don Fernando Ortiz (CD). 转引自 Kathleen Lopéz, The Revitalization of Havana's Chinatown: Invoking Chinese Cuban History, *Journal of Chinese Overseas*, No. 5, 2009, p. 189.

出生在中国的老一辈华侨华人多已退休。沿袭古巴华侨华人社会100多年的传统，孤苦无依的老侨进入颐侨院养老。据报道，古巴华侨华人社团成立了“老人之家”、“民治党公所”和“龙冈公所”3家福利院，为没有生活能力的老人提供衣食和住宿。[①]

古巴华裔多为混血，其汉人体貌特征并不明显，他们在古巴的生活与普通古巴人也并无二致。华裔的职业分布广泛，除3位著名的古巴华裔将军阿曼多·蔡[②]、古斯塔沃·崔[③]、莫伊塞斯·邵黄[④]外，多位华裔知名人士活跃在古巴文化艺术界，如林飞龙[⑤]、弗洛拉·冯[⑥]、马前溪[⑦]、中山·张·奥利瓦[⑧]、奥斯卡·费尔南德斯·钟[⑨]、奥斯瓦尔多·钟·卡里诺[⑩]、胡戈·张[⑪]、林兹·张[⑫]、劳尔·钱[⑬]、帕洛玛·曼福伽斯·黄[⑭]等。

近年来，随着古巴对外开放程度的扩大，一些中国新移民开始到古巴寻找商机。目前在古巴的新华侨华人移民很少，据估计仅20人左右。中国新移民主要开设中餐馆。天坛饭店、双龙饭店是古巴比较知名的中餐馆，其服务人员为华裔。有的新移民从事贸易，如鞋业。还有新华侨华人在哈瓦那经营旅游公司。

相比昔日的风华和繁荣，今天的哈瓦那唐人街也不再是华侨华人聚居之地。

---

① 张泳、殷永建：《古巴华侨华人喜迎新年　家庭团聚是头等大事》，新华网，2011年12月27日。

② Armando Choy（1934—　），古巴著名华裔将军，祖籍广东番禺。1934年生于古巴拉斯比亚斯省，曾担任古巴驻佛得角大使，哈瓦那港口运输部代表，哈瓦那港湾及其流域的卫生、保护及发展集团主席。

③ Gustavo Chui（1938—　），1938年生于古巴圣地亚哥市，曾任革命军空军部参谋部副参谋长。1986年崔被派往安哥拉担任副总参谋长。1990年初，当古巴革命战士联合会（1993年成为正式国家机构）在比那尔德里奥省作为试点项目设立的时候，崔负责在协会领导层的财务供应部担任领导。

④ Moisés Sío Wong（1938—2010），古巴著名华裔将军，祖籍广东增城，中文名邵正和。1938年生于古巴马坦萨斯省，曾任古巴国家储备局局长和古中友好协会主席。

⑤ Wilfredo Lam（1902—1982），古巴著名华裔画家，1902年生于古巴大萨瓜市，1982年在巴黎去世。被誉为20世纪古巴最伟大的艺术家，其父亲是中国血统，母亲拥有古巴、非洲血统。

⑥ Flora Fong（1949—　），古巴著名女画家和雕塑家，祖籍广东台山，中文名邝秋云。1949年生于古巴卡马圭，毕业于哈瓦那国立艺术学校。其作品在古巴、美洲、欧洲很有影响，被古巴国家美术博物馆、中国人民大会堂以及法国、西班牙、葡萄牙、日本、墨西哥、委内瑞拉、巴拿马、瑞典、韩国、美国等地的博物馆和机构收藏。

⑦ 1948年生于古巴哈瓦那，曾任教师、影像设计师、影评家、古巴文化部官员、电视记者等。1999年，他参与第一部中国与古巴合作的电影《龙之春》拍摄，此后又拍摄《花旦回来了》等以古巴华人为主题的作品。他被称为为古巴华人立传的华裔导演。

⑧ Yat-Sen Chang Oliva（1970—），古巴著名芭蕾舞演员。1970年生于古巴马坦萨斯。曾就读于古巴国家芭蕾舞学校，并加入古巴中央芭蕾舞团。现为英国国家芭蕾舞团主要演员。

⑨ Oscar Fernández-Chuyn，艺术总监、平面设计师和插画家。现居美国迈阿密。

⑩ Osvaldo Chong Carrillo，画家和插画家。生于1967年，毕业于古巴圣亚历汉德罗艺术学院。

⑪ Hugo Chang，摄影师、平面设计师。现居美国迈阿密。

⑫ Lienz Chang，芭蕾舞演员。

⑬ Raul Chael，建筑设计师。

⑭ Paloma Manfugas Hung，钢琴家。

1993 年，古巴华裔向中古友好协会发起复兴哈瓦那唐人街的请愿。1995 年，哈瓦那华区促进会（El Groupo Promotor del Barrio Chino de la Havana）成立，旨在复兴哈瓦那唐人街的经济和文化。华区促进会由古巴政府直接掌控，其工作人员领取政府人员工薪。政府每年拨给该会一定的活动经费。该会的领导班子也由政府任命。在成立之初，华区促进会曾开展各种形式、各种类型的大型活动。华区促进会曾办有武术学校、舞狮队、粤剧班、中国商业一条街和一所华文学校。[①] 但据介绍，2007 年后，华区促进会的工作日益停滞。1999 年，哈瓦那大学设立古巴中国移民研究机构（Cátedra de Estudios sobre la Inmigración China en Cuba），加强对古巴中国移民的研究。此后，古巴出版了多部有关古巴华侨华人的著作。

与 20 世纪上半期最为风光的时期相比，古巴华侨华人社团也大幅萎缩。目前，古巴主要侨团包括中华总会馆、洪门民治党、古巴华侨社会主义同盟。其他社团为姓氏和地域性团体，如黄江夏堂、李陇西公所、九江公会、龙冈公所、余风采堂、安定堂、朔源堂、至德堂、陈颖川堂和中山自治所。

中华总会馆是古巴华侨全国性最高机构，设在古巴首都哈瓦那，在比亚克拉拉省设有一间中华会馆分馆。每逢中古两国重大节日，总会馆均举行庆祝活动，平时负责处理侨务，领导中华药店、中华书店、《光华报》，管理中华义山和办理华侨回国及各种福利事务。尽管中华总会馆经费有限，但每年国庆、元旦、春节、儿童节等节日，都组织庆祝和娱乐联谊活动。中华总会馆每周安排医师为华侨华人进行义诊，每月还定期组织播放中国电影、纪录片等。随着中古合作交流增多，中华总会馆还配合中国驻古巴大使馆组织欢迎和接待我国访古的各种团体。

古巴洪门民治党是古巴第二大侨团，总部设在哈瓦那，另在比亚克拉拉省、圣地亚哥、关塔那摩和谢戈德阿维拉设有 4 间分部。古巴洪门民治党重视兴办公益福利事业，并致力于团结古巴华侨华人，维护他们的合法权益，以及促进古巴与中国的友好关系。2004 年前后有会员 300 多人。2012 年，古巴洪门民治党举行了成立 125 周年庆典。

古巴华侨社会主义同盟是古巴华侨华人社会中规模较大且有一定影响的社会团体之一。2004 年前后有盟员 150 人。古巴社会主义同盟注重文化事业，办有一小型中文图书室，大部分为我驻古使馆赠书，也自行收集各类中文书刊报纸。

古巴华侨华人对中华传统文化的保持和坚守令人钦佩。古巴华侨华人顽强保留中华文化传统最为突出的表现是坚持印刷出版《光华报》。据报道，《光华报》

① 周莉：《古巴华社掠影》，《侨务工作研究》2004 年第 5 期，可见于 http：//qwgzyj. gqb. gov. cn/hwzh/120/475. shtml。

印刷车间使用的是20世纪20年代一台老掉牙的印刷机和残缺不全的铅字，低劣的纸张由古巴政府定期提供，有时候还因为纸张短缺而停止出版。《光华报》的消息来源于新华社、中新社和古巴当地报纸，也有古巴华侨华人自己撰写的文章和华区消息。由于很多华裔不懂中文，《光华报》用中文和西班牙文双语印刷。现在，保持中国传统和文化被古巴第一代华裔视为最重要的任务。哈瓦那华区中国艺术与传统之家（Casa de artes y tradiciones chinas）常年开设针对不同年龄段和汉语水平的中文班。每逢中国节日，古巴华侨社团组织舞龙舞狮表演，几位高龄女华裔还能够表演粤剧。中国武术在古巴的推广极富成效。古巴武术学校成立于1995年，教授棍术、刀术、醉拳、太极扇和养生气功等。据称在该校学习过和正在学习的学生有8 000多人，主要是古巴人。

目前，古巴华侨华人正竭力传承中华文化，维系着这个族裔在古巴的存在和印迹。个人的命运与国家的发展息息相关，这一点在古巴华侨华人身上体现得淋漓尽致。华侨华人参加古巴独立战争，为古巴独立浴血奋战，赢得“没有一个华人是叛徒，没有一个华人是逃兵”的赞誉。华侨华人参与古巴的建设和发展，无数华侨华人在古巴岛上终老长眠。世易时移，命运难料。经历过20世纪上半期哈瓦那唐人街盛世繁华的古巴华侨华人绝不曾想到，在2011年的春节自己的同胞会留下这样的慨叹：“一杯浊酒家万里，孤穷羁客归无计，多愁恰似春江水，艰难穷月苦生涯，朝候膳堂嗟来食，夜对残烛暗悲凄，但得上苍降金雨，天下贫困尽开颜。”[①] 2011年4月，古巴共产党召开第六次全国代表大会，开始进行谨慎而缓慢的政治经济改革。目前，古巴已经允许房屋、汽车买卖，允许承包田地种植作物，允许经营餐馆、商店等行业，农贸市场也更加活跃。随着古巴的经济转型，古巴华侨华人及其后裔或将在古巴未来的改革中迎来转机，扭转古巴华侨华人社会的颓势。

---

① 《乡思集句》，《光华报》，2011年1月28日。

参考文献

一、工具书

1. 周南京主编:《华侨华人百科全书》(全12卷),北京:中国华侨出版社,1999—2002年。

2. 庄炎林、伍杰主编:《华侨华人侨务大辞典》,济南:山东友谊出版社,1997年。

3. 周惠民主编:《台湾地区馆藏华侨华人研究中文书目汇编》,台北:政治大学历史系,2001年。

4. 徐斌编:《华侨华人研究中文书目》,厦门:厦门大学出版社,2003年。

5. 周南京主编:《世界华侨华人辞典》,北京:北京大学出版社,1993年。

二、古巴华文报纸

1. 《民生日报》(哈瓦那)(1939—1942、1947—1948、1960)。

2. 《华文商报》(哈瓦那)(1941—1942、1947—1949、1952—1961)。

3. 《开明公报》(哈瓦那)(1939—1942、1952—1963)。

4. 《光华报》(哈瓦那)(1959—1969)。

三、民国时期出版物

1. 《申报》。

2. 《南京国民政府外交部公报》。

3. 《华侨先锋》。

4. 《侨务月报》。

5. 《海外月刊》。

6. 《中华全国商会联合会公报》。

7. 《银行周报》。

8. 《中央银行月报》。

9. 《金融周报》。

10. 《江苏省政府公报》。

四、中文著作

1. 陈碧笙:《世界华侨华人简史》,厦门:厦门大学出版社,1991年。

2. 国务院侨办侨务干部学校编著:《华侨华人概述》,北京:九州出版社,

2005 年。

3. 李春辉、杨生茂主编：《美洲华侨华人史》，北京：东方出版社，1990 年。

4. 庄国土：《华侨华人与中国的关系》，广州：广东高等教育出版社，2001 年。

5. 朱国宏：《中国的海外移民：一项国际迁移的历史研究》，上海：复旦大学出版社，1994 年。

6. 颜清湟：《海外华人的社会变革与商业成长》，厦门：厦门大学出版社，2005 年。

7. 颜清湟著，粟明鲜、贺跃夫译：《出国华工与清朝官员——晚晴时期中国对海外华人的保护（1851—1911）》，北京：中国友谊出版公司，1990 年。

8. 黄卓才：《古巴华侨家书故事》，广州：暨南大学出版社，2006 年。

9. 黄卓才：《鸿雁飞越加勒比——古巴华侨家书纪事》，广州：暨南大学出版社，2011 年。

10. ［巴拿马］谭坚（Juan Tam）著，徐光普译：《巴拿马华侨 150 年移民史》，台北：秀威资讯科技股份有限公司，2004 年。

11. 陆国俊：《美洲华侨史话》，天津：天津教育出版社，1991 年。

12. 吴德明：《拉丁美洲民族问题研究》，北京：世界知识出版社，2004 年。

13. ［秘鲁］费尔南多·德特拉塞格涅斯·格兰达（Fernando de Trazegnies Granda）著，竹碧、腊梅译：《沙国之梦——契约华工在秘鲁的命运》，北京：世界知识出版社，1999 年。

14. ［古巴］梅赛德斯·克雷斯波·比利亚特著，刘真理译：《华人在蔗糖之国——古巴》，上海：复旦大学出版社，1998 年。

15. ［古巴］梅赛德斯·克雷斯波·德格拉著，刘真理、王树雄译：《从苦力到主人翁——纪念华人到古巴 150 周年》，北京：世界知识出版社，1997 年。

16. 吴凤斌：《契约华工史》，南昌：江西人民出版社，1988 年。

17. 任贵祥、赵红英：《华侨华人与国共关系》，武汉：武汉出版社，1999 年。

18. 张兴汉、刘兴标：《世界华侨华人概况》（欧洲、美洲卷），广州：暨南大学出版社，1996 年。

19. 沙丁、杨典求、焦震衡、孙桂荣：《中国和拉丁美洲关系简史》，郑州：河南人民出版社，1986 年。

20. 陈翰笙主编：《华工出国史料汇编》（全十辑），北京：中华书局，1980—1985 年。

21. ［美］玛丽—爱丽丝·沃特斯著，王路沙译：《我们的历史并未终结——古巴革命中的三位华裔将军》，北京：知识产权出版社，2008 年。

22. 徐世澄编著：《古巴》，北京：社会科学文献出版社，2003 年。

23. 李春辉：《拉丁美洲史稿》，北京：商务印书馆，1983 年。

24. 傅云龙著，傅训成整理：《傅云龙日记》，杭州：浙江古籍出版社，2005 年。

25. 洪丝丝等著：《华侨与辛亥革命》，北京：人民出版社，1982 年。

26. 福建师范大学历史系华侨史资料选辑组编：《晚清海外笔记选》，北京：海洋出版社，1983 年。

27. 中国第一历史档案馆、福建师范大学历史系合编：《晚清中外使领年表》，北京：中华书局，1985 年。

28. 陈匡民：《美洲华侨通鉴》，纽约：美洲华侨文艺社，1950 年。

29. ［美］斯图尔特著，张铠、沈桓译：《秘鲁华工史》，北京：海洋出版社，1983 年。

30. 张炎宪主编：《中国海洋发展史论文集》（第三辑），台北："中央研究院"三民主义研究所，1988 年。

31. 宋锡人：《古巴华侨史话》，台北：海外文库出版社，1957 年。

32. ［英］莱斯利·贝瑟尔主编，江时学等译：《剑桥拉丁美洲史》（第四卷），北京：社会科学文献出版社，1991 年。

33. 广东省档案馆等合编：《华侨与侨务史料选编》（1、2），广州：广东人民出版社，1991 年。

34. 范若兰：《移民、性别与华人社会：马来西亚华人妇女研究会（1929—1941）》，北京：中国华侨出版社，2005 年。

35. 陈传仁：《海外华人的力量：移民的历史与现状》，北京：世界知识出版社，2007 年。

36. 高伟浓：《拉丁美洲华侨华人移民史、社团与文化活动远眺》（上、下），广州：暨南大学出版社，2012 年。

五、中文论文

1. 林被甸：《跨越太平洋：中国与拉丁美洲的文化交流》，《中国拉丁美洲史研究会第七届会员代表大会暨"拉丁美洲现代化进程研究学术讨论会"论文集》，2007 年。

2. ［美］塔玛·戴安娜·威尔逊著，万红译：《拉丁美洲的东亚移民》，《世界民族》2005 年第 5 期。

3. 毛爱华：《拉丁美洲国际移民现状研究》，《世界地理研究》2006 年第 15 卷第 3 期。

4. 林华：《拉美华人社会在中拉关系发展中的作用》，《“中拉关系 60 年：回顾与思考”论文集》，2009 年。

5. 程晶：《论华侨华人在拉美国家早期现代化进程中的作用》，《“中拉关系 60 年：回顾与思考”论文集》，2009 年。

6. 徐贻聪：《拉美华人社会在中拉关系发展中的作用》，《“中拉关系 60 年：回顾与思考”论文集》，2009 年。

7. 杨安尧：《浅析拉美华人经济》，《八桂侨史》1997 年第 3 期。

8. 朱慧玲：《拉丁美洲侨情现状与特点》，《八桂侨刊》2005 年第 3 期。

9. 丘立本：《拉丁美洲与加勒比地区的国际移民——兼论中国移民的生存发展空间》，《华侨华人历史研究》2007 年第 1 期。

10. 杨安尧：《略谈拉丁美洲的移民环境》，《八桂侨刊》2000 年第 1 期。

11. 江道源：《大帆船贸易与华侨华人》，《八桂侨史》1996 年第 1 期。

12. 张铠：《十九世纪华工与华人对拉丁美洲的历史贡献》，《近代史研究》1984 年第 6 期。

13. 罗荣渠：《十九世纪拉丁美洲的华工述略》，《世界历史》1980 年第 4 期。

14. 沈燕清：《美洲华侨与中医药发展》，《八桂侨史》1998 年第 3 期。

15. 韩振华：《19 世纪古巴华侨苦力与反抗殖民主义的斗争》，《南洋问题研究》1999 年第 3 期。

16. ［古巴］何塞·巴尔塔·罗德里格斯著，李毓中译：《古巴有关华侨的研究现状及书目》，《华侨华人历史研究》1998 年第 2 期。

17. 周聿峨、阮征宇：《当代国际移民理论研究的现状与趋势》，《暨南学报》（哲学社会科学版）2003 年第 2 期。

18. 王莲英：《张荫萌与古巴华侨子女教育》，《兰台世界》2009 年第 21 期。

19. 窦昌荣：《一页华侨的血泪史——读清抄本〈古巴华工呈词节录〉》，《学术月刊》1960 年第 8 期。

20. 张铠：《古巴华工与中古建交始末》，《华侨华人历史研究》1988 年第 4 期。

21. 陈晓燕、杨艳琼：《古巴华工案与晚清外交近代化》，《浙江社会科学》2005 年第 3 期。

22. 王士皓：《晚清外交近代化的天然试验场：对拉丁美洲国家的外交实践》，《拉丁美洲研究》2008 年第 5 期。

23. 毛相麟：《中国和古巴关系的回顾与前瞻》，《拉丁美洲研究》1997 年第 2 期。

24. 王珊珊:《论 19 世纪中期拉丁美洲的契约华工——以古巴为例》,《安阳师范学院学报》2006 年第 1 期。

25. 张铠:《明清时代美洲华人述略——兼论中国古代文明在美洲的传播》,《拉丁美洲丛刊》1983 年第 6 期。

26. 刘文龙:《华夏文化在近代拉丁美洲》,《拉丁美洲研究》1998 年第 4 期。

27. 周莉:《古巴华社掠影》,《侨务工作研究》2004 年第 5 期。

28. [美] 凯瑟琳·玛利亚·洛佩斯著, 谭丽华译:《19 世纪古巴华侨华人与种族联盟透析》, 广东华侨华人研究会编:《"世界海外华人研究学会地区性非洲国际会议"论文摘译》, 香港: 香港社会科学出版社有限公司, 2008 年。

29. 黄作湛:《关于古巴华侨情况的回忆》, 中国人民政治协商会议广东省委员会文史资料研究委员会编:《广东文史资料》(第十四辑), 1964 年。

30. 刘进:《"四邑侨汇为粤省冠"说辨析》,《五邑大学学报》(社会科学版)2005 年第 4 期。

31. 李安山:《生存、适应于融合: 牙买加华人社区的形成与发展 (1854—1962)》,《华侨华人历史研究》2005 年第 1 期。

32. 李安山:《拉丁美洲华侨华人研究概述》,《亚太研究论丛》2004 年第 1 辑。

33. 程映虹:《古巴改革与华侨的命运》,《炎黄春秋》2010 年第 8 期。

34. 张坚:《东南亚华侨名族主义发展研究 (1912—1928)》, 厦门大学博士学位论文, 2002 年。

六、外文著作

1. Banco Interamericano De Desarrollo, *Cuando Oriente llegó a América: Contribuciones de inmigrantes chinos, japoneses y coreanos. Washington*, DC: Inter-American Development Bank, 2004.

2. Baños, Pedro Cosm, *Los chinos en Regla, 1847 – 1997: documentos y comentarios.* Santiago de Cuba: Editorial Oriente, 1998.

3. Benton, Gregor, *Chinese migrants and internationalism: forgotten histories, 1917 – 1945*, London and New York: Routledge, 2007.

4. Bronfman, Alejandra Marina, *Measures of equality: Social science, citizenship, and race in Cuba, 1902—1940.* Chapel Hill: University of North Carolina Press, 2004.

5. Chapeaux, Pedro Deschamps y Juan Pérez de la Riva, *Contribución a la historia de la gente sin historia.* La Habana: Editorial de Ciencias Sociales, 1974.

6. Corbitt, Duvon Clough, *A study of the Chinese in Cuba: 1847 – 1947*, Wilmore:

Asbury College,1971.

7. Ferrer,Ada,*Insurgent Cuba:Race,nation,and revolution,1868 – 1898*,Chapel Hill:University of North Carolina Press,1999.

8. Fraginals,Manuel Moreno,*El ingenio,el complejo economico social cubano del azucar*. La Habana:Comision Nacional Cubana de la Unesco,1964.

9. Fuente,Alejandro de la,*A nation for all:Race,inequality,and politics in twentieth – century Cuba*. Chapel Hill:University of North Carolina Press,2001.

10. García,Cristina. *Monkey Hunting*. New York:A. A. Knopf:Distributed by Random House,2003.

11. Helly,Denise,*Idéologie et ethnicité:Les Chinois Macao à Cuba:1847 – 1886*. Montréal:Presses du l'Université de Montréal,1979.

12. Helly,Denise,*The Cuba Commission Report:A Hidden History of the Chinese in Cuba*,Baltimore:Johns Hopkins University Press,1993.

13. Hui,Juan Hung,*Chinos en America*,Editorial Mapfre,1992.

14. Irick,Robert L,*Ch'ing Policy toward the Coolie Trade:1847 – 1878*,Chinese Materials Center,1982.

15. Jerez,Miriam Herrera y Mario Castillo Santana,*De la memoria a la vida Pública:Identidades,espacios y jerarquias de los Chinos en la Habana Republicana (1902 – 1968)*. La Habana:Centro de Investigación y Desarrollo de la Cultura Cubana Juan Marinello,2003.

16. Lai,Walton Look,*Indentured Labor,Caribbean Sugar:Chinese and Indian Migrants to the British West Indies,1838 – 1918*. Baltimore:Johns Hopkins University Press,1993.

17. Lai,Walton Look,*The Chinese in the West Indies (1806 – 1995):A Documentary History*. Kingston,Jamaica:The Press University of the West Indies,1998.

18. Li Minghuan,*We need two worlds:Chinese immigrant associations in a Western society*. Amsterdam:Amsterdam University Press,1999.

19. López-Calvo,Ignacio,*Imaging the Chinese in Cuban Literature and Culture*. Gainesville,FL:University Press of Florida,2008.

20. Luz M. Martínez Montiel,ed.,*Asiatic migrations in Latin America*. México,D. F.:Colegio de México,1981.

21. Ma,L. Eve Armentrout,*Revolutionaries,monarchists,and Chinatowns:Chinese politics in the Americas and the 1911 revolution*,Honolulu,H. I.:University of Hawaii Press,1990.

22. Martinez-Alier,*Verena. Marriage,class and colour in nineteenth-century Cuba:A*

study of racial attitudes and sexual values in a slave society, University of Michigan Press,1989.

23. McKeown,Adam M,*Chinese Migrant Networks and Cultural Change:Peru,Chicago,Hawaii,1900 – 1936*,Chicago:The University of Chicago Press,2001.

24. McKeown,Adam M,*Melancholy Order:Asian Migration and the Globalization of Borders*,New York:Columbia University Press,2008.

25. Millán, Ana Valdés, *Una Cultura Milenaria en el siglo xx Guantanamero*, Guantánamo:Editorial El Mar y la Montaña,2005.

26. Pastor, Humberto Rodríguez, *Herederos del dragon: Historia de la comunidad China en el Peru*,Lima:Fondo Editorial del Congreso del Perú,2000.

27. Pastrana, Juan Jimenez, *Los Chinos en las Luchas por la Liberacon cubana (1847 – 1930)*, La Habana:Instituto de Historia,1963.

28. Pastrana,Juan Jimenez,*Los chinos en la historia de Cuba,1847 – 1930*,Havana:Editorial de Ciencias Sociales,1983.

29. Pérez,Louis A,*Cuba:between reform and revolution*,New York:Oxford University Press,2006.

30. Pérez,Louis A, *On becoming Cuban: identity, nationality, and culture*, Chapel Hill:University of North Carolina Press,1999.

31. Pérez,Louis A,*Cuba between empires,1878 – 1902*,Pittsburgh, Pa. :University of Pittsburgh Press,1983.

32. Riva,Juan Pérez de la,*Demografía de los culíes chinos,1853 – 1874*,Pablo de la Torriente Editoral,1996.

33. Riva,Juan Pérez de la, *El barracon y otros ensayos*, La Habana: Editorial de Ciencias Sociales; New York,NY:Distribuido por Ediciones Vitral,1975.

34. Riva,Juan Pérez de la,*Los culíes chinos en Cuba,1847 – 1880:contribución al estudio de la inmigración contratada en el Caribe*,La Habana:Editorial de Ciencias Sociales,2000.

35. Rodríguez,José Baltar,*Los Chinos de Cuba:Apuntes Etnograficos*,Ciudad de La Habana:Fundación Fernando Ortiz,1997.

36. Scott, Rebecca J, *Slave emancipation in Cuba: the transition to free labor, 1860 – 1899*,Princeton:Princeton University Press,1985.

37. Scott,Rebecca J,*Degrees of freedom:Louisiana and Cuba after slavery*,Cambridge,Mass. :Belknap Press of Harvard University Press,2005.

38. Staten,Clifford L,*The History of Cuba*,Palgrave Macmillan,2005.

39. Triana, Mauro García and Pedro Eng Herrera, Edited and translated by Gregor Benton, *The Chinese in Cuba, 1847 – now*. Lanham: Lexington Books, 2009.

40. Varela, Beatriz, *Lo chino en el habla cubana*. Miami, Fla.: Ediciones Universal, 1980.

41. Villate, Mercedes Crespo, *Mis imagenes*, Ciudad de La Habana: Ediciones Verde Olivo, 2000.

42. Wilson, Andrew R, *The Chinese in the Caribbean*, Princeton, N. J.: M. Wiener Publishers, 2004.

43. Lisa Yun, *The coolie speaks: Chinese Indentured Laborers and African Slaves of Cuba*, Philadelphia: Temple University Press, 2008.

七、外文论文

1. Ayala, Cesar J, Social and Economic Aspects of Sugar Production in Cuba, *1880 – 1930*, *Latin American Research Review*, No. 1, Vol. 30, 1995, pp. 95 – 124.

2. Bergad, Laird W, The Economic Viability of Sugar Production Based on Slave Labor in Cuba, 1859 – 1878, *Latin American Research Review*, No. 1, Vol. 24, 1989, pp. 95 – 113.

3. Bergad, Laird W. Slave Prices in Cuba, 1840—1875, *The Hispanic American Historical Review*, No. 4, Vol. 67, 1987, pp. 631 – 655.

4. Calavita, Kitty, The Paradoxes of Race, Class, Identity, and 'Passing': Enforcing the Chinese Exclusion Acts, 1882 – 1910, *Law & Social Inquiry*, No. 1, Vol. 25, 2000, pp. 1 – 40.

5. Carr, Barry, Identity, Class and Nation: Black Immigrant Workers, Cuban Communism, and the Sugar Insurgency, 1925 – 1934, *The Hispanic American Historical Review*, No. 1, Vol. 78, 1998, pp. 83 – 116.

6. Chambers, Glenn A, From Slavery to Servitude: The African and Asian Struggle for Freedom in Latin America and the Caribbean, *History: Review of New Books*, No. 2, Vol. 36, 2008, pp. 45 – 48.

7. Chang-Rodríguez, Eugenio, Chinese Labor Migration into Latin America in the Nineteenth Century, *Revista de Historia de América*, No. 46, 1958, pp. 375 – 397.

8. Chew, Kenneth S. Y. and John M. Liu, Hidden in Plain Sight: Global Labor Force Exchange in the Chinese American Population, 1880 – 1940, *Population and Development Review*, No. 1, Vol. 30, 2004, pp. 57 – 78.

9. Corbitt, Duvon C, Chinese Immigrants in Cuba, *Far Eastern Survey*, No. 14, Vol. 13, 1994, pp. 130 – 132.

10. Corbitt, Duvon C, Immigration in Cuba, *The Hispanic American Historical Review*, No. 2, Vol. 22, 1942, pp. 280 – 308.

11. Davis, Kingsley, Future Migration into Latin America, *The Milbank Memorial Fund Quarterly*, No. 1, Vol. 25, 1947, pp. 44 – 62.

12. Deere, Carmen Diana, Here Come the Yankees! The Rise and Decline of United States Colonies in Cuba, 1898 – 1930, *The Hispanic American Historical Review*, No. 4, Vol. 78, 1998, pp. 729 – 765.

13. Desnoyers, Charles, Toward "One Enlightened and Progressive Civilization": Discourses of Expansion and Nineteenth – Century Chinese Missions Abroad", *Journal of World History*, No. 1, Vol. 8, 1997, pp. 135 – 156.

14. Dorsey, Joseph C, Identity, Rebellion, and Social Justice among Chinese Contract Workers in Nineteenth-Century Cuba, *Latin American Perspectives*, No. 3, Vol. 31, 2004, pp. 18 – 47.

15. Eltis, David, Free and coerced migrations from the old world to the new, In: David Eltis ed. Coerced and free migration: global perspectives, Stanford, Calif.: Stanford University Press, 2002, pp. 33 – 74.

16. Engerman, Stanley L, Contract Labor, Sugar, and Technology in the Nineteenth Century, *The Journal of Economic History*, No. 3, Vol. 43, 1983, pp. 635 – 659.

17. Fitzgibbon, Russell H, The Revolution Next Door: Cuba, *Annals of the American Academy of Political and Social Science*, Vol. 334, 1961, pp. 113 – 122.

18. Fuente, Alejandro de la, Two Dangers, One Solution: Immigration, Race, and Labor in Cuba, 1900 – 1930, *International Labor and Working-Class History*, No. 51, 1997, pp. 30 – 49.

19. Guterl, Matthew Pratt, After Slavery: Asian Labor, the American South, and the Age of Emancipation, *Journal of World History*, No. 1, Vol. 14, 2003, pp. 209 – 241.

20. Helg, Aline, Race and Black Mobilization in Colonial and Early Independent Cuba: A Comparative Perspective, *Ethnohistory*, No. 1, Vol. 44, 1997, pp. 53 – 74.

21. Hernǎndez, Reinaldo Ramos y Arturo A, Pedroso Alés, Flor Inés Cassola Triamna, *Barrio Chino de la Habana*1926. http://embacuba.cubaminrex.cu/Default.aspx?tabid=5597.

22. Hu-DeHart, Evelyn, Indispensable Enemy or Convenient Scapegoat? A Critical Examination of Sinophobia in Latin America and the Caribbean, 1870s to 1930s. *Journal of Chinese Overseas*, No. 5, 2009, pp. 55 – 90.

23. Hu-DeHart, Evelyn, Chinese coolie labor in Cuba in the nineteenth century: free labor or neoslavery? *Contributions in Black Studies*, Vol. 12, 1994, pp. 38 – 54.

24. Hu-DeHart, Evelyn, Race construction and race relations: Chinese and Blacks in

nineteenth - century Cuba. In: Roshni Rustomji-Kerns ed. Encounters: people of Asian descent in the Americas, Rowman & Littlefield Publishers, Inc. 1999, pp. 108 - 111.

25. Hu-DeHart, Evelyn, Opium and Social Control: Coolies on the Plantations of Peru and Cuba, *Journal of Chinese Overseas*, No. 2, Vol. 1, 2015, pp. 169 - 183.

26. Hu-DeHart, Evelyn, The Chinese of Peru, Cuba and Mexico. In: Robin Cohen ed. The Cambridge Survey of World Migration, Cambridge: UP, 1995, pp. 220 - 222.

27. Ju, Angela, Representations of Chinese-ness in Afro-Cuban Music during Post-Soviet Era Cuba, http://lasa.international.pitt.edu/members/congress-papers/lasa2010/files/3734.pdf.

28. Jung, Moon-Ho, Outlawing "Coolies": Race, Nation, and Empire in the Age of Emancipation. *American Quarterly* 57, No. 3, 2005, pp. 677 - 701.

29. Kent, Robert B, A Diaspora of Chinese Settlement in Latin America and the Caribbean. In: Laurence J. C. Ma, Carolyn L. Cartier, eds. The Chinese diaspora: space, place, mobility, and identity. Lanham: Rowman & Littlefield, 2003, pp. 117 - 138.

30. Klein, John-Marshall, Spaniards and the Politics of Memory in Cuba, 1898 - 1934, http://repositories.lib.utexas.edu/bitstream/handle/2152/706/kleinj029.pdf?seque.

31. Knight, Franklin W, Migration and Culture: A Case Study of Cuba, 1750 - 1900, http://www.bu.edu/historic/conference08/Knight.pdf.

32. Knight, Franklin W, Origins of Wealth and the Sugar Revolution in Cuba, 1750 - 1850, *The Hispanic American Historical Review*, No. 2, Vol. 57, pp. 231 - 253.

33. Linares, Maria Teresa, The Chinese Presence in Cuba. In: Malena Kuss ed. Music in Latin America and the Caribbean: Performing the Caribbean experience: An Encyclopedic History. Volume 2: Performing the Caribbean Experience. University of Texas Press, 2008, pp. 109 - 122.

34. Ling, Pyau, Causes of Chinese Emigration, *Annals of the American Academy of Political and Social Science*, Vol. 39, China: Social and Economic Conditions, pp. 74 - 82.

35. López, Kathleen, The Revitalization of Havana's Chinatown: Invoking Chinese Cuban History, *Journal of Chinese Overseas*. 2009, pp. 177 - 200.

36. López, Kathleen. Transnational Histories: A Dual-sided Approach to Researching Early Twentieth-Century Chinese Migration to Cuba. In: Chee Beng Tan, Colin Storey, Julia Zimmerman, eds, *Chinese overseas: migration, research and documentation*, Hong Kong: The Chinese University Press, 2007, pp. 167 - 198.

37. López, Kathleen Maria, Migrants between empires and nations: The Chinese in

Cuba, 1874 – 1959: [PhD. Dissertation]. University of Michigan, 2005.

38. MacGaffey, Wyatt, Social Structure and Mobility in Cuba, *Anthropological Quarterly*, No. 2, Vol. 1, 1961, pp. 94 – 109.

39. Martin, Dorothea, Chinese Migration into Latin America-Diaspora or Sojourns in Peru? http://www. history. appstate. edu/sites/default/files/appalachian – spring – papers/2008/dorotheamartinpaper. pdf.

40. McKeown, Adam, Conceptualizing Chinese Diaspora, 1842—1949, *Journal of Asian Studies*, No. 2, Vol. 58, 1999, pp. 306 – 337.

41. McLeod, Marc C, Undesirable Aliens: Race, Ethnicity, and Nationalism in the Comparison of Haitian and British West Indian Immigrant Workers in Cuba, 1912—1939, *Journal of Social History*, No. 3, Vol. 31, pp. 599 – 623.

42. Pérez, Jesús Guanche, Etnicidad y racialidad en Cuba actual. REPASO número 6, domingo 1 de julio de 2007, http://www. repaso. org/repaso6/articles/REPASOETNICIDAD. pdf.

43. Romero, Robert Chao, The dragon in Big Lusong: Chinese immigration and settlement in Mexico, 1882 – 1940, Ph. D. dissertation. University of Carlifornia, Los Angeles, 2003.

44. Sanfiel, Alberto Consuegra, Las sociedades chinas de La Habana. Una mirada histórica desde el presente. Humania del Sur. Año4, NÀ7. Julio-diciembre, 2009, pp. 65 – 81, http://www. saber. ula. ve/bitstream/123456789/30221/5/articulo_4. pdf.

45. Santana, Mario G. Castillo y Miriam Herrera Jerez, Los lavanderos chinos en la Habana del siglo XX: paisajes urbanos, sociabilidades y memoria colectiva, http://www. redmasculinidades. com/resource/images/BookCatalog/Doc/00105. pdf.

46. Scherer, Frank F, sanfancón: orientalism, confucianism and the construction of chineseness in cuba, 1847 – 1997, http://www. yorku. ca/cerlac/documents/Scherer. pdf.

47. Scherer, Frank F, Chinese Shadows: Fernando Ortiz and José Martí on Cubanity and Chineseness, http://www. yorku. ca/cerlac/documents/chinese – shadows. pdf.

48. Scherer, Frank F, A culture of erasure: Orientalism and Chineseness in Cuba, 1947 – 1997 [Thesis MA], York University, 2000.

49. Scott, Rebecca J, Race, Labor, and Citizenship in Cuba: A View from the Sugar District of Cienfuegos, 1886 – 1909, *The Hispanic American Historical Review*, No. 4, Vol. 78, 1998, pp. 687 – 728.

50. Scott, Rebecca J, Gradual Abolition and the Dynamics of Slave Emancipation in Cuba, 1868 – 86, *The Hispanic American Historical Review*, No. 3, Vol. 1983, pp. 449 – 477.

51. Scott, Rebecca J, Race, Labor, and Citizenship in Cuba: A View from the Sugar District of Cienfuegos, 1886 - 1909, *The Hispanic American Historical Review*, No. 4, Vol. 78, 1998, pp. 687 - 728.

52. Siu, Lok, Chino Latino Restaurants: Converging Communities, Identities, and Cultures. *Afro-Hispanic Review*, *Special Issue*: *Afro-Asia*, No 1, Vol 27, pp. 161 - 172.

53. Tomich, Dale, World Slavery and Caribbean Capitalism: The Cuban Sugar Industry, 1760—1868. *Theory and Society*, No. 3, Vol. 20, 1991, pp. 297 - 319.

54. Waters, Mary-Alice, Unique History of Chinese in Cuba: what a socialist revolution makes possible, Presentation by Mary-Alice Waters at New Zealand "Rising Dragons, Soaring Bananas" international conference on Chinese diaspora, http://www.themilitant.com/2009/7330/733050.html.

55. Wong, Vivian Wu, Somewhere between White and Black: The Chinese in Mississippi, *Magazine of History*, No. 4, Vol. 10, 1996, pp. 33 - 36.